陈天然响应国家号召"赤脚医生到农村去"
途中（1971年）

陈天然（右一）和恩师王柄如先生合影

陈天然在西藏拉萨市达孜区全国农村先进县检查工作中（右三，1999年）

陈天然在峨眉山市中医先进市检查工作中（右二，2007年）

陈天然

川派中医药名家系列丛书

余葱葱　主编

全国百佳图书出版单位
中国中医药出版社
·北京·

图书在版编目（CIP）数据

川派中医药名家系列丛书.陈天然 / 余葱葱主编.—北京：中国中医药出版社，2021.7

ISBN 978-7-5132-6653-6

Ⅰ.①川… Ⅱ.①余… Ⅲ.①陈天然—生平事迹②中医临床—经验—中国—现代 Ⅳ.① K826.2 ② R249.7

中国版本图书馆 CIP 数据核字（2021）第 006497 号

中国中医药出版社出版

北京经济技术开发区科创十三街 31 号院二区 8 号楼

邮政编码　100176

传真　010-64405721

廊坊市祥丰印刷有限公司印刷

各地新华书店经销

开本 710×1000　1/16　印张 17.5　彩插 0.5　字数 290 千字

2021 年 7 月第 1 版　2021 年 7 月第 1 次印刷

书号　ISBN 978 – 7 – 5132 – 6653 – 6

定价　69.00 元

网址　www.cptcm.com

服务热线　010-64405720

购书热线　010-89535836

维权打假　010-64405753

微信服务号　zgzyycbs

微商城网址　https://kdt.im/LIdUGr

官方微博　http://e.weibo.com/cptcm

天猫旗舰店网址　https://zgzyycbs.tmall.com

如有印装质量问题请与本社出版部联系（010-64405510）

陈天然与四川省十大名中医合影（右三，2014年）

陈天然（右）与门诊病人交谈中

陈天然（左二）与青白江学生在工作室前合影

陈天然（左三）与温江学生在工作室前合影

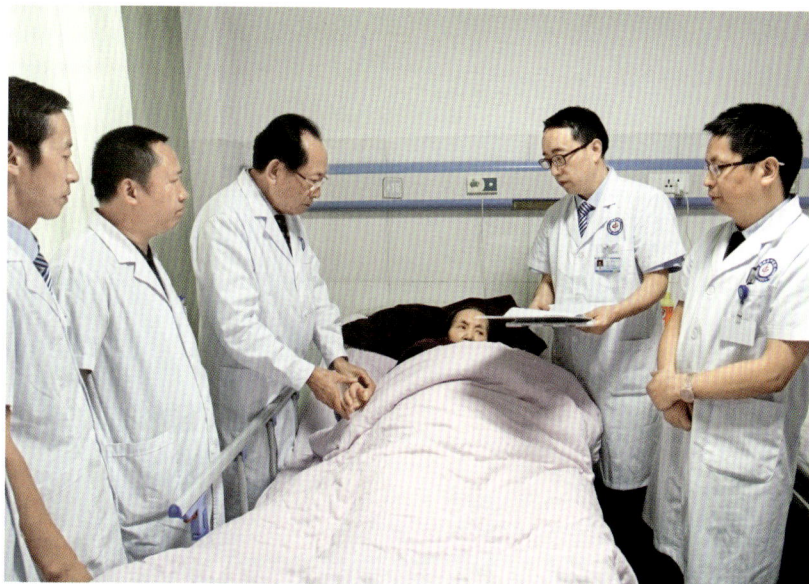
陈天然（左三）指导学生查房（剑阁）

陈天然先生（左三）在剑阁工作室门诊带教中

陈天然手书处方（1969年）

总序————加强文化建设，唱响川派中医

四川，雄踞我国西南，古称巴蜀。成都平原自古就有天府之国的美誉，天府之土，沃野千里，物华天宝，人杰地灵。

四川号称"中医之乡""中药之库"，巴蜀自古出名医、产中药。据历史文献记载，从汉代至清代，见诸文献记载的四川医家有1000余人，川派中医药影响医坛2000多年，历久弥新；川产道地药材享誉国内外，业内素有"无川（药）不成方"的赞誉。

医派纷呈　源远流长

经过特殊的自然、社会、文化的长期浸润和积淀，四川历代名医辈出，学术繁荣，医派纷呈，源远流长。

汉代以涪翁、程高、郭玉为代表的四川医家，奠定了古蜀针灸学派。郭玉为涪翁弟子，曾任汉代太医丞。涪翁为四川绵阳人，曾撰著《针经》，开巴蜀针灸先河，影响深远。1993年，在四川绵阳双包山汉墓出土了最早的汉代针灸经脉漆人；2013年，在成都老官山汉墓再次出土了汉代针灸漆人和920支医简，带有"心""肺"等线刻小字的人体经穴髹漆人像是我国考古史上的首次发现，应是我

国迄今发现的最早、最完整的经穴人体医学模型，其精美程度令人咋舌！这又一次证明了针灸学派在巴蜀有悠久的历史，影响深远。

四川山清水秀，名山大川遍布。道教的发祥地青城山、鹤鸣山就坐落在成都市。青城山、鹤鸣山是中国的道教名山，也是中国道教的发源地之一，自东汉以来历经近 2000 年，不仅传授道家的思想，道医的学术思想也因此启蒙产生。道家注重炼丹和养生，历代蜀医多受影响，一些道家也兼行医术，如晋代蜀医李常在、李八百，宋代皇甫坦，以及明代著名医家韩懋（号飞霞道人）等，可见丹道医学在四川影响之深远。

川人好美食，以麻、辣、鲜、香为特色的川菜享誉国内外。川人性喜自在休闲，养生学派也因此产生。长寿之神——彭祖，号称活了 800 岁，相传他经历了尧、舜、夏、商诸朝，据《华阳国志》载，"彭祖本生蜀""彭祖家其彭蒙"，由此推断，彭祖不但家在彭山，而且他晚年也落叶归根于此，死后葬于彭祖山。彭祖山坐落在眉山市彭山县。彭祖的长寿经验在于注意养生锻炼，他是我国气功的创始人，其健身法被后人写成"彭祖导引法"。他善烹饪之术，创制的"雉羹之道"被誉为"天下第一羹"，屈原在《楚辞·天问》中写道："彭铿斟雉，帝何飨？受寿永多，夫何久长？"这也反映了彭祖在推动我国饮食养生方面做出了重要贡献。五代至北宋初年，四川安岳人陈希夷，为著名的道教学者，著有《指玄篇》《胎息诀》《观空篇》《阴真君还丹歌注》等，他注重养生，强调内丹修炼法，将黄老的清静无为思想、道教修炼方术和儒家修养、佛教禅观会归一流，被后世尊称为"睡仙""陈抟老祖"。现安岳县有保存完整的明代陈抟墓，以及陈抟的《自赞铭》，这是全国独有的实物。

四川医家自古就重视中医脉学，成都老官山汉墓出土的汉代医简中就有《五色脉诊》（原有书名）一书，其余几部医简经初步整理暂定名为《敝昔医论》《脉死候》《六十病方》《病源》《经脉书》《诸病症候》《脉数》等。经学者初步考证推断这极有可能为扁鹊学派已经亡佚的经典书籍。扁鹊是脉学的倡导者，而此次出土的医书中脉学内容占有重要地位，一起出土的还有用于经脉教学的人体模型。唐代杜光庭著有脉学专著《玉函经》3卷，后世王鸿骥的《脉诀采真》、廖平的《脉学辑要评》、许宗正的《脉学启蒙》、张骥的《三世脉法》等，均为脉诊的发展做出了贡献。

昝殷，唐代四川成都人。昝氏精通医理，通晓药物学，擅长妇产科。唐大中年间，他将前人有关经、带、胎、产及产后诸症的经验效方及自己临证验方共378首，编成《经效产宝》3卷，是我国最早的妇产科专著。该书与北宋时期著名妇产科专家杨康侯（四川青神县人）编著的《十产论》等一批妇产科专论一起奠定了巴蜀妇产学派的基石。

宋代，以四川成都人唐慎微为代表撰著的《经史证类备急本草》，集宋代本草之大成，促进了本草学派的发展。宋代是巴蜀本草学派的繁荣发展时期，陈承的《重广补注神农本草并图经》，孟昶、韩保昇的《蜀本草》等，丰富、发展了本草学说，明代李时珍的《本草纲目》正是在此基础上产生的。

宋代也是巴蜀医家学术发展最活跃的时期。四川成都人、著名医家史崧献出了家藏的《灵枢》，校正并音释，名为《黄帝素问灵枢经》，由朝廷刊印颁行，为中医学发展做出了不可估量的贡献，可以说，没有史崧的奉献就没有完整的《黄帝内经》。虞庶撰著的《难经注》、杨康侯的《难经续演》，为医经学派的发展奠定了基础。

史堪，四川眉山人，为宋代政和年间进士，官至郡守，是宋代士人从医的代表人物之一，与当时的名医许叔微齐名，其著作《史载之方》为宋代重要的名家方书之一。同为四川眉山人的宋代大文豪苏东坡，也有《苏沈内翰良方》（又名《苏沈良方》）传世，是宋人根据苏轼所撰《苏学士方》和沈括所撰《良方》合编而成的中医方书。上述著作加之明代韩懋的《韩氏医通》等书，一起成为巴蜀医方学派的代表。

四川盛产中药，川产道地药材久负盛名。以回阳救逆、破阴除寒的附子为代表的川产道地药材，既为中医治病提供了优良的药材，也孕育了以附子温阳为大法的扶阳学派。清末四川邛崃人郑钦安提出了中医扶阳理论，他的《医理真传》

《医法圆通》《伤寒恒论》为奠基之作，开创了以运用附、姜、桂为重点药物的温阳学派。

清代西学东进，受西学影响，中西汇通学说开始萌芽。四川成都人唐宗海以敏锐的目光捕捉西学之长，融汇中西，撰著了《血证论》《医经精义》《本草问答》《金匮要略浅注补正》《伤寒论浅注补正》，后人汇为《中西汇通医书五种》，成为"中西汇通"的第一种著作，这也是后来人们将主张中西医兼容思想的医家称为"中西医汇通派"的由来。

名医辈出　学术繁荣

中华人民共和国成立后，历经沧桑的中医药受到党和国家的高度重视，在教育、医疗、科研等方面齐头并进，一大批中医药大家焕发青春，在各自的领域里大显神通，中医药事业欣欣向荣。

四川中医教育的奠基人——李斯炽先生，在 1936 年创立了"中央国医馆四川分馆医学院"，简称"四川国医学院"。该院为国家批准的办学机构，虽属民办但带有官方性质。四川国医学院也是成都中医学院（现成都中医药大学）的前身，当时会集了一大批中医药的仁人志士，如内科专家李斯炽、伤寒专家邓绍先、中药专家凌一揆等，还有何伯勋、杨白鹿、易上达、王景虞、周禹锡、肖达因等一大批蜀中名医，可谓群贤毕集，盛极一时。该学院共招生 13 期，培养高等中医药人才 1000 余人，这些人后来大多数都成了中华人民共和国成立后的中医药界领军人物，成为四川中医药发展的功臣。

1955 年国家在北京成立了中医研究院，1956 年在全国西、北、东、南各建立了一所中医学院，即成都中医学院、北京中医学院、上海中医学院、广州中医学院。成都中医学院第一任院长由周恩来总理亲自任命。李斯炽先生继创办四川国医学院之后又成为成都中医学院的第一任院长。成都中医学院成立后，在原国医学院的基础上，又会集了一大批有造诣的专家学者，如内科专家彭履祥、冉品珍、彭宪章、傅灿冰、陆干甫；伤寒专家戴佛延；医经专家吴棹仙、李克光、郭仲夫；中药专家雷载权、徐楚江；妇科专家卓雨农、曾敬光、唐伯渊、王祚久、王渭川；温病专家宋鹭冰；外科专家文琢之；骨科、外科专家罗禹田；眼科专家陈达夫、刘松元；方剂专家陈潮祖；医古文专家郑孝昌；儿科专家胡伯安、曾应台、肖正安、吴康衡；针灸专家余仲权、薛鉴明、李仲愚、蒲湘澄、关吉多、杨介宾；医史专家孔健民、李介民；中医发展战略专家侯占元等，真可谓人才济济，群星灿烂。

北京成立中医高等院校、科研院所后，为了充实首都中医药人才的力量，四川一大批中医名家进驻北京，为国家中医药的发展做出了巨大贡献，也展现了四川中医的风采！如蒲辅周、任应秋、王文鼎、王朴城、王伯岳、冉雪峰、杜自明、李重人、叶清心、龚志贤、方药中、沈仲圭等，各有精专，影响广泛，功勋卓著。

北京四大名医之首的萧龙友先生，为四川三台人，是中医界最早的学部委员（院士，1955 年）、中央文史馆馆员（1951 年），集医道、文史、书法、收藏等于一身，是中医界难得的全才！其厚重的人文功底、精湛的医术、精美的书法、高尚的品德，可谓"厚德载物"的典范。2010 年 9 月 9 日，萧龙友先生诞辰 140 周年、逝世 50 周年，故宫博物院在北京隆重举办了"萧龙友先生捐赠文物精品展"，以缅怀先生，并表彰先生的收藏鉴赏水平和拳拳爱国情怀。萧龙友先生是一代举子、一代儒医，精通文史，书法绝伦，是中国近代史上中医界的泰斗、国学家、教育家、临床大家，是四川的骄傲，也是吾辈的楷模！

追源溯流　振兴川派

时间飞转，掐指一算，我自 1974 年赤脚医生的"红医班"始，到 1977 年大学学习、留校任教、临床实践、跟师学习、中医管理，入中医医道已 40 余年，真可谓弹指一挥间。俗曰：四十而不惑。在中医医道的学习、实践、历练、管理、推进中，我常常心怀感激，心存敬仰，常有激情和冲动，其中最想做的一件事就是将这些中医药实践的伟大先驱者，用笔记录下来，为他们树碑立传、歌功颂德！缅怀中医先辈的丰功伟绩，分享他们的学术成果，继承不泥古，发扬不离宗，认祖归宗，又学有源头，师古不泥，薪火相传，使中医药源远流长，代代相传，永续发展。

今天，时机已经成熟，四川省中医药管理局组织专家学者，编著了大型中医专著《川派中医药源流与发展》，横跨近 2000 年的历史，梳理中医药历史人物、著作，以四川籍（或主要在四川业医）有影响的历史医家和著作为线索，理清历史源流和传承脉络，突出地方中医药学术特点，认祖归宗，发扬传统，正本清源，继承创新，唱响川派中医药。其中，"医道溯源"是以清代以前的川籍或在川行医的中医药历史人物为线索，介绍医家的医学成就和学术精华，作为各学科发展的学术源头。"医派流芳"是以近现代著名医家为代表，重在学术流派的传承与发展，厘清流派源流，一脉相承，代代相传，源远流长。

我们在此基础上，还编著了"川派中医药名家系列丛书"，会集了一大批近现代四川中医药名家，遴选他们的后人、学生等整理其临床经验、学术思想，编辑成册。丛书拟选择 100 人，这是一批四川中医药的代表人物，也是难得的宝贵文化遗产。今天，经过大家的齐心努力终于得以付梓。在此，对为本系列书籍付出心血的各位作者、出版社编辑人员一并致谢！

由于历史久远，加之编撰者学识水平有限，书中罅、漏、舛、谬在所难免，敬望各位同仁、学者，提出宝贵意见，以便再版时修订提高。

中华中医药学会　副会长

四川省中医药学会　会　长

四川省中医药管理局　原局长　　杨殿兴

成都中医药大学　教授、博士生导师

2015 年春于蓉城雅兴轩

序一

　　剑阁，古称"剑门"。剑门雄险，毓秀钟灵，突兀横亘数百里的七十二峰，形若利剑，直插云霄，素有"蜀北屏障，两川咽喉"之称，为蜀中门户；古柏翠云廊，浓荫蔽日，繁茂苍翠，绵延三百里，蔚为壮观，古风盎然。剑阁县以剑门关盛名，唐代诗仙李白的《蜀道难》中"剑阁峥嵘而崔嵬，一夫当关，万夫莫开"的诗句更让剑门关名扬四海，真乃古蜀驿道、三国文化畅游的绝佳地，自古如是，人杰地灵。

　　巴蜀自古出名医，产中药，享有"中医之乡，中药之库"的美誉。剑阁县基层中医药工作扎实，是四川省最早的全国农村中医工作先进县之一。上溯到20世纪90年代，时任县卫生局副局长、剑阁县中医医院院长的陈天然，功不可没。

　　陈天然主任中医师，是第二批四川省、第三批全国名老中医药专家学术经验继承工作指导老师，2013年获四川省人民政府授予四川省第二届"十大名中医"称号。我与天然院长有着20多年交往，熟识他的为人、处事和学问。他为人诚恳，工作认真，踏实肯干，兢兢业业。他笃爱中医药学，青少年时随叔父陈绍启学医，博学强记，早年执医乡里和镇卫生院，医名日起。20世纪70年代中期调入剑阁县中医医院工作，师承川北名医王柄如先生，熟读经典，博采众长，病症结合，医业精进。以后一直在县级中医院工作，担任四川省中医药管理局基层中医工作特聘专家达 20 年之久，对基层中医药工作熟悉、热爱，为农村和基层中医工作做出了突出贡献。20 世纪 90 年代走上领导岗位之后，虽然工作繁忙，但他仍坚持临床一线工作，只要出门诊，几乎都是从早上忙到下午，没正点吃过午饭。他的基层中医临床工作经历成就了他的学问，对基层常见病、多发病有一整套自己的诊疗方法，疗效显著。获评四川省十大名医后，他更是专注临床，带教学生。

当四川省中医药管理局立项编撰《川派中医药名家系列丛书·陈天然》专集时，他即带领众弟子走剑阁，下基层，追踪案例，访谈患者，并进行病例研讨，先后召开专题学术研讨会 6 次，初稿形成后又十审其稿，其认真程度可见一斑。全书共分为八个部分，全面整理介绍了陈天然的学术思想和临床经验。其中重点介绍了陈天然针对基层常见病、多发病和疑难病的特点，提出中医临床"病—证—药"三结合理论，首倡以脏腑为基、六经为向、突出主症的辨证思路；创新"无症从病、无病从证、病证结合"的三分类诊断方法；坚持以验为先，证药合一、精准加减的基层用药原则。书中汇总了陈天然临床用药经验，总结了 51 种基层常见中西病证的诊治，介绍了常用独特用方 12 个，常用经方 2 个，药对 45 对，并附有大量有效临床病案佐证，有理有据，可法可师。

欣闻是书即将付梓，祝贺之余，乐于推荐。是书的出版必将丰富川派中医药学术思想，并将嘉惠于医道同仁。

以上琐言，爰之为序。

中华中医药学会　副会长

四川省中医药学会　会　长　杨殿兴

成都中医药大学　教授、博士生导师

2021 年元月

序二

　　陈天然先生是四川省第二届"十大名中医"，曾任剑阁县中医医院院长、成都市中医药学会副会长、四川省基层中医药工作指导评审专家、全国名老中医药专家学术经验继承工作指导老师。我与天然先生相识20多年，相知亦深，深感其为人坦诚、勤奋好学、医术高超、善待病患、无私传承，可谓医道至简，淳朴天然。

　　天然先生扎根基层。15岁随叔父学医3年，18岁执医乡里，因善于学习、善于应用，中医临床疗效显著。1976年被选拔调入县中医医院工作，又拜师川北名医王柄如师承学习，中医理论基础和临床疗效取得长足进步，成为剑阁名医。但他并不满足，仍负笈游学，相继到华西医院中医科、浙江中医药大学和成都中医药大学等单位进修学习，中医理论修养和临床诊疗水平得到充实提高，随后长期扎根基层、服务大众。他对时病、脾胃病、肝胆病、老年病、小儿疾病及多种疑难病均有丰富的临床经验和良好的临床疗效，并总结出中医临床"病—证—药"三结合的学术理论，以脏腑为基、六经为向、突出主症的辨证思维和病证结合的诊疗方法，构成了一位基层名家的学术思想和诊疗特色。2013年，陈天然被四川省人民政府授予四川省第二届"十大名中医"称号，可谓实至名归。

　　天然先生眼界宽广。他长期致力于剑阁县中医药发展，担任剑阁县中医医院院长期间，科学制定发展规划，大力改善基础设施，着力中医药人才队伍建设，建立中医特色优势发挥机制，加大基层中医药人才培养，构建完善的基层中医药服务网络，使剑阁县中医医院由一个小型中医医院发展成为三级乙等中医医院，剑阁县成为全国农村中医药工作先进县，形成了"山区中医学剑阁"的基层中医工作良好局面。

天然先生躬体力行。他工作勤勤恳恳，任劳任怨，在受聘于全国和四川省基层中医药工作指导评审专家期间，不辞辛劳，多次到省外评审指导，获得好评。他对四川百余个县市区中医药工作进行了指导，在工作中严格要求，一丝不苟，不讲情面，尤其在领导重视、政府投入、服务网络、中医人才和中医技术运用等方面更是严肃认真，不容马虎，提出了负责任的意见，并将工作建议条呈四川省中医药管理局，有力地促进了我省基层中医药工作的开展。他每到一地，除了指导检查工作外，还利用休息时间，为每个县基层中医做讲座，且毫无保留地传授自己的诊疗经验，被各地基层中医亲切地称为"陈老师"。

天然先生薪火相传。他十分注重中医师承教育，20 世纪 90 年代初，率先在剑阁举办基层中医培训班，为基层培养了大批实用型人才。1998 年，陈天然被遴选为四川省名老中医药专家学术经验继承工作指导老师，随即建立剑阁县名医工作室，开展师承教育。2002 年，陈天然被遴选为全国名老中医药专家学术经验继承工作指导老师，相继在成都中医名医馆，温江区、剑阁县、青白江区、双流区和四川省中医院名医馆建立中医药传承工作室，悉心传承，毫不保留，迄今已传承弟子 500 余名，其中很多弟子已成为一方名医和临床骨干。

最近，获悉《川派中医药名家系列丛书·陈天然》已由余葱葱诸君历时 4 年撰写完成，倍感欣慰，谨以为序。

冯兴奎

2021 年元月于华阳可园

编写说明

　　陈天然，四川同行和患者都称他为"陈老师"，而更确切地应该称他为"陈医生"。陈天然承中医家业，15岁随叔父陈绍启学医，18岁独自行医乡里，24岁拜川北名医王柄如老先生，至今行医半个多世纪。退休后仍坚持在剑阁、温江、青白江"三地"轮转门诊。他秉承"急患者所急，恨医者方少"，坚守以患者为本，以医院为家。2014年，陈天然被四川省人民政府授予四川省第二届"十大名中医"。

　　陈老师带教，传医道，固乡医基业。38岁时，陈天然在全国率先举办剑阁县中医提高班，主持培养山区乡镇卫生院基层中医人才，在省内唱响"山区中医学剑阁"。作为全国老中医药专家学术经验继承工作指导老师和中国中西医结合学会农村基层工作委员会专家，他走遍四川96个县，以及重庆、西藏、甘肃、贵州、云南和陕西等省（直辖市、自治区）的16个县（市），亲自指导和带教的学员达507人，90%的学员守护在基层医疗卫生机构开展中医药服务。鄙人才疏学浅，有幸获陈老师悉心指教，14年起附骥同行，学医至精至微之事、学药至繁至简之技、学管至粗至浅之思、学德至亲至患之情，团队守望相助，是书"病证药"中西结合思想，淳朴天然，愿发扬之！彰显之！

　　陈老师就像离不开泥土的参天大树，扎根基层，服务百姓，堪称"基层中医名家"。

本书按照陈老师提出的医案"一看能仿"、方药"一看能搬"、辨证"一看能解"的思路要求，所有素材均由继承人"独家爆料"，所有方药都保留"原汁原味"，所有点评都来源于团队的"毫无保留"。4 年来，我们走剑阁，至温江，到青白江，采用文献查阅、案例追踪、患者访谈、病例研讨和集体审稿等形式，先后召开专题学术研讨会 6 次，十审书稿。全面整理了陈老师及继承人的资料档案、原始病案汇编、论文论著集、会议图片和影像档案，以及研究记录等 10 余册，近百万字；总结 51 种基层常见中西医病证及常见用方；挖掘常用独特用方 12 个，药对 45 对；编制四代名医年谱、学员分布地图、天然继承树和编年表；凝练中医临床"病—证—药"三结合学术理论，首倡以脏腑为基、六经为向、突出主症的辨证思路，创新"无症从病、无病从证、病证结合"的三分类诊断方法，坚持"以验为先，证药合一，精准加减"的基层用药原则等陈天然学术思想体系。陈老师言传身教，众多学生认真参与，吾辈极力彰显，然语短词迟，遗漏错误在所难免，望同道提出宝贵意见和建议，不胜感激。

全书共分 8 部分。论著提要、养生、医德、管理理念、学术思想、学术传承和附录由余葱葱负责统稿；基层常见中医病种诊治经验、常用独特方及药对部分由李云安和徐兴培负责统稿；基层常见西医病种诊治经验、疑难病例诊治经验部分由程文章和段定山负责统稿；生平简介、学术年谱由陈蓉负责统稿。王国道、李芳、李建成、王廷治、李永平、刘玲、苟萍、何福强、周莉萍等副高职称以上继承人及杜亚兵、龚仕良、张利等部分国家级、省级继承人也参与医案部分的修订工作。最后由余葱葱、李云安、程文章三人初审，陈老师亲自主审。

感谢四川省中医药管理局原局长、中华中医药学会副会长、四川省中医药学会会长、成都中医药大学杨殿兴教授作序！感谢四川省中医药管理局原副局长冯兴奎同志写序！感谢四川省中医药管理局科技处张大鸣副巡视员的鼎力支持！感谢四川省中医药科学院原副院长张毅同志的倾囊相助！感谢本书编写过程中陈老师及其家人的全力协助，提供了大量珍贵的一手资料！参与本书编写工作的所有继承人，协助提供了陈老师的临床相关资料，在此一并表示感谢！感谢课题承担单位四川省中西医结合医院王超院长、喻平部长、黄祖波部长、彭柳副部长、吴珊珊和杨旭等同志的关心和支持。感谢协作单位剑阁县中医医院、青白江中医医院、温江区柳城街道社区卫生服务中心等单位的鼎力相助！

本课题来源于四川省中医药管理局"川派中医药名家学术思想及临床经验研究专项"，为本书的编写及出版提出了理论指导和资金保障。《川派中医药名家系列丛书》的出版，有望重现"中医之乡"盛景，吾辈有喜，四川有"囍"。

余葱葱

2021 年 6 月

目　录

001　生平简介

002　　　一、医风家承，师出川派名门

003　　　二、贫富用心则一，忠贞基层百姓

004　　　三、理宗伤寒，法有新方

005　　　四、中医传承，首推农村中医药人才培养

007　　　五、管理行家，山区中医学剑阁

009　临床经验

010　　　一、基层常见中医病种诊治经验

010　　　　　1. 感冒

013　　　　　2. 咳嗽

015　　　　　3. 喘证

017　　　　　4. 心悸

018　　　　　5. 胸痹

022　　　　　6. 不寐

025　　　　　7. 胃痛

026　　8. 胃痞

028　　9. 呃逆

029　　10. 泄泻

030　　11. 久痢

032　　12. 便秘

034　　13. 黄疸

039　　14. 头痛

041　　15. 眩晕

044　　16. 阳痿

046　　17. 紫斑

047　　18. 消渴病

050　　19. 虚劳

052　　20. 梅核气

055　　21. 燥痹

056　　22. 痹证

057　　23. 尪痹

061　　24. 腰痛

062　　25. 月经后期

063　　26. 痛经

066　　27. 带下病

067　　28. 乳癖

069　　29. 小儿厌食

071　　30. 小儿遗尿

072　　31. 鼻衄

074　　32. 鼻渊

076　　33. 急乳蛾

078　　34. 急喉痹

| 080 | 35. 蛇串疮 |
| 084 | 36. 湿疮 |

二、基层常见西医病种诊治经验 — 085

085	1. 慢性肺源性心脏病
093	2. 高血压病
096	3. 反流性食管炎
099	4. 慢性非萎缩性胃炎
101	5. 慢性萎缩性胃炎
104	6. 脂肪性肝病
106	7. 急性胰腺炎
109	8. 输尿管结石
111	9. 强直性脊柱炎
113	10. 原发性癫痫
115	11. 三叉神经痛
117	12. 梅尼埃综合征
119	13. 多囊卵巢综合征
121	14. 老年性阴道炎
123	15. 痤疮

三、疑难病例诊治经验 — 125

| 125 | 1. 肝硬化 |
| 140 | 2. 肾炎 |

四、常用独特方及药对 — 152

152	（一）常用经方
152	1. 小青龙汤
153	2. 四逆散
153	（二）陈氏经验方
153	1. 麻杏前胡饮

154	2. 加减菊花茶调汤
155	3. 苍延香苏饮
155	4. 石斛清胃饮
156	5. 四物除湿饮
157	6. 三金排石汤
157	7. 冬病夏治方
158	（三）肾炎系列自拟方
158	1. 肾炎Ⅰ号方
158	2. 肾炎Ⅱ号方
159	3. 肾炎Ⅲ号方
160	4. 肾炎Ⅳ号方
160	5. 肾炎Ⅴ号方
161	（四）习用药对举隅
161	1. 麻黄—苦杏仁
161	2. 麻黄—生石膏
161	3. 枳壳—桔梗
162	4. 紫菀—款冬花
162	5. 青黛—海蛤壳
162	6. 桑白皮—地骨皮
162	7. 白蒺藜—桑白皮
162	8. 鱼腥草—金荞麦
163	9. 僵蚕—蝉蜕
163	10. 地龙—白果仁
163	11. 人参—紫河车
163	12. 黄芪—党参
163	13. 诃子—罂粟壳
164	14. 紫苏子—葶苈子

164	15. 川芎—细辛
164	16. 辛夷—苍耳子
164	17. 藿香—佩兰
165	18. 白花蛇舌草—半枝莲
165	19. 橘核—荔枝核
165	20. 鳖甲—牡蛎
165	21. 乳香—没药
166	22. 豨莶草—海桐皮
166	23. 黄连—吴茱萸
166	24. 香附—高良姜
166	25. 法罗海—荜澄茄
166	26. 延胡索—川楝子
167	27. 香附—延胡索
167	28. 柴胡—白芍
167	29. 香橼—佛手
167	30. 旋覆花—代赭石
168	31. 白矾—郁金
168	32. 地肤子—白鲜皮
168	33. 垂盆草—地耳草
168	34. 茵陈—金钱草
168	35. 生山楂—丹参
169	36. 赤芍—白芷
169	37. 黄芩—夏枯草
169	38. 天麻—钩藤
169	39. 月季花—益母草
170	40. 伸筋草—淫羊藿
170	41. 益智仁—桑螵蛸

170　　42. 杜仲—补骨脂

170　　43. 杜仲—牛膝

170　　44. 补骨脂—胡桃仁

171　　45. 阳起石—海马

173　**学术思想**

174　　一、主张"病—证—药"三结合的临床理念

176　　二、提出无病从证、无症从病和病证结合的三分类诊断方法

178　　三、首倡以脏腑为基、六经为向、突出主症的辨证思路

180　　四、坚持以验为先、方证合一、精准加减的用药原则

183　**养生、医德、管理理念**

184　　一、大医先养生，修身为患者

186　　二、医德观

191　　三、管理理念

203　**学术传承**

204　　一、基层人才培养探索

204　　（一）早期县级试点

204　　（二）中期参与先进县带教

205　　（三）近期推动各级学术传承

205　　二、陈天然培养人才地区分布

209　　三、陈天然继承树

210　　四、骨干学术继承人简介

211　　（一）名中医继承人

215　　（二）高级职称继承人

220　　（三）其他继承人

228 五、陈天然名中医传承工作室简介
228   1.剑阁县陈天然名中医传承工作室
228   2.青白江区陈天然名中医传承工作室
228   3.温江区陈天然名中医传承工作室

231 **论著提要**
232   一、主要著作
241   二、论文提要

245 **学术年谱**

247 **附录**
248   一、陈天然传承编年表
252   二、参考文献

生平简介

陈天然

一、医风家承，师出川派名门

陈天然（1951— ），男，出生于剑阁县龙源镇中岭村，15岁随叔父陈绍啟学医3年，熟读中医基础知识，背诵药性数百味、方剂数百首，18岁执医乡里和镇卫生院，青年时代已在剑阁享有盛名，方圆数百里内慕名前来就诊者络绎不绝，精湛的技术为他赢得了良好的口碑！

1975年，陈天然被选调进入剑阁县龙泉区卫生院（后更名为剑阁县中医医院），师承川北名医王柄如先生。王老师以"精读典籍，博览群书，病症结合，融汇新知"为学医心悟，主张熟读经典是中医基本功，博采众长，病症结合，中西医二者相互取长补短，才能更好地提高临床疗效。陈天然跟师侍诊、工作之余，10年间精读《黄帝内经》《伤寒论》《金匮要略》《濒湖脉学》《医学衷中参西录》《针灸甲乙经》《证类本草》《滇南本草》等中医药著作，特别是在王老师病重期间，亲自到老师家中精心照顾，无论工作多忙、多累，每日必到老师床边，给老师烧水，陪老师喝茶、聊天，协助老师诊查、开单、遣药、针灸，365天如一日。陈天然时常提到，师恩如山，老师的谆谆教诲，点滴浇灌，使自己的理论功底不断提高。1973年，陈天然专门去四川省最先进的华西医大附一院（今四川大学华西医院）进修，系统学习最新的现代医学知识，系统掌握了肾病综合征、肝硬化、肺源性心脏病、高血压病和消化性溃疡等疑难杂症的最新诊疗指南。1985年、1989年他又先后在浙江中医学院（今浙江中医药大学）和成都中医学院（今成都中医药大学）参加函授大专学习。陈天然结合基层实际就医需求，专攻中医内科和儿科，积累了丰富的临床经验，总结出"能中不西，先中后西，中西结合""辨证抓主症，病症结合""有病从症，无病从证"的学术思想，其精湛的医术和丰富的临床经验，以及高尚的医德不仅得到人民群众的认可，同时也得到各级卫生行政管理部门的高度评价，20世纪90年代先后被评为县、市、省级名中医，成为本地当时最年轻的名中医、主任医师。

二、贫富用心则一，忠贞基层百姓

自行医以来，陈老师以"急患者所急，恨医者方少"为座右铭，把孙思邈的"大医精诚"作为自己的行医准则，贫富用心则一，忠贞基层百姓，热爱中医事业，执着为基层中医诊疗工作做贡献。

陈老师常说："生是剑阁人，死是中医鬼。"他一生在剑阁县从事临床、医疗和卫生管理工作，一心为了剑阁百姓的卫生事业，一手将剑阁县中医医院从一个小小的门诊部打造成国家三级乙等中医院。他坚持以患者为本，以医院为家，从不计较个人名利，总是将评职称、评先进、评劳模的机会让给比他工龄长的院领导和普通职工，其正派的作风、优秀的形象，受到人们的尊敬，在职工和患者中树立了良好口碑。

2011年10月退休后，陈老师拒绝多家私立医院和个体诊所的高薪聘请，坚持为公立医院工作，为广大病者解除病痛。自从被成都市中医药管理局聘为成都市特聘专家，遂精心指导县（市、区）中医药有关部门创建先进单位工作，并在成都名医馆，以及温江区、青白江区和剑阁县继续从事中医学术继承和临床带教工作。如今年近古稀的他，每月都要在"三地"辗转奔波，在临床一线为广大人民群众诊治疾病，一天长达10余小时，坚持望、闻、问、切，以孜孜不倦的严谨作风诠释着一个中医人"博极医源，精勤不倦"的精诚之心。

陈老师认为，精湛的医术需要用高尚的医德来培养，二者应相辅相成。医德和医术如车之两轮，鸟之两翼。有良好的医德，而无精湛的医术，或者有高超的医术却医德败坏，都难成"大医"。

医者要有医德，"诚"即品德要高尚。他认为医德是医生的灵魂，也是从医者积累善根的必要条件，医德的高低直接决定医术的高低。为医者，要尊敬老师，虚心求教；同行之间要相互尊敬，互帮互爱，取长补短，共同提高，而不能相互诋毁，道说是非。

医术要精湛，医道是"至精至微之事""艺能之难精"，必须"博极医源，精勤不倦"。在诊治上要切实做到"省病诊疾，致意深心；详察形候，纤毫勿失"。在学术上要有钻研精神，勤勤恳恳，孜孜以求，锲而不舍，精益求精，不得道听途说，而言医道已了。

从医 50 年来，陈老师以"勤""苦"二字作为学医窍门。他的体会是"做到老，学到老；做到老，学不了""无恒心难以做医生"；医者悬壶济世，救死扶伤。陈老师始终坚持"贫富用心则一，贵贱使药皆同"的服务理念，对每位患者有爱心、耐心和责任心，视患者如亲人。陈老师经常告诫学生：要树立人文行医的理念，注重患者的精神需求；在医疗活动中，特别是在医患关系中，要同情患者，关心患者，尊重患者的人格和权利，维护患者的利益，珍惜人的生命价值和质量。他以精湛的医术，大医情怀和仁者之心，温暖着每一位患者，经他亲自诊疗的患者遍及全省乃至全国各地。

近 4 年来，在跟随陈老师的日子里，每当看不到他的时候，他总是早电话联络，晚电话沟通；如遇上班急事，他的第一句话就是："哎呀，打扰一下哈。"最后一句话则是："感谢啦！"总是把对方想在前头。看到他的时候，每到一地，只要不在工作状态，如医院停留、路边行走、宾馆住宿和茶余饭后，他就是在和各式各样的人打招呼，找他的、围着他的永远都是患者。他常年废寝忘食，超负荷工作，半天门诊 60 人以上，平均每天 100 人次。近 5 年来，年门诊量仍然在 1 万人以上，最高日门诊量达到 130 人次、年门诊量达 2.4 万人。他只要坐诊，都必须诊治完所有患者，不管多迟，因而深受患者和群众的尊重和喜爱。他默默燃烧着自己，把自己最真诚的爱心无私地奉献给了每一位患者。

三、理宗伤寒，法有新方

陈老师常讲：中医学四大经典是根，各家学说是本，临床实践是生命线，在医学的道路上，要终生努力学习，抓好基本功，做到"学我在心，超越我"，有超越才能更好地弘扬光大中医药学。

在基层，囿于医疗卫生条件不足，尤以内科常见病、多发病为主，如何辨治这些杂病应成为基层中医师的必备技能。陈老师继承《伤寒杂病论》脏腑辨证、六经辨证理论，针对基层常见病、多发病和疑难病特点，结合自身 50 年临床经验，对基层中医看病、诊病、辨证、治病四个环节提出自己的主张：一是"看病"，须坚持"病—证—药"三结合原则；二是"诊病"，采用"无症从病、无病从证、病证结合"的三分类诊断方法；三是"辨证"，以脏腑为基、六经为向，突出主症的思路；四是"治病"，遵循以验为先，方证合一，精准加减的用药原则。

陈老师本着简、便、验、廉的主旨，讲究理、法、方、药，活用经方、验方，屡有创新。如小青龙汤证，辨咳喘时要注意咳重而喘轻，咳喘并重，甚则"咳逆倚息不得卧"等支饮为患，日轻夜重，强调肺、脾、肾等多脏兼传的特点。创新家传方麻杏前胡饮治疗基层常见呼吸系统疾病咳嗽；自创加减菊花茶调汤（眩晕方）、冬病夏治方（肺胀方），疗效显著；总结出山区常见湿性疾病的特效方苍延香苏饮（带下方）、四物除湿饮（泄泻方）、银花解毒汤（蛇串疮方）等；自创处理农村常见重大慢性疾病鼓胀（肝硬化晚期）的阴虚鼓胀方和肾炎 I～V 号系列经验方等。其诊治过敏性咳嗽、喉源性咳嗽、咳嗽变异性哮喘、哮喘、慢性鼻炎、眩晕、癫痫、慢性肺源性心脏病、乙型肝炎、慢性胃炎、痞证、鼓胀、腰痛、肾炎、多囊卵巢综合征等疾病的临床经验，已由其学术继承人或学生予以总结，公开发表。

四、中医传承，首推农村中医药人才培养

陈老师是人事部、卫生部、国家中医药管理局确定的第三批全国老中医药专家学术经验继承工作指导老师，四川省中医药管理局确定的第一批、第二批、第四批老中医药专家学术经验继承工作指导老师。他以高尚的师德践行着"传道、授业、解惑"的师承教学理念，其品质、学识、医术、医德构成了独特的人格魅力，给学生以成长的力量，用无私的关爱留给学生和患者永恒的记忆。无论是中医人才培养、学术经验传承，还是指导基层中医药工作，他总是细心地给予指导，知无不言，毫无保留。他特别注重医德医风的培养，强调"学医先学德"。

陈老师出生于农村，深切体会到山区农村缺医少药的窘况。他率先举办剑阁县中医提高班（1979 年），培养全县中医人才。1984 年、1995 年，他又先后两次与成都中医药大学成人教育学院联办中医大专班，任函授站站长，兼职副教授、教授，亲自担任医古文、中医基础理论、中医内科学授课教师。1995 年，在全国尚无基层中医药人才培训教材的条件下，自编《剑阁县农村中医药人才培训教材》，分期分批开展县、乡（镇）、村三级中医药人员培训。同年，剑阁县被国家

中医药管理局列为"全国农村中医药人员培训试点县"。目前，剑阁县在岗的 42 位乡镇卫生院院长及各单位中医业务骨干均曾跟随陈老师学艺。陈老师为剑阁中医的发展立下了汗马功劳。

陈老师重视中医"师带徒"，常跟我们提起他年轻时侍医川北名医王柄如先生的故事。作为全国、省、市、县的学术经验指导老师，他 40 年如一日，不辞辛劳，常年为大中专医学院校和县、乡（镇）带教实习生、进修生，所带学生遍布广元、绵阳、泸州、宜宾、成都等地区。2011 年 10 月，他被成都市中医药管理局和成都中医名医馆聘为特聘专家。四川省中医药管理局授牌，在成都中医名医馆建立省名医工作室，陈老师每周 3 个半天在这里出门诊，还有 2 个半天在温江区名医馆门诊，为成都市带教中医药学术经验继承人 64 人。截至目前，已出师全国第三批老中医药专家学术经验继承人 1 人，四川省老中医药专家学术经验继承人 20 人，市或县老中医药专家继承人 37 人，其中，省级名中医 5 人，市级名中医 7 人，县级名中医 5 人，10 人晋升为主任医师，副主任医师为 15 人，部分学生已成为各医疗机构的核心骨干。如剑阁县中医医院门诊部主任中医师李云安年门诊人次达 2.9 万，副主任中医师程文章年门诊人次达 3.3 万。

自 1999 年起，陈老师作为全国和四川省中医药工作先进县（市、区）单位评审专家，兼任中国中西医结合学会农村基层工作委员会委员、四川省基层常见病多发病中医药适宜技术推广项目专家指导组专家、四川中西医结合学会农村专业委员会副主任，先后对四川、云南、贵州、甘肃、重庆等省（直辖市、自治区）112 个中医药工作先进县单位建设和县级中医院，以及乡（镇）、村中医药工作进行指导、督导和评审验收。无论严冬还是酷暑，所到之处他均深入各县（市、区）政府、卫生局、中医院和乡镇卫生院、社区卫生服务中心及村卫生站、社区卫生服务站实地察看，并提出工作建议和意见，其脚踏实地、勤政务实的工作态度得到各受检单位的一致好评。在他的精心指导和督导下，广元市（2009年）、资阳市（2011 年）和成都市（2011 年）先后建成为四川全国农村中医工作先进市，至 2012 年已建成 8 个全国农村中医药工作先进县（市、区）。他常年为基层中医药工作持续发展培养人才、进行学术交流而奔波，对四川省乃至全国基层中医药事业做出了卓越贡献，为基层老百姓留下了一支支"赶不走的卫生队"。

五、管理行家，山区中医学剑阁

　　自 20 世纪 70 年代始，陈老师在广元地区及剑阁县从事医疗管理工作 40 年，历任剑阁县中医医院副院长、院长，剑阁县卫生局副局长，剑阁县中医学会会长，广元市中医学会副会长。其间还担任四川省级全国农村中医工作先进单位评审专家 20 年，具有丰富的基层中医药管理工作经验。

　　陈老师经常说："成绩不说跑不了，问题不说不得了。"他始终坚持问题导向，强调要善于发现和解决问题，并且要将问题消灭在萌芽阶段，防止出现管理工作中的"死角"和"灯下黑"现象。要突出重点抓事关全局、带倾向性和普遍性的问题，这样就会"牵住问题的牛鼻子"，就会达到抓住要害、带动整体的效果。"一把手的点子是医院的票子"，作为院长，首先要把管理人和培养人结合起来，在管理中培养人才，发现人才。对于那些敢于管理的优秀年轻人才，要大胆提拔使用，形成老、中、青的管理梯队，防止后继乏人，青黄不接。他经常讲"铁打的营盘，流水的兵"，对优秀的管理人员给予精神、物质及学习培训等方面的奖励，并予提拔重用，对不称职的管理者坚决进行调整、换岗，"不换脑子，就换位置"，要有为才有位。

　　陈老师经常说："领导干部要求职工做到的自己首先要带头做到、做好，要求职工不做的自己首先不做。"要率先垂范，以身作则，用高于他人的标准严格要求自己。他在几十年的临床管理工作中，兢兢业业，任劳任怨。在他的作息表上，从没有星期天、节假日，加班加点已是常态。1999 年，剑阁县率先建成省中医药工作先进县；2000 年，剑阁县中医医院建成省文明医院、省文明单位。由于管理卓有成效，剑阁县中医医院门诊人次、住院人次、年业务总收入均高于同级剑阁县人民医院。2004 年，剑阁县中医医院荣获人事部、卫生部、国家中医药管理局授予的"全国卫生系统先进集体"称号，四川省中医管理局随即提出了"山区中医学剑阁，平原学新都，丘陵学安岳"的省中医药工作目标。

　　再好的管理者都会从领导岗位退下来，医院要健康、持续发展，不仅要有技术过硬扎实的专业团队，同时要有一支团结协作、乐于奉献、精益求精、继承创新的管理团队，不能因为院长的轮换调整而影响医院的长期发展。这在剑阁县中医医院的发展史上得到了充分印证。在陈老师卸任院长 10 多年后，医院仍然健康快速发展，在县级中医院行列起到领跑作用。

　　可见，陈老师不仅是一名川派基层中医名家的典型代表，也是一名出色的医院管理行家。

（余葱葱　陈蓉）

临床经验

川派中医药名家系列丛书

陈天然

一、基层常见中医病种诊治经验

1. 感冒

感冒是外感风寒、风热之邪或时行病毒客于肺卫的疾病，临床表现以鼻塞、流涕、喷嚏、咳嗽、头痛、恶寒、发热、全身不适等为其特征。本病四季均可发生，又以春、冬为多见。其病因病机为六淫、时行病毒侵袭人体而致病。临床常见证型为风寒证、风热证、暑湿证和气虚证等。陈老师临证习用方：风寒证，用荆防败毒散加减；风热证，用柴胡清热饮（经验方）；暑湿证，用新加香薷饮加减；气虚证，用参苏饮加减。

【验案举例】

验案一　何某，女，43岁，农民，剑阁县闻溪乡人。2014年5月12日初诊。

主诉：寒战发热2天，加重伴头痛1天。

现病史：患者2天前因淋雨感寒后出现乏力、发热，自行服用感冒冲剂未见明显好转，遂来我院求治中医。

症状：患者2天前自觉发热，体温38.6℃，鼻塞、流清涕、打喷嚏、咳嗽、痰多、色白清稀有泡沫，并伴有头痛和四肢关节疼痛。精神差，纳差，眠可，二便调。口淡，舌淡红，苔白，脉浮。

诊断：感冒。

证型：风寒证。

治法：辛温解表，温肺散寒。

处方：荆防败毒散加减。

荆芥 15g	防风 15g	川芎 15g	柴胡 15g
半夏 15g	陈皮 15g	茯苓 15g	羌活 15g
独活 15g	辛夷 15g	苍耳子 15g	白芷 15g
枳壳 15g	桔梗 15g	前胡 15g	甘草 6g

3剂

水煎取汁1200mL，每次服200mL，一日3次，两日1剂。

复诊：2014年5月18日。患者自诉寒战、发热、乏力明显好转，体温37℃，仍有咳嗽气喘，精神可，纳可，大便稍干，小便稍黄。舌质黄，苔薄白，脉数。在上方的基础上去辛夷、苍耳子、白芷，加麻绒15g，桑白皮15g，黄芩15g，连服3剂痊愈。

验案二　王某，女，12岁，学生，剑阁县普安镇人。2015年3月16日初诊。

主诉：反复发热、咽痛4天。

现病史：患者4天前不明原因出现发热，体温38～39℃，曾在县人民医院输液、口服西药治疗，具体用药不详。经治疗后患者无明显好转，体温仍持续在38.5～39℃，故求诊于我院中医治疗。

症状：体温38.9℃，扪及皮肤灼热，呼吸短促，咽喉红肿疼痛，扁桃体Ⅱ°肿大，充血水肿明显，口唇干燥，有轻微咳嗽，纳差，夜寐不宁，小便短赤，大便干燥不爽。舌尖红，苔薄黄，脉浮数。

诊断：感冒。

证型：风热证。

治法：清热解表，利咽消肿。

处方：柴胡清热饮加减（经验方）。

柴胡12g	黄芩12g	生石膏20g	连翘12g
金银花12g	玄参20g	射干10g	马勃10g
山豆根10g	牛蒡子12g	半夏12g	陈皮10g
茯苓10g	桔梗10g	鱼腥草20g	甘草3g

3剂

水煎取汁300mL，每次服50mL，一日3次，两日1剂。

复诊：2015年3月23日。体温37.5℃，咽部红肿疼痛明显减轻。二便正常，睡眠尚可，仍有口干、厌食等症。舌尖红，苔微黄，脉细。

在上方的基础上去生石膏、射干、马勃、山豆根，加天花粉20g，山楂12g，神曲12g，麦芽20g，连服3剂治愈。

验案三　李某，男，57 岁，农民，剑阁县金仙镇人。2016 年 7 月 24 日初诊。

主诉：发热头晕 1 天，加重伴恶心 3 小时。

病史：患者 1 天前在户外干农活时因天气酷热，满身大汗，回家后电风扇直吹，暴饮冷饮后出现高热、恶寒、头身困重、无汗，并伴脘腹胀痛，恶心呕吐，呕吐物为胃内容物，小便短赤，大便稀溏。

症状：发热，体温 38.7℃，肢体酸重伴疼痛，头昏重胀痛，咳嗽痰黏，心烦口渴不欲饮，胸闷，恶心呕吐，呕吐物为胃内容物，约 200mL。腹胀，小便短赤，大便稀溏，舌红，苔薄黄腻，脉数。

诊断：感冒。

证型：暑湿证。

治法：清暑解表，兼以和中。

处方：新加香薷饮加减。

香薷 10g	藿香 15g	薄荷 15g	扁豆 30g
柴胡 15g	粉葛 15g	黄芩 15g	半夏 15g
厚朴 15g	陈皮 15g	茯苓 15g	白术 15g
防风 15g	莱菔子 30g	滑石 30g	甘草 6g

3 剂

水煎取汁 600mL，每次服 100mL，一日 3 次，两日 1 剂。

复诊：2016 年 8 月 1 日。患者自诉无发热恶寒，体温 37℃，大汗出，腹胀好转，仍有恶心纳呆，舌红，苔黄腻，脉数。外寒已解，里热仍在，上方去香薷、柴胡、薄荷，加石膏 30g，知母 15g，再服 3 剂，治愈。

验案四　张某，男，68 岁，农民，剑阁县白龙镇人。2016 年 10 月 15 日初诊。

主诉：反复头痛、咳嗽 1 个月，加重 7 天。

病史：1 个月前，患者因淋雨后反复头痛、咳嗽，咯泡沫痰、乏力，曾于当地个体诊所诊为支气管炎，经治疗后好转。7 天前由于干农活劳累后出汗过多，又觉头痛、鼻塞，咳吐白痰，身痛乏力，动则气短，不思饮食。

症状：体温 38.5℃，多汗，头痛，鼻塞，咳嗽声重，吐白色稀痰，体倦乏力，动则胸闷气短，饮食欠佳，眠差，二便正常。舌质淡红，苔薄白，脉浮而无力。

诊断：感冒。

证型：气虚外感风寒。

治法：益气解表，调和营卫。

处方：参苏饮加减。

人参 15g	紫苏 15g	前胡 15g	法半夏 15g
陈皮 15g	茯苓 15g	枳壳 15g	桔梗 15g
粉葛 30g	白术 15g	杏仁 15g	辛夷 12g
苍耳子 15g	防风 15g	黄芪 30g	生姜 12g
甘草 6g			

3 剂

水煎取汁 600mL，每次服 100mL，一日 3 次，两日 1 剂。

复诊：2016 年 10 月 18 日。患者自诉头痛、咳嗽好转，体倦乏力好转。舌质淡红，苔薄白，脉浮。风寒之邪已去，因平素体弱，饮食欠佳，上方去辛夷、苍耳子、杏仁，加山楂 15g，神曲 15g，麦芽 30g，连服 3 剂治愈。

【临证备要】陈老师根据多年临床经验，认为农村感冒的病因多以风邪为主。由于四时的气候不同，风邪的侵袭往往夹有不同的时气，一般以风热、风寒多见。祛风当用辛散，注意区分辛凉、辛温，采用疏表宣肺，可适当结合清热。如鼻塞、流涕，用辛夷、苍耳子；头胀痛，用川芎、菊花、蔓荆子；四肢酸痛，用羌活、葛根、桂枝；咽痛，用射干、山豆根、马勃；大便秘结，用生大黄、瓜蒌皮、枳实、玄参；胃痞，用郁金、香附、莱菔子、枳实；夹食者，用山楂、神曲、麦芽、鸡内金消食健胃。

一般感冒轻症可不药而愈，但年老体弱、婴幼儿患者及时感重症，病情发生传变，化热入里，又当与温病联系互参；若原有某些宿病或因感冒诱发者，当根据标本先后和轻重主次的要求进行治疗。至于虚体感冒，又当在解表药中酌加扶正之品以祛邪，根据气虚、阴虚不同表现，予以相应治疗。

（程文章）

2. 咳嗽

咳嗽是基层最常见的肺系疾病之一。临床证型分为外感、内伤两大类，《景岳全书》曰："咳嗽之要，止惟二证，何为二证？一曰外感，一曰内伤而尽之矣。"

外感咳嗽为六淫外邪侵袭肺系，内伤咳嗽为脏腑功能失调。清·陈修园云："然肺为气之主，诸气上逆于肺，则呛而咳，是咳嗽不止于肺而亦不离于肺也。"咳嗽不论外感或内伤，均属肺系受病，肺气上逆所致。陈老师以"宣、降、清、温、润、敛"为法，习用家传方"麻杏前胡饮"加减。

【验案举例】邓某，女，44 岁。2014 年 9 月 29 日初诊。

主诉：咳嗽、咯痰伴咽部不适 1 周。

现病史：患者于 1 周前不慎受凉后出现咳嗽，咯少许黄色黏痰，咯痰不利，伴咽痒不适，咽痒即咳，口干，偶感气急。无发热畏寒，无胸痛咯血、鼻塞流涕及潮热盗汗等症。精神稍差，纳食正常，二便调。已服用抗生素 3 天，效果不佳，遂求诊。

症状：频繁咳嗽，咳黄色稠痰，不易咯出，咽痛、咽痒，咳嗽时自感气急。口渴。舌红，苔薄黄，脉数。

诊断：咳嗽。

证型：痰热犯肺。

治法：清热化痰，宣肺止咳。

处方：麻杏前胡饮加减。

蜜麻绒 15g	苦杏仁 15g	前胡 15g	法半夏 15g
黄芩 15g	蜜紫菀 15g	蜜款冬花 15g	蜜百部 15g
浙贝母 15g	射干 15g	僵蚕 15g	牛蒡子 15g
桔梗 15g	蜜桑白皮 20g	蜜枇杷叶 20g	厚朴 15g
茯苓 15g	陈皮 15g	鱼腥草 30g	甘草 5g

共 3 剂

水煎取汁 900mL，每次服 150mL，一日 3 次，两日 1 剂。

症状：患者自诉服药后咳嗽明显减轻，咯少许白色泡沫痰，咽痛消失，偶感咽部不适，无明显气急。在上方基础上加五味子 15g，继续服用 3 剂痊愈。

【临证备要】陈老师认为，咳嗽皆因病邪犯肺、肺失宣降所致，临床常见寒热之证兼夹，治疗以麻杏前胡饮为基础方，根据兼证不同而随证加减。用药上，麻绒宜蜜炙，蜜炙减其燥，避免发汗，有润肺作用。炙前胡、炙紫菀、炙款冬花、炙枇杷叶是止咳要药，必不可少，四药合用，功主润肺降气，化痰止咳，不论新久、虚实、寒热之咳嗽均宜应用，皆可取效。咳逆甚，痰黄多，用黄芩、青黛、浙贝母、桑白皮、鱼腥草、地龙以清热解毒，化痰利肺；咽喉不利，常加用射干、马勃、牛蒡子、桔梗清咽利喉。对顽固久咳，陈老师认为与过敏有关，常用蝉蜕、僵蚕、白蒺藜、五味子、诃子祛风脱敏，收敛止咳。

（席大贤）

3. 喘证

喘证是以呼吸困难，甚则张口抬肩、鼻翼扇动、不能平卧等为主要临床特征，严重者可由喘致脱而出现喘脱之危重症。此证相当于西医学支气管哮喘，临证需与心源性哮喘相鉴别。喘证病因复杂，外邪侵袭、饮食不当、情志失调、劳欲久病均可致喘，甚至诸多因素兼夹引起肺失宣降，肺气上逆或气无所主，肾失摄纳也可致喘证。其辨证首当分清虚实，实喘治肺，以祛邪利气为主；虚喘以培补摄纳为主；虚实夹杂者应分清主次，权衡标本。辨证遣方用药视其具体情况或分而治之，或兼而治之。

陈老师以"宣、降、温、清、润、敛"为法，常用麻杏前胡饮合三子养亲汤加减治疗本病，疗效显著。

【验案举例】 赖某，男，52岁。2016年3月6日初诊。

主诉：呼吸困难、喘息10天。

现病史：患者10天前不慎受凉后出现鼻塞、鼻痒、咽喉不适，随即出现气急、喘息、胸闷，已在院外输液1周疗效不佳（具体用药不详），遂来本院门诊求治中医。

既往史：过敏性鼻炎，支气管哮喘10年余。

症状：咳嗽，咳痰，呼吸困难、喘息，鼻痒，头昏，胸闷不舒，身热有汗，口渴而善冷饮，面赤，咽干，小便赤涩，大便秘结。舌质红，苔黄，脉滑数。

诊断：喘证。

证型：痰热郁肺。

治法：清热化痰，宣肺平喘。

处方：麻杏前胡饮合三子养亲汤加减。

蜜麻绒 15g	苦杏仁 15g	前胡 15g	法半夏 15g
黄芩 15g	紫菀 15g	款冬花 15g	苏子 15g
白芥子 15g	葶苈子 20g	莱菔子 30g	僵蚕 15g
蝉蜕 15g	牛蒡子 15g	桔梗 15g	瓜蒌皮 15g
桑白皮 20g	鱼腥草 30g	浙贝母 15g	金银花 15g
连翘 15g	藿香 15g	白蒺藜 20g	甘草 6g

3 剂

水煎取汁 900mL，每次服 150mL，一日 3 次，两日 1 剂。

复诊：2016 年 3 月 13 日。患者经 1 周治疗，病情较前有明显改善。鼻、咽部症状消除，咳嗽、咯痰减轻，已无胸闷，肺部干啰音减少，心率正常，气促、喘息已得到有效控制，但大便干结。舌质红，苔薄黄，脉滑数。在上方基础上去金银花、连翘、牛蒡子，加厚朴 15g，茯苓 15g，陈皮 15g，生大黄 10g，健脾通腑，3 剂，煎服法同前。

三诊：2016 年 3 月 20 日，患者诸症多已消除，呼吸平稳。闻诊肺部呼吸仍显粗糙，本次治疗已达临床控制。在二诊方基础上去大黄，守方治疗 2 周巩固疗效。嘱患者加强身体锻炼，增强机体免疫力，有效预防感冒，防止冷空气、烟雾、粉尘等致敏源，积极治疗过敏性鼻炎，控制喘证再发作。随访 6 个月未复发。

【临证备要】

（1）陈老师家传方"麻杏前胡饮"作为临床治疗肺系疾病通治方，疗效显著。喘证的病因为多因素作用的结果，涉及肺、心、脾、肾、大肠等脏腑的病理变化，运用其辨病与辨证相结合的思想，实者泻之，虚者补之，虚实夹杂者则多方组合用药。

（2）治喘不离"四子"，虚证必当敛肺补肾。痰液不仅是病理产物，而且是重要的致病因素，临证常用"四子"（苏子、白芥子、莱菔子、葶苈子）祛痰利肺，改善肺功能。虚喘者，善用地龙、白果仁、胡桃仁、紫河车等收敛肺气，补肾纳气。

（3）本病的一个重要致病因素就是过敏，因此，抗过敏治疗必当贯穿整个治疗过程，常用僵蚕、蝉蜕、藿香、白蒺藜等抗过敏，以消除气道的高反应状态。

（何福强）

4. 心悸

心悸是因外感或内伤，致气血阴阳亏虚，心失所养，或痰饮瘀血阻滞，心脉不畅，引起以心中悸动，惊慌不安，甚至不能自主为主要临床表现的一种常见病证。其病机有虚实之分，故治疗上也应分虚实。虚证，分别治以补气、养血、滋阴、温阳；实证，则应祛痰、化饮、清火、行瘀。陈老师发现，基层临床常见证型为心胆亏虚、心脾两虚和阴血亏虚伴虚火内扰。阴血亏虚证，陈老师喜用天王补心丹加减治疗。

【验案举例】邬某，男，77 岁，退休教师。

主诉：反复心慌、心跳 1 年，加重 1 周。

现病史：患者于 1 年前开始出现心慌，自觉心中跳动明显，活动后加剧，睡眠差，经常靠服安眠药帮助睡眠，伴神疲乏力、头昏，曾在成都市某医院做心电图示频发室性早搏，先后给予稳心颗粒、倍他乐克及中药治疗，效果欠佳。1 周前患者心绪不佳，上诉症状加重，遂求治。

症状：心慌、心跳，活动后明显，睡眠差，心烦，神疲乏力，头昏，口干喜饮，手脚心发热。舌质红，苔少、薄，脉细数。

诊断：心悸。

证型：阴血亏虚，虚火内扰。

治法：滋阴养血，清热安神。

处方：天王补心丹加减。

党参 20g	丹参 30g	玄参 20g	茯苓 15g
炒酸枣仁 20g	柏子仁 20g	天冬 20g	生地黄 20g
麦冬 20g	桔梗 30g	焦栀子 15g	当归 15g
五味子 15g	制远志 15g	甘草 6g	

4 剂

水煎取汁 1200mL，温服 200mL，一日 3 次，两日 1 剂。

二诊：患者诉心慌、心跳好转，睡眠较前改善，但纳差，食谷不香，舌质淡，苔白偏腻，脉细数。药已起效，考虑湿邪偏重，前方去滋腻之五味子，加薏苡仁、鸡内金、建神曲、麸炒白术健胃消食，4剂，煎服法同前。

三诊：患者心慌、心跳、睡眠明显改善，食纳好转，舌质淡，苔薄白，脉细，受凉后咽痛咳嗽。前方去白术、薏苡仁、藿香、鸡内金，加金银花、连翘、浙贝母，4剂，煎服法同前。后随访，患者上述症状消失，做心电图显示正常。

【临证备要】

（1）心悸病位在心，诊断应首选心电图检查，结合临床表现，分辨病变有无涉及肝、脾、肺、肾，是涉及一脏，还是病及多脏。

（2）心悸患者多伴失眠，失眠又加重心悸，陈老师认为心神不宁为二者共有病理特点，故临证重视"安神"，喜合用加味温胆汤，安神药则选用酸枣仁、柏子仁、五味子、远志、莲子心、珍珠母、黄芩、栀子，融养心、清心、安神于一炉，可谓药宏力足。

（3）临证加减：失眠重者，酌加龙骨、磁石重镇安神；心悸怔忡甚者，酌加夜交藤、龙眼肉增强养心安神；焦虑甚者，加合欢皮、百合疏肝解郁；胸闷者，加瓜蒌、台乌宽胸理气。

（4）由于该方滋腻药较多，易碍脾，陈老师喜加藿香、平胃散以醒脾、燥湿健脾，既可保证脾胃健运，也可防止因脾胃病变出现"胃不和则卧不安"而导致病情加重。

（张利）

5.胸痹

胸痹是指以胸部闷痛，甚者胸痛彻背、短气、喘息、不得安卧为主要临床症状的病证。本病多发于中年以上，男性多于女性，脑力劳动者居多，与西医学所指的冠状动脉粥样硬化性心脏病（心绞痛、心肌梗死）关系密切。其发病原因与寒邪内侵、饮食失调、情志失节、劳倦内伤、年迈体虚等有关。其发病特点为突然发病，时作时止，反复发作，病机特点是"本虚标实"，本虚，以年老体虚，先天不足，思虑过度，耗伤心脾引起心之阴阳气血不足，尤以气阴两虚多见；标实，系膏粱厚味、七情过伤、寒邪入侵产生的气滞、血瘀、痰浊、寒凝、热结，阻遏胸阳，闭塞胸络，不通则痛。本病多因情志波动、气候变化、饮食不节、劳累过度而诱发。临床上常见的有心血瘀阻证、气滞心胸证、痰浊闭阻证、寒凝心脉证、气阴两虚证、心肾阴虚证、心肾阳虚证。陈老师认为，辨证当分清标本虚实缓急，以"急则治其标，缓则治其本""补其不足，泻其有余"为治疗原则。实证，以活血化瘀、辛温散寒、泄浊豁痰、宣通心阳等为法；虚证，以补养扶正为主，用益气通脉、滋阴益肾、益气温阳等法。但临床所见，多虚实夹杂，必须严密观察病情，准确辨证论治，灵活把握病情变化，按虚实主次缓急而兼顾同治，并结合现代医学诊断、治疗手段综合治疗。临证习用方：血府逐瘀汤，瓜蒌薤白半夏汤。

【验案举例】

验案一　李某，男，70 岁。2009 年 2 月 18 日初诊。

主诉：胸闷、胸痛频发 1 月余，活动后加重。

现病史：患者体型肥胖，身高 160cm，体重 70kg，年轻及中年时期有烟酒嗜好，已确诊冠心病 6 年，常有胸闷胸痛，活动及夜间加重。1 个月前，胸闷胸痛频发，一日数次，在外院心内科住院治疗近 1 个月，给予消心痛、心痛定等口服西药及综合治疗仍缓解不明显，活动后症状加重。

症状：每日出现胸闷憋气，时刺痛，喘息，动则尤甚，懒言乏力，疼痛牵及左肩背，心悸多梦，难以熟睡，口苦、口干不欲饮水，不思饮食，大便干燥。面色晦暗，舌质暗红，苔薄黄，脉弦数。查体：心率 100 次 / 分，血压 134/85mmHg，血常规、肝功能、肾功能、电解质正常。

诊断：胸痹。

证型：心血瘀阻，气阴两虚。

治法：活血化瘀，宣痹通络。

处方：血府逐瘀汤加减。

全当归 15g	川芎 15g	红花 10g	赤芍 15g
桃仁 15g	枳壳 15g	桔梗 15g	葛根 15g
乳香 10g	丹参 15g	郁金 15g	全瓜蒌 15g
薤白 10g	没药 10g	酸枣仁 15g	甘草 6g
玄参 20g			

5 剂

水煎取汁 1200mL，温服 200mL，一日 3 次，两日 1 剂。饭前服。仍服其他西药。

复诊：2009 年 2 月 28 日。服上方 5 剂后，胸闷胸痛减轻，次数减少，左肩背痛消失，睡眠好转，大便通畅，饮食增加，晨起活动后心慌、气短乏力。舌质暗红，苔薄白，脉沉细。此乃心脉瘀阻渐畅，气阴亏虚。上方基础加减，增加益气养阴之品。

全当归 15g	川芎 15g	赤芍 15g	桃仁 15g
丹参 15g	郁金 15g	葛根 15g	柏子仁 15g
桔梗 15g	薤白 10g	菖蒲 10g	五味子 10g
麦冬 15g	全瓜蒌 15g	西洋参粉 2g	甘草 6g

10 剂

水煎服，一日 1 剂，日服 3 次。

医嘱：消心痛由每日 3 片减到每日 1 片，口服。

三诊：2009 年 3 月 27 日。胸闷胸痛及肩背痛消失，饮食、睡眠、二便正常，时有活动后微感胸闷乏力。舌质暗红，苔薄白，脉沉细。上方加黄芪 30g，再服 10 剂后诸症消失而告愈。

验案二 李某，男，60 岁。2012 年 10 月 10 日初诊。

主诉：胸闷、胸痛反复发作 1 年余，近期加重。

现病史：患者自 2011 年秋开始出现胸闷胸痛，常夜间突然发作，疼痛难忍，持续 2～3 分钟，多在情绪激动、劳累或突受惊恐时发作。胸痛发作时舌下含化硝酸甘油片可使疼痛缓解，经确诊为冠心病不稳定型心绞痛，在院外西药间断治疗。

症状：胸闷胸痛发作频繁，持续时间长（5～10 分钟），心前区有压榨感，痛引左肩，重时延至颈肩，伴有冷汗出，心悸，气短，时感肢冷。舌质淡红，苔白，脉弦。心电图提示 ST 段下移，T 波倒置，完全性右束支传导阻滞，血压正常。

诊断：胸痹。

证型：胸阳不振，寒凝气滞。

治法：宽胸通阳，散寒行气化瘀。

处方：瓜蒌薤白半夏汤加减。

全瓜蒌 15g	薤白 15g	桂枝 10g	细辛 6g
当归 15	赤芍 15g	桃仁 15g	延胡索 15g
枳壳 15g	乳香 10g	没药 10g	丹参 15g
川芎 15g	郁金 15g	炙甘草 6g	

5 剂

水煎取汁 600mL，温服 200mL，一日 3 次，一日 1 剂。

复诊：2012 年 10 月 16 日。胸闷、心前区疼痛等症明显减轻，时有汗出，动则心悸，仍用上方加红参粉，每次 2g 冲服，续服 10 剂。

三诊：2012 年 10 月 27 日。服上方 10 剂后胸闷，心前区、肩颈疼痛等症消失，精神、饮食、睡眠正常。为巩固疗效，继续给予上方加减，制成蜜丸口服。

全瓜蒌 50g	薤白 40g	桂枝 50g	当归 50g
赤芍 50g	桃仁 50g	延胡索 50g	丹参 60g
川芎 50g	郁金 50g	枳壳 50g	红参 50g
炙甘草 20g	山楂 50g	细辛 20g	

上药共为细末，炼蜜为丸，每丸 10g，早晚各服 1 丸。服上方 2 剂后，病情稳定。

【临证备要】

（1）胸痹以中老年发病为多，有的病情复杂，常合并多种疾病，如消渴（糖尿病）、眩晕（高血压病）、高脂血症、肥胖等，有的病情危重，变化多端，临床多采取中西医结合治疗，相互取长补短，中西合参。在相关指标得到有效控制、稳定后，以中医药为主调整阴阳、气血、虚实，最终达阴阳平衡，气血通畅，正气得补，邪气消除，使机体内环境稳定，达到阴平阳秘，精神乃治。

（2）胸痹的主要病机是痹塞不通，不通则痛，多为本虚标实、虚实夹杂，治疗应以通为主，通补结合。通法，包括芳香温通法、宣痹通阳法、活血化瘀法；补法，包括补益气血、温补心肾阳气、滋补心肾精血等。治法注意通法、补法或通补结合，可根据不同的病程阶段、个体差异交替应用。

（3）胸痹因其病变部位主要在心，心主血脉，气行则血行，气滞则血瘀，瘀血不去，新血不生。故不论何种证型，是急性发作还是缓解期，处于阴阳虚实的不同阶段，活血化瘀、理气解郁都要贯穿其治疗全周期。现代药理研究表明，活血化瘀、理气解郁类药物均有不同程度的扩张冠状动脉、改善血液循环、降低血液黏稠度的作用。活血多选既能活血又能养血的当归、川芎、丹参、赤芍、鸡血藤等，理气常选既行气活血又能止痛的郁金、延胡索、香附。

（4）陈老师特别重视固护元气。因心主血脉、藏神，为"君主之官""五脏六腑之大主"，故元气充足旺盛至关重要。胸痹患者以中老年为多，年老元气渐虚（衰）。现代药理研究表明，人参对心脏有直接的兴奋作用，有改善心肌无力、冠脉循环及营养心肌的作用。故元气虚者，选用人参；偏于气阴两虚者，选用西洋参；阴虚不明显者，则选用红参。

（王国道）

6. 不寐

不寐主要表现为睡眠时间、深度的不足，轻者入睡困难，或寐而不酣，时寐时醒，或醒后不能再寐，重则彻夜不寐，影响人们的身心健康、生活、工作和学习等，是临床常见疾病。不寐的病因主要有七情所伤，思虑劳倦太过，或暴受惊恐，亦有禀赋不足，房劳过度或久病所致。临证时常见肝郁化火，痰火扰心，以及阴血不足，心失所养。肝藏血，主疏泄，由于当下社会生活节奏快，人的思想压力大、精神负担重，容易影响肝的疏泄功能，若情志不遂，肝气郁结，郁而化火，郁火扰动心神，神不安则致不寐。如《景岳全书》所云："痰火扰乱，心神不宁，思虑所伤，火炽痰郁而致不眠者多矣。"或由思虑太过，心伤则心血暗耗，神不守舍；脾伤则生化乏源，营血亏虚，不能奉养心神而不寐。临床辨证，不寐的病位在心，且与肝胆、脾胃、肾的阴阳气血失调相关，病性有虚实两端，实证，以痰火扰心为主；虚证，多属阴血不足，心失所养。实证用栀芩温胆汤加减，虚证用天王补心丹合酸枣仁汤加减治疗，多能取效。

【验案举例】

验案一　张某，男，47 岁。2015 年 3 月就诊。

主诉：失眠 1 个多月，加重伴心烦、口苦 5 天。

现病史：患者因 1 个多月前工作压力大，经常加班工作，并多次因工作与上司发生争吵，又经常饮酒，逐渐失眠，入睡困难。曾口服多种中西药物治疗，疗效不佳。

症状：入睡困难，易醒，醒后再难入睡，心烦，易怒，头晕头胀，口苦咽干，纳差，大便干。舌质红，苔薄黄腻，脉弦。

诊断：不寐。

证型：肝郁化火，痰火扰心。

治法：清热化痰，宁心安神。

处方：栀芩温胆汤加减。

胆南星 10g	茯神 15g	陈皮 15g	法半夏 15g
炒栀子 15g	黄芩 15g	浙贝母 15g	远志 15g
炒酸枣仁 30g	柏子仁 20g	合欢皮 20g	夜交藤 30g
珍珠母 30g	琥珀 10g	甘草 5g	

7 剂

水煎 2 次取汁 1200mL，每次温服 200mL，一日 3 次，两日 1 剂。嘱调畅情志，舒缓工作压力。

二诊时，自诉情绪明显好转，容易入睡而不易醒。续服 14 剂，诸症皆消，停药观察，未见反复。

验案二 李某，50 岁，女，机关干部。2015 年 7 月 30 日初诊。

主诉：顽固性失眠 1 年多。

现病史：1 年多前因工作劳累，精神负担重以致每天感到头昏、心慌心悸、易烦躁、失眠、食欲不振，曾先后到多家医院住院治疗，服中西药物症状未明显缓解，前来求诊。

症状：形体消瘦，面容憔悴，神疲，面色潮红，口咽干燥，心慌心悸，虚烦失眠，不思饮食，大便干。舌红苔薄黄，脉结代。查血压正常，心电图提示偶发室性早搏，T 波低平。

诊断：不寐。

证型：气阴两虚，心失所养。

治法：补气滋阴，养心安神。

处方：天王补心丹合酸枣仁汤加减。

酸枣仁 20g	柏子仁 20g	天冬 15g	麦冬 15g
丹参 20g	知母 15g	党参 15g	白术 15g
远志 15g	生地黄 30g	玄参 20g	夜交藤 30g
珍珠母 30g	茯神 15g	五味子 15g	桔梗 10g
炙甘草 6g			

7 剂

水煎 2 次，取汁 1200mL，每次温服 200mL，一日 3 次，两日 1 剂。

二诊：夜可入睡，神疲好转，心慌心悸渐轻，食欲增加，舌红咽干改善。效不更方，按原方加太子参 20g，加强补气养阴之功。7 剂。停服镇静西药，同时进行心理疏导，缓解患者紧张情绪，保持精神舒畅。

三诊：服用上方 1 个月后，每夜能入睡 5 ～ 6 小时，面色潮红、咽干口燥、心慌心悸、虚烦等症均消失，大便也正常，纳食显增。继续服用上方 10 剂，改服天王补心丸以资巩固。1 个月后症状消失，恢复原来正常的生活工作。

【临证备要】

（1）重视兼证的辨别。不寐，虽然实证以痰火扰心为主，虚证属阴血不足者居多，但临证还要仔细辨析是否有肝郁、脾胃不和及心肾不交之兼证，并要辨别是原发性还是继发性，若为继发性需在治疗不寐的基础上兼顾原发性疾病的治疗。

（2）注意顾护脾胃。不寐患者多因情志不遂，肝气郁结相传于脾，影响脾胃功能，可以表现出食少纳呆、胃胀等，治疗时就应多加用疏肝理脾和胃之品，以顾护脾胃，调畅中焦。

（3）分类选用安神药。不寐的病机为脏腑阴阳失调，气血失和，致心神失养或心神被扰，正如《景岳全书·不寐》所说："寐本于阴，神安则寐，神不安则不寐。"治疗上在补虚泻实的同时，均需使用安神药，即不寐的共性治法是安神。陈老师治疗不寐均选用安神药酸枣仁、夜交藤、柏子仁等，并随证加减：养血安神，加夜交藤、酸枣仁；镇静安神，加夜交藤、五味子和珍珠母；化痰安神，加胆南星、法半夏；疏肝安神，加合欢皮、香附子；养心安神，加酸枣仁、柏子仁、五味子；重镇安神，加生龙骨、生牡蛎、珍珠母；清心安神，加莲子心、炒栀子。

（徐兴培）

7. 胃痛

胃痛又称"胃脘痛"，是以上腹胃脘部近心窝处疼痛为主症的病证。常伴有痞闷、腹胀、嗳气、嘈杂、恶心、呕吐等症状。发病常与情志不畅、饮食不节、劳累、受寒等因素有关。本病在脾胃病中最为多见，可分为肝气犯胃、寒邪客胃、胃热炽盛、饮食伤胃、瘀阻胃络、胃阴亏虚、脾胃虚寒等证型，而以肝气犯胃最常见。治当以疏肝理气、和胃止痛为法，习用柴胡疏肝散合左金丸。

【验案举例】潘某，女，58岁。2014年5月22日初诊。

主诉：反复上腹部胀痛2年，加重7天。

现病史：上腹部胀痛，常因生气或进食过多症状加剧，打嗝或矢气后缓解。

症状：纳差，无饥饿感，便溏（每日2～3次），无反酸、烧心、恶心呕吐等症。舌质红，苔薄白，脉弦。4月5日成都某胃病专科医院做胃镜提示：慢性非萎缩性胃炎。

诊断：胃痛。

证型：肝郁气滞，肝胃不和。

治法：疏肝理气，和胃止痛。

处方：柴胡疏肝散合左金丸加减。

柴胡 15g	香附子 15g	枳壳 15g	白芍 30g
炮川楝子 15g	延胡索 15g	郁金 15g	青皮 15g
藿香 15g	炒山楂 20g	建神曲 20g	厚朴 15g
茯苓 15g	陈皮 15g	砂仁 15g	白蔻仁 15g
槟榔 15g	草果仁 15g	鸡内金 20g	法罗海 15g
炒麦芽 20g	炒莱菔子 30g	川木香 15g	甘草 5g

5剂

水煎取汁900mL，每次150mL，一日3次，两日1剂。

复诊：2014年5月29日。患者诉服药后胃脘胀痛症状较前明显好转，纳食稍有增加，嗳气减少，精神及睡眠可，大便糊状，一日1次。效不更方，在上方的基础上去炮川楝子和延胡索，加党参15g，焦白术15g，茯苓15g，再服7剂。3月后随访症状消失。

【临证备要】

（1）应考虑胃镜检查。治疗时重视疏肝理气止痛，常使用柴胡、枳壳、香附子、白芍、川楝子、法罗海等药物，收到很好疗效。

（2）临证时注意兼夹证用药。如：口干者，可加芦根、玄参养阴清热；苔厚腻者，加藿香、白豆蔻、砂仁芳香化湿；疼痛明显者，加延胡索行气止痛；反酸者，加瓦楞子、海螵蛸抑酸；烧灼痛明显，加焦山栀、黄芩、地骨皮清热；便秘者，加大黄、冬瓜子通便。

（李芳）

8. 胃痞

胃痞是以自觉心下痞塞、满闷不舒、按之柔软、触之无形、压之不痛为主要症状的一种疾病，常因情志不畅、饮食不节、受凉等原因而病情加重。现代西医学的慢性胃炎、功能性消化不良、胃食管反流病、胃下垂、胃神经官能症以及部分慢性胆囊炎等病均属于该范畴。中医认为，脾胃居中州，位于心下，为后天之本，气血生化之源，脾升胃降、脾运胃化、调摄有序，则胃气冲和，反之则可发生病变。胃痞的病位虽然在中焦脾胃，但与肝之疏泄密切相关，肝疏泄失司，气机不畅，脾胃升降失常，中焦痞塞不通，发为痞满。正如《景岳全书·痞满》中所云："怒气暴伤，肝气未平而痞。"

陈老师临床诊治痞证，以肝胃不和证、肝胆湿热证、脾胃虚寒证、寒热错杂证四种常见证型为主，分别采用理气和胃、清热利湿、温中补虚、寒热并用等治法。方证对应，选择柴胡疏肝散、黄连温胆汤、黄芪建中汤、半夏泻心汤加减治疗，收效良好。

【验案举例】

验案一 祝某，女，34 岁。2014 年 8 月 16 日初诊。

主诉：反复胃脘胀满、疼痛不适半年。

现病史：患者半年前无明显诱因出现胃脘胀满、疼痛不适，伴嗳气，常因生气或进食过多症状加剧，矢气后缓解。无反酸、烧心、恶心呕吐等症，纳食少，大便不成形，一日 1 次。曾到成都某三甲医院做胃镜提示慢性非萎缩性胃炎，给予西药间断治疗，效果不佳，遂来求治于中医。

症状：面色少华，胃脘胀满，隐痛不适，纳食少，喜叹息。舌红，苔白微腻，脉弦。

诊断：胃痞。

证型：肝郁气滞，肝胃不和。

治法：疏肝理气和胃。

处方：柴胡疏肝散加减。

柴胡 15g	香附子 15g	枳壳 15g	白芍 30g
炮川楝子 15g	延胡索 15g	郁金 15g	青皮 15g
藿香 15g	炒山楂 20g	建神曲 20g	厚朴 15g
茯苓 15g	陈皮 10g	砂仁 10g	白蔻仁 15g
槟榔 15g	草果仁 15g	鸡内金 10g	法罗海 15g
炒麦芽 15g	炒莱菔子 30g	川木香 15g	甘草 5g

5剂

水煎取汁 900mL，每次服 150mL，一日 3 次，两日 1 剂。

复诊：8 月 27 日。患者诉服药后胃脘痞满、疼痛症状较前明显好转，纳食稍有增加，嗳气减少，精神及睡眠可，大便基本成条状，一日 1 次。效不更方，在上方的基础上去炮川楝子、川木香，加党参 15g，焦白术 15g。再服 5 剂后，症状基本消失。

验案二　赵某，男，51 岁。2016 年 3 月 12 日初诊。

主诉：胃脘胀满反复发作 3 年。

现病史：患者 3 年前因饮食不慎出现胃脘胀满不适，经口服药物治疗后缓解。此后常因进食生冷食物、辛辣食物，或受凉后胃脘胀满加重，嗳气或矢气后胀满稍缓解。多方求治症状仍时轻时重，经人介绍，求治于陈老师。

症状：胃脘胀满不适，伴口干、口臭，大便干结。舌红，苔黄腻，脉弦。

诊断：胃痞。

证型：寒热错杂证。

治法：寒热平调，理气消痞。

处方：半夏泻心汤加减。

半夏 15g	黄芩 15g	黄连 12g	高良姜 15g
党参 20g	炙甘草 10g	大枣 10g	川木香 15g
砂仁 10g	白蔻仁 10g	麦芽 20g	鸡内金 10g

3 剂

水煎取汁 900mL，每次服 150mL，一日 3 次，两日 1 剂。

复诊：2016 年 3 月 19 日。患者胃脘胀满减轻，仍口干，大便两日一行，效不更方，去高良姜，加玄参 20g，麦冬 20g 养阴、润肠、通便，继续服用 5 剂。电话随访，诸症皆愈。

【临证备要】胃痞的发病常与情志因素有关，陈老师在治疗胃痞时重视疏肝行气，常使用柴胡、枳壳、香附子、白芍等药物，可收到很好疗效。临证时还需要兼顾兼夹证，如：口干者，可加芦根、玄参养阴清热；苔厚腻者，加藿香、白豆蔻、砂仁芳香化湿；疼痛明显者，加延胡索行气止痛；反酸者，加瓦楞子、海螵蛸抑酸；烧灼痛明显，加焦山栀、知母、地骨皮清热；食积者，加鸡内金、炒麦芽消食化积；便秘者，加大黄、冬瓜子通便。同时可以结合西医检查手段，如有 HP 感染的可以加黄芩、焦栀子；有胃黏膜糜烂的可加焦白术、蒲黄，供参考。

（李永平）

9. 呃逆

呃逆是指胃气上逆动膈，以气逆上冲，喉间呃呃连声，声短而频，难以自止为主要表现的病证。本证古称"哕"，俗称"打嗝"，为常见脾胃病。病性有虚实之分，实证多胃失和降，气滞寒凝；虚证多脾胃阳虚，胃阴虚耗。该病实证居多，选用柴胡疏肝散合丁香散治疗，收效良好。

【验案举例】易某，男，59 岁，四川渠县人。2017 年 9 月 7 日初诊。

主诉：腹胀、呃逆 7 天。

现病史：7 天前患者与他人发生争执出现腹胀、烧心，进食后明显，呃逆几分钟发作一次，痛苦不已。曾就诊于某西医院，行腹部彩超、胃镜等检查，提示慢性浅表性胃炎伴糜烂，给予奥美拉唑、氯丙嗪等药物，烧心症状有所好转，但呃逆无好转，遂停西药并求治于中医。

症状：呃逆连声，每几分钟发作一次，昼夜不停，影响睡眠，伴腹胀、胸闷、纳减、脘胁胀闷，肠鸣矢气。舌质淡，苔薄白，脉弦。

诊断：呃逆。

证型：肝胃不和，胃失和降。

治法：疏肝和胃，顺气降逆。

处方：柴胡疏肝散合丁香散。

柴胡 15g	醋香附 15g	枳壳 15g	白芍 50g
延胡索 20g	丁香 5g	酒黄连 15g	炒吴茱萸 5g
海螵蛸 20g	藿香 15g	砂仁 15g	豆蔻 20g
竹茹 10g	鸡内金 15g	厚朴 15g	茯苓 15g
陈皮 15g	川木香 15g	甘草 6g	建神曲 20g

4 剂

水煎取汁 1200mL，温服 200mL，一日 3 次，两日 1 剂。

二诊：患者呃逆明显减轻，每天仅发作几次，腹胀、烧心好转，进食后仍觉胃部有"顶感"，舌脉同前。前方加莱菔子 30g，荜澄茄 10g，4 剂，煎服法同前。

三诊：呃逆缓解，烧心、腹胀明显减轻，舌脉同前。前方去丁香、竹茹，白芍用 30g，4 剂，煎服法同前。后随访已治愈。

【临证备要】该病有虚有实，对于不同病机灵活辨证施治，但临床上以实证居多，多为气滞、肝胃不和、胃失和降、寒凝所致，故陈老师临证用柴胡疏肝散合丁香散最多。陈老师认为，呃逆疾病病位在脾胃，但都与肝关系密切。他坚持衷中而不斥西，临证配合胃镜、彩超等西医检查先除外器质性疾病，做到有的放矢。呃逆后期，可选用大剂量白芍以防肝木克脾土，临床常收奇效。

（张利）

10. 泄泻

泄泻是以排便次数增多，粪质稀溏或完谷不化，甚至泻出如水样为主症的病证。临床有肠道湿热、寒湿困脾、食滞肠胃、脾气亏虚、肝气郁滞等证型，而基层以肠道湿热型最为常见，陈老师常用葛根芩连汤合化滞汤加减。

【验案举例】康某，女，78 岁。2013 年 5 月 21 日初诊。

主诉：反复腹痛，大便稀溏 15 天。

现病史：15 天前，患者因饮食不节后出现腹泻、泻下急迫、带有黏液，一日行 10 余次；伴全身乏力，脐周痛，纳差。到成都市某医院就诊，予以抗生素、补液等治疗，疗效欠佳，于今日求中医治疗。

症状：患者大便稀薄，泻下急迫，日行 5～6 次，腹痛，肛门灼热，烦热口渴，小便短黄。舌红苔黄腻，脉濡数。

诊断：泄泻。

证型：肠道湿热。

治法：清热化湿，行气化滞。

处方：葛根芩连汤合化滞汤加减。

当归 15g	白芍 30g	焦山楂 20g	莱菔子 30g
粉葛 15g	黄芩 15g	黄连 10g	黄柏 15g
秦皮 15g	地榆 15g	白头翁 30g	炒麦芽 30g
甘草 6g			

4 剂

水煎取汁 1200mL，每次温服 200mL，每日 3 次，两日 1 剂。

复诊：2013 年 5 月 28 日。大便便质稍变稠，黏液消失，日行 4～5 次；可进少许流质食物，乏力好转。舌红苔黄腻，脉细。效不更方，继服 8 剂。

三诊：2013 年 6 月 11 日。大便能成形，日行 2 次，进食尚可，乏力好转明显。舌淡红，苔白腻，脉细。予参苓白术散益气健脾，以巩固疗效。

【临证备要】急性泄泻不轻易用补涩法，恐闭门留寇。医嘱护理要给予流质或半流质饮食，忌食辛辣、肥甘食物，某些对牛奶、面筋等不耐受者宜禁食。

久泻虽缠绵时日，但只要湿邪未尽，或夹寒、热、痰、瘀、郁、食等病变，万万不可以久泻必虚，或急于求成，忙于补涩。若夹他邪，则恐"炉烟虽熄，灰中有火也"，而变证接踵而至。

（庞荷）

11. 久痢

久痢又称"休息痢"，是一种常见的多发性慢性疾病，相当于现代慢性结肠炎、溃疡性结肠炎和结核性结肠炎。因饮食不节（不洁）、外感寒湿或湿热而发，致病久脾虚，运化失职，清浊相混，合走肠间而泻。久病伤阴，累及脾肾，终致阴阳俱虚，寒热错杂，正虚邪实，故腹泻反复发作。习用乌梅丸加减，但临证之时要辨清虚实。医嘱平时注意饮食调养，防止复发。

【验案举例】 龚某，男，43 岁。2008 年 2 月 25 日初诊。

主诉：腹痛腹泻，日 3 ～ 5 次，近 15 天就诊。

现病史：自述近半月来虽节日加餐，杯盘满桌，鸡鸭鱼肉，却毫无口福，时常晨起腹痛腹泻，或溏或如水样，泻后稍舒，每日 3 ～ 5 次，病情时轻时重，若不注意饮食，其症可能更加严重。服用柳氮磺胺吡啶或黄连素片、庆大霉素片等药可缓解。

15 年前曾患"急性菌痢"，病后调养不当，嗣后稍食油腻或剩菜剩饭，则腹痛腹泻发作。2 年前因同类症状曾住院半月，运用灌肠法及结肠炎常规治疗好转后出院。大便常规查见少量红细胞、白细胞，X 线片提示慢性溃疡性结肠炎。

症状：神萎少华，消瘦，口淡乏味。舌质淡，苔薄白，脉沉细。不能多食肥甘厚味，时时腹痛欲便。

诊断：久痢。

证型：寒热错杂，正虚邪恋。

治法：温阳健脾，兼清余热，涩肠止泻，扶正祛邪。

处方：乌梅丸加味。

乌梅炭 20g	黄柏 10g	炮姜 15g	黄连 10g
附片 15g (先煎)	人参 10g	焦白术 15g	当归 10g
肉桂 5g	花椒 3g	灶心土 250g	

7 剂

用灶心土加水 1500mL，沉淀水取汁 1000mL，再入上药煎煮取汁 500mL，分 3 次温服，每日 1 剂。服药期间忌食生冷、燥辣，少食油腻滑肠之品。

7 日后复诊，精神转佳，腹痛腹泻缓解，能食少量荤菜。继以上方去当归，加怀山药 20g，再服一疗程。

1 周后再诊，体重有所增加，上述症状明显缓解，嘱其以上方药共研细末为丸，每服 6 ～ 9g，每日服 3 次，淡盐水冲服，连服 2 ～ 3 月以善其后，并加强饮食卫生，忌食生冷燥辣，肥甘厚味。2 年后随访，腹痛腹泻偶有发生，如上方治疗即愈。

【临证备要】

（1）陈老师认为，张仲景《伤寒论》之乌梅丸，专为"蛔厥"症而设，并主久痢，其配方精当，可灵活运用，随病情变化或汤或丸，同时嘱患者注意饮食调养，临床每获良效。

（2）本方加灶心土温阳健脾、涩肠止泻而厚肠扶正是关键。灶心土又称"伏龙肝"，农村烧木柴土灶的灶心土才能入药，城市中烧煤和蜂窝煤之灶心土则不能用。腹痛甚者，加花椒 20 粒，延胡索 15g；腹泻甚者，去当归，加地榆炭 30g，葛根 20g；久痢久泻者，加诃子 12g，罂粟壳 10g；伴肛脱者，加黄芪 30g，升麻 10g。

（王廷治）

12. 便秘

便秘是临床上的常见病，是指粪便在肠内滞留过久，秘结不通，排便周期延长，或周期不长，但粪质干结，排出困难，或粪质不硬，虽有便意，但便出不畅的病证，常见于各种急慢性疾病过程中。

临床常分为阴虚肠燥型、实热秘结型、脾胃两虚型和气机郁滞型，而基层以阴虚肠燥型和实热秘结型多见，陈老师习用麻子仁丸、增液承气汤加减。

【验案举例】

验案一　宋某，男，81 岁。2015 年 7 月 10 日初诊。

主诉：反复大便干燥难解 1 年多。

现病史：患者近 1 年来大便干燥难解，数日一行；伴多汗，夜间尤甚，头昏，眼花，视物不清，口干喜饮。曾于肛肠专科医院检查，做肠镜及肛门指检，均未发现异常。常泡服番泻叶或口服香丹清口服液等，初期见效，但停药则复发。

症状：形体较消瘦，颜面较红润，精神尚可，大便干燥、数日一行，多汗，夜间甚，口干喜饮，头晕，眼花，小便可。舌尖红，少苔少津，脉细数。

诊断：便秘。

证型：阴虚肠燥。

治法：滋阴通便。

处方：增液承气汤加减。

火麻仁 30g	麦冬 20g	枳实 15g	大黄 5g
玄参 15g	杏仁 15g	厚朴 15g	当归 15g
生地黄 15g	蜜麻黄根 20g	醋浮小麦 30g	天花粉 15g
冬瓜仁 30g	煅龙骨 20g	煅牡蛎 20g	炙甘草 5g

3 剂

水煎取汁 800mL，每次温服 200mL，一日 3 次，两日 1 剂。

复诊：2015 年 7 月 18 日。患者大便较前质软，排便较前轻松，两日 1 次，汗出减少，舌尖红少津，少苔，脉细数。在上方的基础上，去大黄，枳实改为枳壳，剂量不变。患者年老，减轻泻下之力，加用熟地黄、知母、地骨皮、墨旱莲以增滋阴清热作用。嘱患者可打粉加蜂蜜做成丸剂持续服用 1 个月。后随访患者解便通畅。

验案二 马某，男，29 岁。4 月 23 日初诊。

主诉：腹胀伴大便难 1 周。

现病史：患者平素偶因食辛辣刺激性食物而出现大便干燥难解，饮食调整后可缓解，1 周前外出旅游后出现大便难解，逐渐出现腹胀，口臭，烦躁易怒，渴欲饮水，自用开塞露治疗后解出少量羊屎球样大便，腹胀稍有好转，为求进一步治疗而来就诊。

症状：大便难解 1 周，伴腹胀，口臭，口渴欲饮，口唇微干。舌质红干，苔黄少津，脉滑数。

诊断：便秘。

证型：实热秘结证。

治法：泄热导滞，润肠通便。

处方：麻子仁丸合增液承气汤加减。

火麻仁 30g	芍药 30g	枳实 15g	大黄 15g
黄柏 15g	厚朴 15g	杏仁 15g	玄参 20g
生地黄 20g	麦冬 30g	木香 15g	槟榔 15g
炒莱菔子 30g	焦栀子 15g	甘草 5g	

2 剂

水煎取汁 1200mL，每次温服 200mL，一日 3 次，两日 1 剂。

复诊：4 月 28 日。患者服用 1 剂药后大便通畅，解出大量硬便，腹胀顿减，便解后心情舒畅，烦躁感明显降低，舌质淡红，苔薄黄，脉滑。患者腑气已通，本方泻下导滞之品较多不宜多服，嘱患者平素多食粗纤维食品，多饮水，适当运动，可无须继续服药。

【临证备要】

（1）注意饮食调理：川人喜食辛辣，易致肠道积热，热盛则津伤，肠道失润，腑失通利，影响大肠的传导，而发为本病。应合理膳食，以清淡为主，多吃粗纤维的食物，以及香蕉、西瓜等水果。

（2）临证加减：若腹胀明显者，可加木香、乌药、槟榔增强行气导滞之效；若大便干燥致便后出血者，可加地榆、槐花炭、茜草等凉血止血；若口干明显，潮热盗汗，脉细者，可加当归、生地黄、知母、玉竹滋阴润燥；若有便意但难以排出，气虚乏力者，可加黄芪、升麻、柴胡、人参益气健脾。

（3）嘱咐患者每早按时蹲厕，养成定时大便的习惯。

（马亦苑）

13. 黄疸

黄疸是以目黄、身黄、小便黄为主症的一种病证，其中目睛黄染尤为本病的重要特征。临床首先要区分阳黄和阴黄。阳黄，黄色鲜明，发病急，病程短，常伴身热，口干苦，舌苔黄腻，脉象弦数；阴黄，黄色晦暗，病程长，病势缓，常伴纳少，乏力，舌淡，脉沉迟。陈老师遵叶天士"阳黄之作，湿从火化……阳主明，治在胃，阴黄之作，湿从寒化……阴主晦，治在脾"之旨，治阳黄以清热祛湿为法，治阴黄以温脾化湿为法，方以茵陈蒿汤、茵陈术附汤加减。

【验案举例】

验案一　王某，男，31 岁，剑阁县汉阳镇人。2005 年 3 月 14 日初诊。

主诉：身黄、目黄、尿黄 15 天。

现病史：15 天前患者无明显原因感恶心，纳差，倦怠无力，尿黄，全身皮肤发黄，无寒战高热，无腹痛，无皮肤瘙痒，到当地医院（云南）求医，诊断为甲肝，给予输液、打针（用药不详）等治疗，病情无明显好转，转回老家，经人介绍于今日前来就诊。

症状：目黄，全身发黄，颜色鲜明，黄如橘皮色，小便短少黄赤如浓茶色，口苦口渴，大便秘结，腹胀纳差，倦怠无力。舌质红，苔黄腻，脉滑数。

辅助检查：肝功示：ALT 680U/L，总胆红素 254μmoL/L，直接胆红素 147μmoL/L，总蛋白 80g/L，白蛋白 37g/L，球蛋白 42g/L。乙肝两对半报告示：未查见异常。甲肝抗体阳性。B 超示：肝、胆、胰、脾未见异常。

诊断：黄疸（阳黄）。

证型：湿热并重。

治法：清热除湿，疏肝利胆。

处方：茵陈蒿汤合四逆散加减。

茵陈 30g	虎杖 20g	垂盆草 30g	黄柏 10g
大黄 10g	焦栀子 15g	柴胡 12g	枳壳 12g
赤芍 20g	藿香 15g	生山楂 15g	金钱草 30g
鸡内金 10g	滑石 15g	甘草 3g	

10 剂

水煎取汁 600mL，每次服 200mL，一日 3 次，一日 1 剂。

复诊：2005 年 3 月 24 日。患者服上方 10 剂后，精神尚可，饮食转佳，身目发黄有所消退，小便较前有所变淡，大便通畅。舌质淡红，苔黄腻，脉滑数。上方大黄减为 3g，继服 10 剂。

三诊：2005 年 4 月 4 日。患者再进上方 10 剂后，精神转佳，腹不胀，饮食良好，小便成淡黄色，身黄明显消退，目睛轻度黄染，舌质淡红，苔薄黄，脉滑。查肝功：ALT 362U/L，总胆红素 120μmol/L，直接胆红素 86μmol/L，总蛋白 76g/L，白蛋白 40g/L，球蛋白 32g/L。今日仍以上方为基础加减。

柴胡 10g	枳壳 10g	赤芍 15g	茵陈 20g
虎杖 15g	垂盆草 30g	焦山栀 12g	金钱草 20g
生山楂 15g	甘草 3g		

10 剂

水煎取汁 600mL，每次服 200mL，一日 3 次，一日 1 剂。

四诊：2005 年 4 月 15 日。患者服上方后，小便转清，身黄消退，巩膜无黄染，复查肝功正常。予逍遥散善后，随访半年未复发。

验案二 陈某，男，50岁。1999年7月6日初诊。

主诉：身黄、目黄、尿黄2个月。

现病史：2个月前患者因受凉感恶寒发热，倦怠无力，纳差，恶心，随后出现身、目、尿发黄，无皮肤瘙痒，无腹痛，当地医院诊断为肝炎，给予输液，服中西药（用药不详）等治疗2个月，恶寒发热缓解，恶心消失，但仍身目发黄，逐渐出现脘闷、腹胀纳差、大便稀溏等症状，经人介绍，于今日前来就诊。

症状：身目俱黄，黄色晦暗，大便稀溏，倦怠畏寒，纳少，腹胀，脘闷，口淡不渴。舌质淡，苔白腻，脉沉。

辅助检查：B超示：肝稍大，回声光点增多，脾不大，无腹水，胆、胰未见异常。肝功示：ALT252U/L，总蛋白75g/L，白蛋白40g/L，球蛋白35g/L，总胆红素287μmoL/L，直接胆红素152.2μmoL/L，间接胆红素134.8μmoL/L。甲肝抗体阳性。乙肝两对半示：未见异常。

诊断：黄疸（阴黄）。

证型：寒湿困脾。

治法：健脾和胃，温化寒湿。

处方：茵陈术附汤加减。

茵陈 20g	白术 15g	茯苓 20g	泽泻 10g
陈皮 12g	干姜 10g	厚朴 15g	藿香 10g
草果 15g	制附片 10g（先煎30分钟）	山楂 15g	鸡内金 10g
郁金 10g	神曲 15g	甘草 3g	

10剂

水煎取汁600mL，每次服200mL，一日3次，两日1剂。

复诊：1999年7月16日。患者服上方10剂后，腹胀、脘闷、纳差等症状有所改善，但仍倦怠无力，身目俱黄，黄色晦暗，大便不成形，苔白腻，脉沉。上方加党参15g，以补益脾气。继服4剂。

三诊：1999年7月20日。患者服上方4剂后，倦怠乏力有所好转，腹胀、脘闷明显改善，复查肝功：ALT 200U/L，总胆红素 187μmoL/L，直接胆红素 105.7μmoL/L，总蛋白 70g/L，白蛋白 40g/L，球蛋白 30g/L。由于阳黄失治，迁延日久，过用苦寒药物，以致脾胃阳气受伤，转为阴黄，治疗棘手，起效缓慢。继服 10 剂，用法同前。

四诊：1999 年 8 月 10 日。患者继服 10 剂后，身目发黄有所减轻，饮食恢复正常，脘闷腹胀缓解，大便成形，乏力有所减轻，腻苔渐化。今日治疗续前法，加丹参 15g 活血化瘀以改善肝的微循环。继服 5 剂，用法同前。

五诊：1999 年 8 月 20 日。患者服上方 5 剂后，饮食良好，精神转佳，身黄明显消退，目睛轻度发黄，小便不黄，口不渴，舌质淡，苔薄白，脉有力。目前患者寒湿已去大半，脾胃阳气有所恢复，故今治疗减附片为 5g，继服 5 剂，用法同前。

六诊：1999 年 8 月 30 日。精神较佳，身黄基本消退，目睛轻度发黄，大小便通畅，复查肝功示：ALT40U/L，总蛋白 78g/L，白蛋白 40g/L，球蛋白 38g/L，总胆红素 27.8μmoL/L，直接胆红素 15.2μmoL/L，间接胆红素 12.6μmoL/L。经长达 2 个月的治疗，肝功基本恢复正常，黄疸基本消退。黄疸发生，总离不开"湿邪"，治疗仍应健脾除湿，以巩固疗效。

处方：党参 15g 白术 15g 茯苓 15g 陈皮 12g
    茵陈 15g 丹参 15g 山楂 15g 苍术 10g
    甘草 3g

5 剂

用法同前。

1 个月后来院复查肝功显示正常。

【临证备要】

（1）黄疸可出现在多种疾病之中，临证时应结合现代医学的检查，明确鉴别病毒性肝炎、胆囊炎、胆结石、消化道肿瘤等疾病，以便采取相应的治疗措施。

（2）引起发黄的原因很多，如湿热入侵、疫毒所感、寒湿侵袭、饮食不节、积聚、瘀血等。陈老师认为主要是湿邪为患，从脏腑来看，不外脾胃、肝胆，往往由脾胃涉及肝胆。

验案一的患者，湿热之邪，蕴结脾胃，郁蒸肝胆，气血同病，肝胆脉络瘀阻,疏泄失常,胆汁外溢,入于血中,侵袭肝目,流注膀胱,溢于肌肤,故见身目发黄、尿黄、纳差等症状;湿热蕴蒸,胆汁外溢肌肤,因热为阳邪,故黄色鲜明;口渴,小便短少黄赤,是湿热之邪方盛,热耗津液,膀胱为邪热所扰,气化不利所致;阳明热盛则大便秘结,腑气不通;湿热蕴结,湿困脾胃,浊邪不化,脾胃运化功能减退,清阳不得发越故见纳差,倦怠无力;肝胆热盛,故苔黄腻,脉象数。结合四诊应属阳黄。针对上述病机特点,陈老师常用茵陈蒿汤合四逆散加减治疗,效果良好。茵陈为清热利湿退黄之要药,剂量宜重;黄柏、栀子、大黄清热泻下;虎杖、垂盆草利湿退黄,清热解毒,现代药理研究其有保肝、降酶的作用;生山楂、鸡内金消食导滞;藿香芳香醒脾燥湿,金钱草、滑石利湿退黄,利尿通淋,使湿热之邪从小便而去;四逆散疏肝利胆,赤芍、白芍活血化瘀,以改善肝脏血液循环,有利于黄疸消退。

验案二患者结合四诊应属阴黄,系阳黄失治转变而来。由于过于苦寒之药,伤及脾胃之阳,湿从寒化,寒湿阻滞脾胃,胆气不舒,胆汁外泄,因寒湿为阴邪,故黄色晦暗;脘闷、腹胀、纳差、大便稀溏等症都是湿困中土,脾阳不振,运化功能失常的表现;患者总感倦怠无力畏寒,系脾阳虚,气血生化无权所致;苔白腻,脉沉系阳虚湿浊不化,寒湿留于阴分之象。方中茵陈、附子并用,以温化寒湿退黄,白术、干姜健脾温中,茯苓、泽泻、厚朴、郁金行气利湿,草果、藿香芳香化湿,山楂、神曲、鸡内金健脾助消化。

(3)阳黄患者在具体辨证施治过程中,首先从病因上分辨湿热的轻重,进一步分清上、中、下三焦之病位,目的是确定清热祛湿退黄的途径。若邪偏于中、上二焦,兼有头昏、头痛、呕吐、胃脘胀闷,热重者,可有发热、口渴、头痛较重;湿重者,头目晕眩、身重嗜卧、口渴不欲饮。治法应侧重宣上畅中,使邪从中、上二焦化散,可选用辛凉或芳香化湿的药物,如藿香、佩兰、白豆蔻、薏苡仁、薄荷、金银花、陈皮、菊花等。若邪偏于中、下二焦,可兼见尿黄、尿痛、尿急,热盛者,大便干结;湿盛者,便溏;湿热并重者,大便黏滞不爽。治法应畅中通利,使其从小便或大便出,可选用大黄、滑石、泽泻、石韦、瞿麦、猪苓、木通等。若邪弥漫三焦,则宣上畅中渗下,通利三焦,使弥漫的湿热迅速退却。

（4）转氨酶升高的治疗。现代药理研究表明，柴胡、垂盆草、龙胆草、虎杖、蒲公英、败酱草、田基黄、葛根、五味子、枸杞子、女贞子等具有降酶作用。陈老师常用虎杖、龙胆草、垂盆草、五味子、枸杞子、柴胡，但也要根据药物性味的差异和功效主治不同，针对性选择符合其证型的转氨酶升高患者，也就是要辨证施治。如龙胆草，性味苦寒，有泻肝胆实火、除下焦湿热的作用，适合乙型肝炎转氨酶升高属肝胆实火或湿热者，尤其适用于热偏盛者；虎杖，味苦性平，有利湿退黄、活血通络之功，适用于湿偏盛者；垂盆草，味甘淡性凉，有清热解毒利湿作用，在肝病的治疗中，主要适用于邪热或湿热炽盛的转氨酶升高患者，尤其对热偏盛者有效；五味子味酸、性温，具有益气、生津、滋肾固本之功，因其能"入肝而补肾""入中宫而益脾胃"（《本草纲目》），用于肝肾阴亏、气血不足、脾肾阳虚等证型较理想，而属湿热郁结者，使用五味子非但无效，多服、久服还会助其湿热而贻误病情。如果不区别证候的虚实和药性的温凉，一味滥用某种药物，是达不到理想疗效的。

（5）活血化瘀药的应用。肝主疏泄，肝藏血，由于情志郁滞不畅，肝失疏泄，气机不畅，致使血流运行不利而血瘀，血瘀络阻是肝病发展的必然转化。治疗本病时佐以活血化瘀药，可以增加退黄、降酶的效果，常用药有生山楂、丹参、赤芍、鳖甲、生地黄、桃仁、红花、三七、三棱、莪术、穿山甲、土鳖虫等。其中生山楂、丹参、赤芍、鳖甲攻邪不伤正，临证尤喜用之。陈老师认为，应用活血药治疗肝炎固然对改善症状、恢复肝功能有较好的疗效，但用之不当亦可产生某些副作用，故临床应用时，注意与补气药、养阴药、止血药、清热药等配伍。

（李云安　刘玲）

14. 头痛

头痛是基层常见病及多发病，多因脑血管痉挛、脑动脉硬化、高血压等原因引起，近年来随着生活节奏的加快，其发病率呈上升趋势，给患者的工作和生活带来很大的影响。头痛分为外感头痛和内伤头痛，证型很多，陈老师认为农村外感头痛以风热上扰多见，内伤头痛以肝阳上亢多见，并自创了"加减菊花茶调汤"治疗。

【验案举例】

验案一 张某，男，44 岁。2016 年 12 月 22 日初诊。

主诉：头痛 3 天。

现病史：患者 3 天前感冒后出现头痛，在附近诊所服感冒药治疗效不佳，遂前来就诊。

症状：头胀痛，面红目赤，口渴欲饮，恶寒，发热，小便黄少。舌红，苔薄黄，脉浮数。

诊断：头痛。

证型：风热上扰。

处方：菊花茶调汤加减（经验方）。

菊花 20g	僵蚕 10g	川芎 20g	白芷 20g
石膏 15g	蔓荆子 15g	藁本 15g	白蒺藜 15g
羌活 15g	防风 15g	黄芩 15g	芦根 20g
薄荷 15g	甘草 5g		

2 剂

水煎取汁 1200mL，每次服 200mL，一日 3 次，两日 1 剂。服后痊愈。

验案二 郝某，女，35 岁。2017 年 7 月 1 日初诊。

主诉：反复头痛 1 年，复发加重 5 天。

现病史：患者于 1 年前无明显诱因出现头痛、头晕，测血压 158/92mmHg，在某医院被诊断为高血压病，予服降血压药治疗，头晕症状缓解，但头痛反复发作，每遇情绪波动易诱发或加重。每次发作都到附近医院或诊所服中西药治疗，头痛时轻时重。5 天前因夜晚乘凉感冒导致症状加重，测血压 145/90mmHg，自服药效不佳，慕名前来就诊。

症状：太阳穴及头顶部胀痛，伴头晕，失眠，鼻塞，乏力，小便黄，大便较干燥。舌淡苔薄黄，脉弦数。

诊断：头痛。

证型：肝阳上亢，风热上扰。

治法：平肝潜阳，疏风散热。

处方：加减菊花茶调汤化裁。

菊花 20g	天麻 15g	钩藤 30g	炒僵蚕 15g
蝉蜕 10g	川芎 15g	蔓荆子 15g	藁本 15g
石决明 20g	远志 15g	炒酸枣仁 15g	五味子 15g
白芷 20g	羌活 15g	薄荷 20g（后下）	荆芥 15g
广藿香 15g	北细辛 5g	辛夷 20g	甘草 6g

4 剂

二诊：患者服后感头痛明显缓解，现鼻塞、乏力缓解，舌淡、苔薄白、脉弦。再以上方去荆芥、广藿香、细辛、辛夷，继服 2 剂。病告痊愈。

【临证备要】

（1）用药加减：以加减菊花茶调汤随证加减，风热上扰型，常加蔓荆子、薄荷等；肝阳上亢者，加石决明、珍珠母、夏枯草、钩藤等。

（2）临证时坚持病证结合，并充分利用 CT、MRI 等现代检测手段，以便早期排除颅内器质性病变，指导临床。

（王兆荣）

15. 眩晕

眩，是指眼花或眼前发黑；晕，是指头晕，甚或感觉自身或外界景物旋转。二者常同时并见，故统称为眩晕。轻者，闭目即止；重者，如坐车船，旋转不定，不能站立，或伴有恶心呕吐，汗出，甚则昏倒等症状。临床可分为风痰上扰、肝阳上亢、气血亏虚、肾精不足、瘀血阻窍等证型，而以风痰上扰和肝阳上亢两种证型最常见，分别用半夏白术天麻汤和菊花天麻钩藤饮加减治疗。

【验案举例】

验案一　李某，女，46 岁，工人。2015 年 9 月 6 日初诊。

主诉：反复眩晕 5 年，复发 3 天。

现病史：近 5 年来眩晕反复发作，发作次数由过去 2 ～ 3 月 1 次，发展至现在每月数次，有时因感冒，或情志波动诱发，多数发作时无诱因。发作时视物旋转，不能站立，伴恶心、呕吐、汗出，甚则昏倒，但神志清楚。曾在多家医院检查诊断为梅尼埃综合征，服西药眩晕停、西比灵等，皆开始有效，继服渐渐无效。3 天前因受凉后头晕复发，经人介绍前来求诊。

症状：头晕，头重，恶心欲呕，烦躁，心悸，气短，口苦，小便黄，大便通畅，晨起吐痰，伴有恶风微发热。体型肥胖，舌尖稍红，舌体稍胖，苔薄白微腻，脉象浮滑。血压 120/70mmHg，院外头颅 CT 未见异常。

诊断：眩晕。

证型：风痰上扰兼外感风热。

治法：息风化痰，佐以疏表。

处方：半夏白术天麻汤加减。

法半夏 15g	天麻 20g	茯苓 15g	陈皮 12g
白术 15g	菊花 15g	僵蚕 10g	竹茹 15g
白蒺藜 15g	旋覆花 15g^{（包煎）}	薄荷 10g	蔓荆子 15g
代赭石 30g	黄芩 15g	生姜 15g	甘草 3g

2 剂

水煎取汁 1200mL，每次服 200mL，一日 3 次，两日 1 剂。

复诊：2015 年 9 月 10 日。服上方 2 剂后，头晕有所好转，恶心止，无恶风发热，已能独立前来就诊。脉滑。表证已解，上方去菊花、蔓荆子、薄荷、僵蚕、代赭石、旋覆花、生姜。继服 4 剂。

三诊：2015 年 9 月 19 日。诉服上方 4 剂后，眩晕止，无恶心呕吐，无吐痰，口不苦，大小便通畅，饮食尚可。但仍倦怠乏力，气短，夜间时有心悸，舌质淡红，苔薄白，舌体稍胖大。患者表现有气血不足之象，治宜益气补血、燥湿祛痰、健脾和胃。

党参 15g	黄芪 15g	当归 15g	白术 15g
茯苓 15g	陈皮 15g	法半夏 10g	天麻 15g
酸枣仁 15g	桂圆肉 10g	柏子仁 15g	甘草 5g

10 剂

服完后诸症缓解，随访半年未见复发。

验案二 杨某，男，56岁，教师。2015年12月3日初诊。

主诉：反复头晕1年，复发7天。

现病史：1年前因中暑后，出现头晕，伴头痛耳鸣，当地卫生院测血压180/95mmHg，诊断为高血压病，给予尼群地平片及天麻蜜环菌片后，头晕、头痛、耳鸣逐渐缓解，停用天麻蜜环菌片，每天服尼群地平1片，血压控制在130/90mmHg左右。劳累或心情不好，头晕头痛发作，测血压升高，加大降压药剂量头晕头痛可以缓解，血压可以控制在正常范围。7天前因生气后头晕复发，自测血压170/100mmHg，自服上述降压药一日2次，每次1片，血压控制在150/90mmHg，但症状无缓解，于今日来科求医。

症状：头晕头痛，恶心欲吐，颜面潮红，急躁易怒，失眠，口苦咽干，饮食尚可，大小便正常。舌质红，苔黄，脉数。头颅CT报告示：未见异常。

诊断：眩晕。

证型：肝阳上亢。

治法：平肝潜阳，清火息风。

处方：菊花天麻钩藤饮加减。

菊花 15g	天麻 30g	钩藤 20g	山栀子 15g
杜仲 10g	川牛膝 30g	桑寄牛 15g	夜交藤 20g
茯神 15g	龙骨 30g (先煎)	牡蛎 30g (先煎)	珍珠母 30g
石决明 20g	旋覆花 15g (包煎)	代赭石 15g	甘草 5g

4剂

水煎取汁600mL，每次服200mL，一日3次，一日1剂。

复诊：2015年12月8日。诉服上方4剂后，头晕头痛，明显好转，睡眠有所改善，无恶心呕吐，饮食尚可，血压130/85mmHg左右，上方去旋覆花、代赭石，继服5剂病愈，血压120/80mmHg。

【临证备要】

（1）"眩晕乃中风之渐。"陈老师临证时特别注重结合西医诊断，对中年以上患者均需监测血压，高血压患者须坚持服降压西药，控制血压，预防中风。当肝胆暴亢化风，出现眩晕脑涨、面赤头痛、肢麻不遂、神昏打鼾等症时，应做头颅

CT、MRI 以排除脑梗死及脑出血。

（2）临证加减：恶心呕吐，加旋覆花、代赭石、生姜、竹茹以降逆止呕；肝肾阴血亏虚，加龟甲、首乌、枸杞子、生地黄；阳亢化风，加羚羊角、全蝎、蜈蚣、生龙骨、生牡蛎；气血不足，加黄芪、党参；肝热过盛，加龙胆草、山栀子；外感风热，加菊花、僵蚕、薄荷、蔓荆子。

（3）治疗本病证应中西医结合辨治，对高血压引起的眩晕者，均可使用天麻、川牛膝、生龙骨等具有降压作用之药。

（陈蓉　段定山）

16. 阳痿

阳痿是指男子青壮年时期，由于虚损、惊恐或湿热等原因，造成宗筋失养而弛纵。临床上常表现为阴茎痿而不起，起而不大，大而不坚，坚而不久，是男性性功能障碍最常见的病证之一，多影响性生活或夫妻感情，甚或导致家庭破裂。老年性阳痿多为生理性的，病理性阳痿多见于青壮年男子。本病临床虚证居多，实证较少，正如张景岳所说："火衰者十居七八，火盛者仅有之耳。"临床常分为命门火衰、心脾亏虚、胆怯精滑、湿热下注四型治之。虚者补之，实者泻之。命门火衰者，阳气既虚，真阴多损，应补肾温阳，佐以填精，忌纯用温燥收涩之剂；劳伤心脾者，应补养心脾；湿热下注者，应清热利湿；若阳痿伴滑精者，当涩精固脱，不可妄补肾阳，恐愈补而精滑更甚，阳痿难复。

【验案举例】任某，40 岁，农民工。2009 年 9 月 10 日初诊。

主诉：阳痿 3 年。

现病史：在外打工 3 年，常干重活累活，平素以酒解困，渐致性欲淡漠，阳事举而不坚，或不能完全勃起，时或头晕。回家与妻子圆房很不如意，自行购买雄狮丸、男宝、回春丹等强壮药，服用 3 月无效。他医囿于传统，从肾阳不足、命门火衰论治，投五子衍宗丸加仙茅、淫羊藿、肉苁蓉，20 余剂后病无起色。

既往史：无糖尿病及高血压病等相关病史。

症状：伴胸闷不舒，纳谷不香，嗜卧倦怠，形体偏胖。舌淡红，苔白腻中根部黄白相兼，脉弦细数。自述精神苦闷，常借酒消愁。阴囊潮湿，每晚解 4～5 次小便。B 超前列腺大小质地正常，尿常规亦未发现异常，指检前列腺无压痛。

诊断：酒毒性阳痿。

证型：下焦湿热，酒毒致痿。

治法：清热除湿，兼解酒毒。

处方：龙胆泻肝汤加鱼腥草。

龙胆草 20g	知母 12g	黄柏 12g	山栀子 10g
生地黄 15g	柴胡 10g	泽泻 10g	车前子 15g
鱼腥草 30g	薏苡仁 30g	葛根 15g	

7 剂

水煎取汁 1200mL，每次服 200mL，一日 3 次，两日 1 剂。

复诊：2009 年 9 月 20 日。服药 7 剂后，病情大有好转。前方加蜈蚣 2 条、蜂房 5g 研末冲服，再进 7 剂。

三诊：2009 年 10 月 5 日。经治疗 20 天，加饮食调养，勃起有力，夫妻生活基本满意。再予以前列欣胶囊、知柏地黄丸调治 1 个月善后。1 年后随访，房事如常。

【临证备要】

（1）阳痿虽然虚证居多，但也不是没有实证。本例患者求愈心切，他医又以肾虚为治，多服鹿茸、海狗肾、男宝等壮阳之品，此类虽为血肉有情之品，然多服久服，亦能导致相火妄动，耗伤肾精，龙雷之火不能潜藏而浮越，且肝木无水涵养，必然导致肝阳上亢，肝之经脉循股内侧，进入阴毛中，绕过阴器，相火逼迫阴液外泄，故阴囊潮湿，酒毒相加，下焦（肝胆）湿热自然形成。湿热蕴结下焦，经脉不利，阳道不兴，故阴茎痿软而无用。方用龙胆泻肝汤泄肝胆湿热正为合拍，鱼腥草、葛根、薏苡仁清解酒毒，蜈蚣、蜂房振兴阳道。辨证准确，用药得当，随治而愈。临证治痿，不应囿于痿者属虚之论。

（2）陈老师常用蜈蚣、蜂房、九香虫动物药通络走窜，振兴阳道，是治阳痿要药。鱼腥草、葛根、薏苡仁清解酒毒，是醒酒要药。或加远志、菖蒲宁心通窍，坚壮阳道，或加肉苁蓉、巴戟天以巩固持久，或加韭子、鸡内金可固阳治早泄。上述药物都是治疗阳痿的常用药物，可以辨证选用，以强化治疗效果。

（王廷治）

17. 紫斑

紫斑是指血液溢出于肌肤之间，皮肤表现为青紫斑点或斑块的病证。紫斑又叫肌衄，外感湿毒所致的则称"葡萄疫"。《景岳全书·血证》说："凡治血证，须知其要，而血动之由，惟火惟气耳。故察火者但察其有火无火，察气者但察其气虚气实。知此四者而得其所以，则治血之法无余义矣。"陈老师认为，热入营血，耗血动血为紫斑重要的病因病机。治以清热解毒，凉血止血。方用生地四物汤加减。

【验案举例】魏某，男，36岁。2016年3月1日初诊。

主诉：双下肢皮肤反复出现青紫斑块半年，加重10天。

现病史：半年前，患者无明显原因出现双下肢皮肤青紫斑点，部分融合成斑块，局部无瘙痒及疼痛，无全身发热，到成都某三甲医院求医，诊断为"过敏性紫癜"，给予强的松等药物治疗，病情时好时坏。10天前因受凉后加重，继续院外治疗效欠佳，于今日来我院求中医治疗。

症状：双下肢布满青紫斑点，部分融合成斑块，以小腿处皮肤多见；伴心烦口干苦，尿黄。舌质红，苔黄，脉数。

诊断：紫斑。

证型：热入营血，血不循经。

治法：清热解毒，凉血散血。

处方：生地四物汤加减。

当归 10g	川芎 10g	生地黄 40g	白芍 15g
赤芍 20g	牡丹皮 20g	焦栀子 20g	黄芩 15g
淡竹叶 20g	麦冬 20g	僵蚕 15g	蝉蜕 10g
茵陈 15g	芦根 15g	白茅根 15g	刺蒺藜 15g
甘草 5g			

3剂

水煎取汁1200mL，每次服200mL，一日3次，两日1剂。

复诊：患者服上方后双下肢青紫斑点有所减少，心烦、口苦好转。效不更方，继服3剂。

三诊：诉服上方后双下肢青紫斑点、斑块明显减少，口不干苦，尿不黄，饮食尚可。上方去焦栀子、黄芩、茵陈、麦冬、芦根。继服 10 剂病愈，随访半年未见复发。

【临证备要】针对热入营血，耗血动血的病机特点，应根据证候虚实的不同，实火当清热泻火，虚火当滋阴降火，并应结合受病脏腑的不同，分别选用适当的方药。陈老师习用生地四物汤治疗紫斑，心烦加淡竹叶、焦栀子、黄芩；皮肤瘙痒，用药当直入血分有搜风止痒之效，如乌梢蛇、僵蚕、蝉蜕等。

（龚仕良）

18. 消渴病

消渴病是以口渴多饮，消谷善饥，尿频量多而甜，形体逐渐消瘦为主要临床表现的疾病。其症状表现及发病规律与现代医学的糖尿病基本一致。其原发病因与禀赋不足、形体肥胖、饮食不节有关。继发病因有痰浊内生、瘀血内停；诱发因素有外感六淫、内伤七情、肥甘厚味、劳逸失度、过服温燥等。病变部位主要在肺、胃（脾）、肾，中晚期涉及心、脑（肾）、眼（肝）、耳（肾），其中以肾为主。消渴病以本虚标实，虚实夹杂为特点。本虚以气阴两虚为主，标实以燥热内结、瘀血内停和痰浊中阻多见。其总的发病趋势是自上而下，由本证渐见变证，即开始在上焦心肺——"上消"，继则中焦脾胃——"中消"，进而下焦肝肾——"下消"，但也有上、中、下三消证候俱见或均不明显者。就病情轻重而言，突发者重，缓发者轻；年少（青）发病者重，年长（老）发病者轻；单发本病轻，出现变证、兼证（病）者重。

消渴病以气阴两虚为贯穿疾病全程的基本病理变化，燥热内结、痰浊中阻、瘀血内停分别或同时出现于本病不同个体的不同阶段。情志失调、饮食失节在消渴病的发病、治疗、预防以及防止并发病的全过程中起到至关重要的作用。

临床常见证型有肺热津伤、胃热炽盛、湿浊中阻、肝气郁滞、肠燥津伤、脾胃气虚、气阴两虚、肝肾阴虚、阴阳两虚、瘀血内停。

中医认为，消渴病是一种全身性疾病，在治疗上应从整体观念出发辨证论治，针对不同病情，采用不同的治疗方法，补其不足，损其有余，使受损的脏腑功能逐渐恢复正常，使偏颇的阴阳保持相对的平衡，从而达到阴平阳秘、精神乃治的目的。在辨证论治的方法上，古代医家多根据消渴病主证，将本病分为上、中、下三消进行辨证论治，以滋阴清热为基本大法。但是临床上由于三消证候多胶着互见，且多密切联系，很难截然分开，因此，临床治疗在三消分治的基础上，充实了阴阳气血、病因病机（肝失疏泄、瘀血内停、痰湿郁阻）的辨证论治内容，将疏肝解郁法、活血化瘀法贯穿于消渴病治疗的始终。特别是活血化瘀法是提高临床疗效和防治并发症、降低伤残率的关键。常用的活血法有滋阴活血、益气活血、理气活血，使中医学对消渴病的防治更加丰富和完善。陈老师临证验方以黄芩滑石汤合四妙散、玉女煎为主。

【验案举例】杨某，男，54 岁。2015 年 6 月 9 日初诊。

主诉：口渴多饮，饭量增多，发现血糖增高 6 年。

现病史：患者素嗜烟（每天约 2 包）、酒（每天 250g），高血压病史 3 年。诉近年来口服二甲双胍 2 片，一日 2 次，半年前使用优泌乐 12 单位，早晚各 1 次，皮下注射。经查空腹血糖 12mmol/L，餐后 2 小时血糖 18mmol/L，糖化血红蛋白 8.4%。家族史中父亲有高血压病、糖尿病，大哥患糖尿病 10 年。

症状：形体肥胖，面色晦暗，身高 160cm，体重 80kg，口渴多饮，汗多，尿频色深黄，手心、脚心、背心发热出汗，睡眠差，口臭，大便干。舌质胖大，暗红，苔黄厚，脉数。

诊断：消渴病。

证型：湿热中阻，瘀血内停。

治法：清热化湿，理气活血。

处方：黄芩滑石汤合四妙散加减。

黄芩 15g	黄连 10g	黄柏 10g	苍术 30g
川牛膝 30g	茯苓 30g	薏苡仁 30g	泽泻 30g
柴胡 10g	陈皮 10g	丹参 30g	大黄 6g
升麻 10g	天花粉 20g	甘草 3g	佩兰 15g

5 剂

水煎取汁 600mL，每次服 200mL，一日 3 次，一日 1 剂。嘱其适当运动、饮食规律、减少烟酒。

复诊：2015 年 6 月 14 日。服上方后口渴减轻，手脚心及背心发热减轻，汗出减少，小便色清，大便正常。舌质淡红，苔薄白，脉洪。湿热已去大半，恐耗伤阴津，给予玉女煎加减治疗。

知母 15g	生地黄 15g	麦冬 15g	黄连 10g
川牛膝 30g	丹参 30g	天花粉 20g	升麻 10g
玄参 20g	苍术 20g	苦瓜 20g	甘草 6g

6 剂

三诊：2015 年 6 月 21 日。口渴、手脚心、背心发热、汗出等症消失，正常饮水，二便饮食规律、正常。舌质淡红、苔薄白，脉象正常。空腹血糖 9.2mmol/L，餐后 2 小时血糖 11.2mmol/L。优泌乐 10 单位，早晚饭前皮下注射；二甲双胍 1 片，每日 2 次。继续予玉女煎加减治疗。

知母 15g	生地黄 15g	麦冬 15g	黄连 10g
川牛膝 30g	升麻 6g	玄参 20g	丹参 20g
天花粉 20g	枸杞子 15g	白术 15g	苦瓜 15g
生甘草 3g			

10 剂

西洋参粉 2g（冲服），水煎服，一日 3 次，每日 1 剂。

3 个月后随访：患者精神饮食正常，体重 70kg，空腹血糖 8.0mmol/L，餐后 2 小时血糖 10mmol/L，糖化血红蛋白 6.2%，嘱其继续适当运动，饮食规律，间断水煎上方中药口服，优泌乐 8 单位早晚皮下注射，二甲双胍 1 片，早晚各服 1 次，观察治疗半年，病情稳定。

【临证备要】

（1）消渴病（糖尿病）的发病率在逐年增加，主要原因是随着人们生活水平的提高，饮食结构（过食肥甘厚味、过食烟酒）改变，生活不规律，工作节奏加快，多数为肥胖超重体型，临床上湿热中阻证型较多。陈老师在治疗这类消渴病时，重点给予清热化湿（利湿），让湿浊之邪从小便而出，佐以理气化湿、活血化瘀，诸法合用，临床效果明显。

（2）除中西药物治疗外，要求患者改变生活习惯，饮食规律规范至关重要。根据个体情况，三餐后适当运动，控制主食量，戒烟限酒；迈开腿、管住嘴、多喝水，按照糖尿病患者饮食的"一、二、三、四、五、六、七"的要求进行自我管理。

（3）中医药治疗消渴（糖尿病）的疗效是肯定的，虽然不能完全治愈，也不能单独服中药治疗，但在疾病的某一个阶段，消除某些症状，改善全身情况，与西药进行综合治疗往往能收到事半功倍的效果。经过大量的临床观察和实验研究，大部分复方中药和单味中药有降糖作用。实验研究表明，具有降糖作用的中药有人参、地骨皮、枸杞子、地黄、知母、苦瓜、苍耳子、玉米须、白术、苍术、玄参、玉竹等上百种中药，复方有消渴宁、糖复康、血糖平、降糖通脉宁、三消治等，但最关键的是中医药治疗糖尿病的作用不单是为了降糖而降糖，重点是通过辨证施治，从整体观出发，进行综合调理、调节、平衡，使机体内环境稳定，使气血、阴阳、寒热、虚实等达到平衡，从而达到降低或稳定血糖的目的。

（王国道）

19. 虚劳

虚劳又称"虚损"，是由于禀赋薄弱、后天失养及外感、内伤等多种原因引起的，以脏腑功能衰退、气血阴阳亏损、日久不复为主要病机，以五脏虚证为主要临床表现的多种慢性虚弱证候的总称。西医的许多慢性疾病过程中所出现的各种虚损证候、各种重病后期的恶液质状态等，可参考本证辨证论治。临床上根据气血阴阳亏损的不同，予以分型：气虚损者，主要表现为面色萎黄、神疲体倦、懒言声低、自汗、脉细；血虚损者，主要表现为面色不华、唇甲淡白、头晕眼花、脉细；阴虚损者，主要表现为口干舌燥、五心烦热、盗汗、舌红苔少、脉细数；阳虚损者，主要表现为面色苍白、形寒肢冷、舌质淡胖有齿印、脉沉细。

陈老师临证时指出，因气血同源，阴阳互根，五脏相关，临床上多由一虚而渐致多虚，由一脏而累及他脏，还会出现因虚致实导致虚实夹杂，这样往往使病情趋于复杂和严重，而并不像教科书里分型那么简单纯粹，临床辨证时应多加注意，考虑需严谨全面，不要顾此失彼。陈老师习用钩芍六君子汤（经验方）。

【验案举例】赵某，女，31岁。2016年5月16日初诊。

主诉：乏力、头晕1个月，加重半月。

现病史：1个月前无明显诱因出现全身乏力、头晕、少气懒言，无视物旋转，无汗出，无五心烦热，无怕冷，无双下肢水肿。患者未重视，未做任何治疗，乏力、头晕等症逐渐加重，半月前到医院检查发现结肠腺癌并做手术切除，术后伤口愈合不良，伤口仍有脓液溢出，仍未拆线，全身乏力、头晕、少气懒言等症进一步加重，经西医输液、换药等治疗上述症状无明显缓解，为求进一步治疗，来院就诊。患病后，纳差，大便时干时稀，小便正常，精神差，睡眠尚可，肛门有坠胀感，体重下降 2kg。

症状：全身乏力、头晕、少气懒言，伤口不愈合，肛门坠胀感；面萎黄，焦虑面容。舌红苔薄白微腻，脉细数无力。

诊断：虚劳。

证型：气血亏虚，肝郁脾虚。

治法：养气补血，健脾疏肝。

处方：钩芍六君子汤当归补血汤合四逆散加减。

钩藤 30g	白芍 30g	太子参 20g	炒白术 15g
茯苓 15g	陈皮 15g	柴胡 15g	枳壳 15g
砂仁 15g	豆蔻 15g	鸡内金 15g	黄芪 30g
当归 15g	半枝莲 30g	白花蛇舌草 30g	金银花 15g
连翘 15g	焦山楂 20g	建神曲 20g	炒麦芽 20g
甘草 6g			

10 剂

水煎取汁 1200mL，每次服 200mL，一日 3 次，两日 1 剂。

复诊：2016 年 6 月 13 日。伤口愈合良好，已拆线，面色好转，头晕好转，纳可，口臭，舌红苔薄白微腻，脉细。

在上方基础上去焦山楂、建神曲，加藿香 15g，川木香 15g，厚朴 15g，莱菔子 30g，香附 15g，延胡索 20g 行气燥湿止痛，共 10 剂。半年后电话回访患者，伤口愈合良好，已无乏力头晕，少气懒言之症。

【临证备要】陈老师临证时指出：此患者有结肠腺癌病史，属慢性消耗性疾病，患病日久损耗气血，此为一伤气血。加之脾胃受损，气血生化乏源，此为二伤气血。患者又进行结肠腺癌手术治疗，进一步耗伤气血，术后手术伤口愈合不良，即为佐证，此为三伤气血。患者又有头晕、少气懒言、面色萎黄、脉细数无力之象，进一步支持患者气血亏虚辨证。"邪之所凑，其气必虚"，正气不足，不足以托邪外出，故伤口久不愈合且化脓久不收口。因血不可速生，故以六君子汤加减健脾益气，当归补血汤补气生血。脾为生化之源，后天之本，只有脾健胃和，生化之源充足，才能气充血足，故以砂仁、豆蔻、鸡内金、焦山楂、神曲健脾和胃，扶正固本为要。患者年轻患癌，情绪低落，抑郁，焦虑面容，易肝郁气滞，故予以四逆散疏肝理脾、调畅气机。患者因虚致实，补虚同时佐以祛邪，故佐以金银花、连翘清热解毒、消痈散结，黄芪托脓外出。患者又有癌症病史，需考虑预防复发，故予以白花蛇舌草、半枝莲清热解毒、抗癌。此方以补益气血为主，辅以健脾和胃、疏肝理气，佐以清热解毒、消痈散结、祛邪抗癌。

（庄景专）

20. 梅核气

中医的"梅核气"相当于西医的慢性咽喉炎，或咽部异感症。它以咽部异物阻塞感为主要症状，其状或如梅核，或如炙脔，或如贴棉絮，或如虫扰，或如丝如发，或如痰阻，或如球如气，咯之不出，咽之不下，不痛不痒，不碍饮食及呼吸，多于情志不舒、心情郁闷时症状加重，而咽喉部及食道无异常。此病主要分为三种证型：风热痰凝型、肝气郁滞型和痰气交阻型。陈老师认为，梅核气主因邪实，要注重祛邪外出。在用药上，陈老师喜用银翘马勃散、厚朴四七汤、柴胡疏肝散加减治疗。

【验案举例】

验案一　邓某，女，36 岁，幼师。2016 年 4 月 2 日初诊。

主诉：咽喉不利，如有异物 1 月余。

现病史：1 月前患者无诱因开始觉得咽喉不适，如异物梗阻，以为有肿瘤生长。在医院耳鼻喉科做详细检查，诊断为慢性咽炎，用多种抗生素及中成药治疗 1 个多月症状均无改善，于今日来科求医。

症状：咽喉如物梗阻，咯不出，吞不下，咯少量白色稠痰，常觉心情抑郁，进食时吞咽正常，但偶有嗳气、打嗝，时常觉得咽干痛，想喝水。咽喉视诊见咽部红、有滤泡，大便正常。舌红，苔薄黄，脉弦滑。

诊断：梅核气。

证型：风热痰凝。

治法：清热利咽，理气化痰，和胃降逆。

处方：银翘马勃散加味。

金银花 15g	连翘 15g	马勃 10g	射干 15g
青黛 15g	木蝴蝶 15g	玄参 20g	厚朴 15g
茯苓 15g	法半夏 15g	陈皮 10g	甘草 6g

3 剂

水煎取汁 1200mL，每次服 200mL，一日 3 次，两日 1 剂。

复诊：服上方后患者感到咽喉干痛、咯痰、打嗝、嗳气均明显减少，咽部黏膜恢复正常，仍有白色滤泡。舌红，苔白，脉弦滑。此风热已去，胃气渐和，而痰郁犹在。今用银翘马勃散合枳桔二陈汤加减：

金银花 15g	连翘 15g	马勃 10g	桔梗 20g
浙贝母 15g	法半夏 15g	枳壳 15g	厚朴 15g
茯苓 15g	陈皮 10g	甘草 6g	

7 剂

水煎取汁 1200mL，每次服 200mL，一日 3 次，两日 1 剂。

三诊：诉服上方后咽喉异物感明显减轻，但每因怄气则觉咽喉不适，可咯绿豆大白痰，伴咽干心烦。上方加柴胡、香附、黄芩、白芍，再服半月。随访 1 年未发。

验案二　徐某，女，49 岁，职员。2014 年 7 月 3 日初诊。

主诉：咽喉不舒畅，伴腹胀、便秘、心烦 2 年。

现病史：2 年前患者感咽喉似有异物梗阻，大小如枣，吃生硬食物或发怒后加重，且经常心烦，多梦，腹胀，不思饮食，白天觉得头晕，以为自己得了不治之症，到某医院检查胃镜，诊断为"慢性浅表性胃炎"。经抗炎、清热解毒等治疗疗效欠佳，于今日来科求医。

症状：咽喉自觉有异物，厌食，胸闷腹胀，嗳气频作，且易怒，睡眠多梦，大便三日一行，小便黄。舌红，苔黄腻，脉沉弦。

证型：肝气郁滞，痰热内扰。

治法：疏肝行气，散结除痰，清热除烦。

处方：柴胡疏肝散合温胆汤加减。

柴胡 15g	枳壳 15g	白芍 30g	香附 15g
厚朴 15g	茯苓 15g	陈皮 15g	麦芽 20g
莱菔子 30g	栀子 15g	黄芩 15g	胆南星 10g
法半夏 15g	酸枣仁 20g	玄参 20g	生大黄 6g
甘草 6g			

4 剂

水煎取汁 1200mL，每次服 200mL，一日 3 次，两日 1 剂。

复诊：患者服上方后咽部异物感，胸闷腹胀，纳差，嗳气有所好转，睡眠转佳，尿不黄，大便通畅，一日 1 次。舌淡红，苔白腻，脉滑。考虑肝郁好转，痰气交阻仍重，予以四七汤加味治疗。

法半夏 15g	厚朴 15g	生姜 10g	苏梗 15g
茯苓 15g	陈皮 15g	山楂 20g	建神曲 20g
炒栀子 15g	柴胡 15g	香附 15g	枳壳 15g
白芍 30g	豆蔻 15g	藿香 15g	薏苡仁 30g
甘草 6g			

4 剂

水煎取汁 1200mL，每次服 200mL，一日 3 次，两日 1 剂。

三诊：患者服上方后咽部异物感、胸闷腹胀、嗳气等症状进一步减轻，以后仍以上方为基础加减服用 1 月余，病愈。半年后随访，述其梅核气未复发。

【临证备要】

（1）临证一定要结合现代医学的喉镜、食道 X 线、胃镜等检查，排除咽喉部、食道的肿瘤等疾病。

（2）梅核气多与精神因素有关，在治疗的同时要注重精神调摄或心理咨询，使患者正确认识和对待自己的疾病，增强治愈疾病的信心，保持心情舒畅，避免不良的精神刺激，对促进疾病的好转乃至痊愈甚有裨益。

（周菊）

21. 燥痹

燥痹是以自觉眼干涩、口干、鼻干等症状为主要表现的疾病，临床以女性多发，男女发病比例为 1∶9，年龄 30～60 岁多发，特别是绝经期妇女为多，临床多从阴虚内热、血瘀津亏、燥毒内生入手治疗，方以养阴活血汤。

【验案举例】喻某，女，43 岁。2016 年 11 月 3 日初诊。

主诉：干咳、眼干无泪、口干 20 年，加重 8 个月。

现病史：20 年前患者出现干咳、眼干无泪、口干、鼻干，间断用药效果不理想。8 月前上述症状加重，到某三甲医院行胸部 CT 示：双肺多发肺大疱，考虑肺间质改变。唇腺活检三级；IgG23.2，IgA10，抗 SSA 抗体（+++），抗 SSB 抗体（+），抗 Ro-50 抗体（+++）。诊断为干燥综合征，经治疗（用药不详），效果欠佳，经朋友介绍求中医治疗。

症状：面色㿠白，干咳，眼干无泪，口干，怕冷，手足凉，掌红。舌质红，苔薄白，脉沉细。自述 39 岁停经。

诊断：燥痹。

证型：痰瘀蕴肺，肺失宣降。

治法：润燥止咳，养阴活血。

处方：养阴活血汤（经验方）加减。

当归 15g	丹参 30g	生地黄 15g	白芍 50g
太子参 30g	白术 15g	茯苓 15g	陈皮 15g
黄芪 50g	僵蚕 15g	浙贝母 15g	芦根 30g
玄参 30g	女贞子 20g	泽兰 15g	墨旱莲 20g
桑白皮 20g	甘草 6g		

3 剂

煎水取汁 1200mL，温服 200mL，一日 3 次，两日 1 剂。

复诊：2016 年 11 月 7 日。服用上方后面色红润，眼干无泪、口干等症状稍好转，仍有干咳，怕冷，手足凉，手掌红。舌质红，苔薄白，脉沉细。守原方，因有干咳，加款冬花 15g。继用 15 剂。

三诊：2016 年 12 月 8 日。服用上方后面色红润，干咳、眼干无泪、口干怕冷、手足凉、手掌红等症状明显好转，舌质红，苔薄白。继用上方 30 剂。半年后随访症状已明显好转。

【临证备要】

（1）本病证用药特点：治瘀血，常用当归、丹参、泽兰；治痰，常用僵蚕、浙贝母、白术、茯苓、陈皮；治虚，以固肾为主，扶其形质。因病势缠绵难愈，故安其未受邪之地，常用生地黄、女贞子、墨旱莲、太子参。

（2）护卫阳，存津液：阳化以气，阴以成形，注重卫津平衡，补益卫气是其重要特点，故大剂量使用太子参、黄芪，一般用至 30g 以上。

（3）白芍与甘草同用：甘草含甘草酸苷，具有糖皮质激素样作用；白芍含有芍药苷，具有免疫调节作用，用量 50g 以上。

（龚仕良）

22. 痹证

痹证是由风、寒、湿、热等外邪侵袭人体，闭阻经络，气血运行不畅导致的，以肌肉、筋骨、关节发生酸痛、麻木、重着、屈伸不利，甚或关节肿大灼热等为主要临床表现的病证。临床可分为风寒湿痹、风热湿痹等，但以风寒湿痹最常见，治以散寒除湿、舒筋通络，习用自创方四物除湿饮加减。

【验案举例】 崔某，男，57 岁，2016 年 9 月 5 日初诊。

主诉：间断性腰痛伴右足趾疼痛，麻木 7 天。

现病史：患者经常自觉腰部酸痛不适，7 天前无明显诱因出现右足趾麻木、刺痛，未见足肿胀，局部肤温正常。

症状：右足趾麻木、刺痛，带有腰酸不适。尺脉沉弱，舌淡红，苔腻。

诊断：痹证。

证型：寒湿闭阻，气滞血瘀。

治法：散寒祛湿，舒经活血。

处方：四物除湿饮加减。

当归 15g	川芎 15g	赤芍 15g	白芍 30g
秦艽 15g	蜂房 15g	独活 15g	怀牛膝 20g
香附子 15g	延胡索 15g	制乳香 10g	制没药 10g

| 乌梢蛇 15g | 栀子 15g | 黄芩 15g | 桑寄生 20g |
| 伸筋草 20g | 藿香 15g | 甘草 5g | |

3 剂

水煎取汁 1200mL，每次温服 200mL，每日 3 次，两日 1 剂。

复诊：2016 年 9 月 12 日。患者诉服上方后腰酸痛、右足刺痛症状明显缓解，现仍感右足趾麻木不适，腰酸胀减轻，尺脉弱，舌淡红，苔腻。上方去乳香、没药、白芍，加苍术 15g，黄柏 15g，薏苡仁 30g，木瓜 15g，防己 10g，血木通 15g，桃仁 15g，红花 10g。8 剂，水煎服，服后病愈。

【临证备要】《素问·痹论》云："风寒湿三气杂至合而为痹也。其风气胜者为行痹。"《金匮要略方论本义》云："脉者，人之正气之道路也。杂错乎风邪……则脉行之道路必阻塞壅滞。"风为百病之长，无论内风、外风，常兼他邪侵袭人体，易导致络脉痹阻，气血不畅。陈老师守"治风先治血，血行风自灭"之旨，治疗痹证时注重行气活血之法。《医方集解》云："气通则血活，血活则风散。"因机体血行畅达，则所感风邪可随血之运行而消散，不能为患，同时风邪也不易侵袭，故常加入一些活血补血之品，如当归、川芎、赤芍等。因乳香、没药等易损伤脾胃，故常加入藿香以减轻乳香、没药的碍脾胃之性，同时也增强健脾除湿之功。

（谢文宇）

23. 尪痹

尪痹是基层严重的风湿性疾病，系风寒湿邪客于关节、气血痹阻所致的骨关节疾病，以小关节疼痛、肿胀、晨僵为特点，多见于中老年人群。病始常见腕、掌、指小关节对称性肿胀、疼痛、晨僵，病久则出现形体消瘦、腰膝酸软、关节畸形等症状，病情复杂，常虚实相兼。早期临床常以寒湿痹阻为主，中晚期则以肝肾亏损、痰浊瘀阻证型多见。陈老师常用自拟加减四物除湿饮合独活寄生汤。

【验案举例】

验案一 陈某，女，34 岁。2015 年 5 月 3 日初诊。

主诉：双手腕指关节疼痛 2 个多月，加重 3 日。

现病史：2 月前，患者因外出劳动淋雨，后出现全身乏力，周身及关节疼痛，在当地卫生院诊断为"风湿"，经服中药及口服芬必得等药物后，周身疼痛缓解，但随后出现晨起双手指关节发硬发僵，活动 10 余分钟后缓解，双手腕指关节时有疼痛，未引起重视，仍坚持日常劳动。3 天前，因用冷水手洗衣服后，双手腕掌指关节疼痛加剧，晨起手指僵硬时间长达半小时以上，全身不适，食欲不佳，前来就诊。

症状：精神不振，面色淡白，形体消瘦，表情痛苦；双手腕掌指关节肿胀疼痛，压痛明显，晨起指关节僵硬约持续 40 多分钟，双手握物无力；食欲不佳，二便调。舌苔白腻，脉濡缓。

辅助检查：WBC5.2×10^9/L，RBC4.3×10^{12}/L，HGB120g/L，PLT268×10^9/L，ESR85mm/h，RF123IU/mL，CRP15mg/h。X 线摄片：双手腕掌关节正常。

诊断：尪痹。

证型：寒湿痹阻。

治法：散寒除湿，温经止痛。

处方：加减四物除湿饮加味。

当归 15g	川芎 15g	赤芍 15g	桂枝 20g
木瓜 20g	桑枝 30g	制附片 30g$^{（先煎30分钟）}$	羌活 15g
土茯苓 30g	独活 15g	防己 15g	蚕砂 15g
薏苡仁 30g	蜂房 20g	延胡索 20g	生甘草 6g

8 剂

水煎取汁 1200mL，每次温服 200mL，每日 3 次，两日 1 剂。忌用冷水，双手防湿保温。

复诊：2015 年 5 月 20 日。服上方 8 剂后，双手腕指关节疼痛减轻近半，晨起手指关节僵硬时间缩短，活动约 20 分钟后可屈伸，精神、饮食尚可，二便调。舌苔白，脉缓。初治见效，仍守前法前方药，继进 8 剂。

三诊：2015 年 6 月 9 日。诉继服上方 8 剂后，手腕掌指关节疼痛消除，晨起手指能随意屈伸，双手腕掌指关节压痛亦不明显，精神及食欲恢复到发病前，二便调。舌苔白，脉缓。辅助检查：WBC5.1×10^9/L，RBC4.2×10^{12}/L，HGB125g/L，PLT184×10^9/L，ESR32mm/h，RF25IU/mL，CRP10mg/L。继予前方，去制附片、羌活、独活、土茯苓、延胡索、赤芍等药，加鸡血藤、杜仲等药。方药如下：

当归 15g	川芎 10g	白芍 30g	熟地黄 15g

木瓜 20g	地龙 15g	蜂房 15g	防己 15g
桂枝 15g	薏苡仁 30g	巴戟天 15g	杜仲 15g
桑寄生 15g	黄芪 30g	白术 15g	陈皮 15g
鸡血藤 30g	甘草 6g		

15 剂

煎服法同前。

2015 年 7 月 10 日电话随访，患者全身症状全部消除，现已到上海打工。

验案二 陈某，男，67 岁。2016 年 3 月 9 日初诊。

主诉：反复全身关节疼痛 8 年，双手掌指关节畸形 2 年。

现病史：8 年前，患者出现双手腕掌指关节肿胀疼痛，晨起关节僵硬，起始活动疼痛加重，逐渐出现全身肘、肩、髋、膝等关节疼痛，曾在华西医院确诊为"类风湿关节炎"。2 年前逐渐出现双手不能握物，腕掌指关节渐现畸形，一直在乡镇医院间断服中西药治疗，疼痛严重时常自购强的松、芬必得服用，近日疼痛加重，前来就诊。

症状：双手掌指关节畸形，远端指关节屈伸成"鹅颈"状，晨起指关节不能活动，僵硬约 2 小时，面部浮肿，四肢肌肉消瘦，腰膝酸软，困倦乏力，精神差。苔白腻，脉弦细。

辅助检查：WBC9.8×10^9/L，RBC3.2×10^{12}/L，HGB98g/L，PLT280×10^9/L，ESR56mm/h，RF75IU/mL，CRP20mg/L。X 线摄片：双手指关节间隙狭窄，掌指关节半脱位。

诊断：尪痹。

证型：肝肾亏损，痰浊瘀阻。

治法：补益肝肾，蠲痹通络。

处方：独活寄生汤加减。

独活 20g	桑寄生 30g	杜仲 15g	牛膝 15g
当归 15g	川芎 15g	白芍 30g	生地黄 20g
秦艽 15g	桂枝 15g	三七 20g	建神曲 20g
防风 15g	寻骨风 20g	伸筋草 30g	炙蜈蚣 2 条

延胡索 20g   薏苡仁 30g   陈皮 10g   甘草 6g

8 剂

水煎取汁 1200mL，每次温服 200mL，每日 3 次。两日 1 剂。配合中医针灸、理疗、蜡疗；雷公藤多苷片 20mg，每日 3 次；强的松减量，每日晨服 15mg，一日 1 次。

复诊：2016 年 3 月 25 日。患者服上方 8 剂，并配合中医针灸、理疗等治疗后，关节疼痛减轻不明显，余症及舌脉同前。此非药不中的，乃尪痹日久，非一方一时即效，需守法守方，继进 8 剂。

三诊：2016 年 4 月 30 日。患者服药后，腕掌指肘等诸关节疼痛明显减轻，晨起关节僵硬时间明显缩短至约半小时，面部浮肿明显消减，食欲增加，全身渐觉有力。苔白腻，脉弦细。药已获效，强的松减为每日晨服一次 10mg，继守前方前法药 8 剂。

四诊：2016 年 5 月 20 日。患者诉继服上方 8 剂后，腕掌指膝髋等关节疼痛不显，晨起关节能缓慢活动，面部浮肿全消，全身有力，食欲精神渐佳。舌苔薄腻，脉弦细。辅助检查：WBC4.8×10^9/L，RBC3.6×10^{12}/L，HGB121g/L，PLT176 $\times 10^9$/L，ESR25mm/h，RF25IU/mL，CRP10mg/L。治法：保肝肾，强筋骨，养气血。前方基础上去三七、蜈蚣、延胡索、秦艽、防风，加炙黄芪 30g，鸡血藤 30g，巴戟天 15g，骨碎补 15g，继进 8 剂。嘱患者逐渐减停强的松，双手注意防湿保温。

其后随访，患者全身关节疼痛等症状基本消除，生活能完全自理。

【临证备要】

（1）陈老师认为尪痹不同于一般痹证，病情复杂而深重。先天禀赋不足、正气虚弱、肝肾亏虚为本，复感风寒湿等外邪为标。病后治疗若不及时，邪入骨骱，痰浊瘀阻，胶着不去，缠绵难愈。

（2）治疗关键在发病前 1～2 年，早期重在祛风散寒、除湿通络，必用活血行气之归、芎之品，意在"治风先行血，血行风之灭"；晚期重在补肝益肾、蠲痹通络，多加蜈蚣等虫类之品，入络搜风散结。运用中医汤剂、中成药、外治等多法、多途径治疗，尽早尽快控制病情，病邪一旦深入骨骱，多易导致关节畸形，影响患者工作和生活质量。

（3）陈老师主张，此病在运用中医药治疗的同时，应结合非甾体类抗炎药、糖皮质激素、生物制剂等综合治疗，减慢或阻止骨破坏，减少致残率。中西医结合治疗，将起到扬长避短、事半功倍的作用。

（4）重视患者健康教育，树立患者治疗疾病的信心，加强关节功能活动锻炼，提高患者生存质量。

（李建成）

24. 腰痛

腰痛，是指因外感、内伤或挫闪导致腰部气血运行不畅，或失于濡养，引起腰脊或脊旁部位疼痛为主要症状的一种病证。临床以肾虚寒湿腰痛为主要证型，陈老师常以独活寄生汤合四物除湿饮（经验方）加减。

【验案举例】唐某，男，40岁。2016年6月9日初诊。

主诉：反复腰痛5年，右下肢麻木、胀痛半月余。

现病史：腰部酸软胀痛不适5年，半月前久坐后出现右下肢麻木、胀痛，未见足背肿胀，局部皮肤温度正常，否认外伤史。

症状：腰部胀痛伴右下肢麻木、胀痛，尺脉沉弱，舌质淡，苔腻。

诊断：腰痛。

证型：肝肾亏虚，寒湿痹阻。

治法：补益肝肾，散寒除湿。

处方：独活寄生汤加减。

当归 15g	川芎 15g	赤芍 15g	熟地黄 20g
生地黄 20g	白芍 30g	秦艽 15g	蜂房 15g
独活 15g	川牛膝 20g	香附 15g	延胡索 20g
制乳香 10g	制没药 10g	乌梢蛇 15g	桑寄生 20g
伸筋草 20g	藿香 15g	甘草 6g	

4剂

水煎取汁1200mL，每次温服200mL，一日3次，两日1剂，饭后服。

复诊：2016年6月16日。服上药后腰痛症状明显缓解，右下肢麻木胀痛已经基本消失。尺脉弱，舌淡红，苔薄白。上方去乳香、没药、白芍、藿香，加杜仲 15g，续断 15g，狗脊 15g，补骨脂 15g，薏苡仁 30g，木瓜 15g，桃仁 15g，红花 10g。8 剂，煎服法同上。服完后，患者症状完全消除，已无其他不适。

【临证备要】

（1）肾虚为腰痛的根本，治当以补肾为先，风寒湿为外因。

（2）要重视中西医结合。现代医学 X 线、CT 和 MRI 技术，可以从解剖结构、定位和功能上准确诊断鉴别，腰痛病中出现的下肢麻木疼痛多由腰椎间盘突出或腰椎退行性改变压迫神经所致。陈老师喜选用祛风除湿、补肾强筋骨、活血通络的药物，如续断、杜仲、补骨脂、桑寄生、怀牛膝、木瓜、丝瓜络、秦艽、蜂房等，以达到治病求本、增强疗效的目的。

（杜亚兵）

25. 月经后期

月经后期是指月经周期延后超过 7 天，连续出现 2 个月经周期以上，伴有月经量、色、质的改变。辨证当分虚实，虚有肾虚、血虚、阴虚、阳虚等，实有寒凝、血瘀、气滞等。陈老师认为月经后期虽有虚实之分，但以虚证为主，肾虚血亏、冲任不调是主要病机。肾虚血亏为其常见证型，习用五子衍宗丸合四物汤加减。

【验案举例】曾某，女，44 岁，四川内江人。2016 年 8 月 3 日初诊。

主诉：月经延后 1 年。

现病史：患者 1 年前因小产后逐渐出现月经延后，经量减少，经检查雌激素降低，按医嘱每月口服黄体酮后月经才至。因服用激素后月经未至，于今日前来就诊。

生育史：孕 3 产 1。

症状：月经延后 50 天，近 1 年来月经量少、色淡红，偶有少量血块及小腹痛，腰酸腿软，头晕乏力，时有失眠。舌质淡，脉细弱。

诊断：月经后期。

证型：肾虚血亏，气滞血瘀，冲任不调。

治法：补肾养血，调和冲任。

处方：五子衍宗丸合四物汤加减。

菟丝子 15g	枸杞子 15g	覆盆子 15g	当归 15g
川芎 15g	白芍 30g	熟地黄 20g	柴胡 15g
枳壳 15g	香附 15g	三棱 10g	莪术 10g
补骨脂 20g	制首乌 15g	酸枣仁 15g	甘草 5g

7 剂

水煎取汁 1200mL，每次服 200mL，一日 3 次，两日 1 剂。

二诊：患者诉服上方 7 剂后月经仍未至，但头晕乏力、腰酸腿软等症状有所好转。前方加紫河车 15g，余药同前，7 剂，煎服法同前。

三诊：患者诉服上方 7 剂后，于昨日月经至，但量少、色红，有少量血块，小腹坠痛；倦怠乏力、头晕耳鸣、腰酸腿软进一步减轻，无心慌心悸，睡眠改善。上方去酸枣仁，加益母草 30g，鸡血藤 20g。余药同前，2 剂，煎服法同前。

四诊：患者服上方后第 2 天月经量开始增多，持续 4 天，量逐渐变少，小腹疼痛缓解，头晕、耳鸣、乏力等症状明显减轻。上方去三棱、莪术、柴胡、枳壳、益母草，余药同前，煎服法同前，继服。以后仍以上方为基础加减调理 2 个月，月经周期逐步恢复正常，随访半年月经如常。

【临证备要】

（1）关注病史细节。临证问清月经史，包括：初潮年龄、周期、持续时间、量、色、质等有无异常，行经期及经前经后有无伴随症状，历年来月经有何变化，末次月经的时间等，有利于临床辨证和用药。如经行后期、量少、色黯滞，有小血块，小腹痛者，多属于血瘀气滞；经行后期，量少、色稀，多属血虚。月经后期伴月经过少，易发展成闭经。

（2）随证加减：肾阴虚为主，加女贞子、旱莲草、枸杞子、熟地黄等；肾阳虚为主，加补骨脂、鹿角片、仙茅、淫羊藿等；腰痛，加杜仲、续断、桑寄生；气虚，加生晒参、黄芪；潮热盗汗，加知母、地骨皮、浮小麦等；情志不畅，加柴胡、香附；血瘀，加三棱、莪术、益母草、乳香、没药、蒲黄；腹中冷痛，加艾叶、干姜。

（刘玲）

26. 痛经

凡在经期或经行前后，出现周期性小腹疼痛，或痛引腰骶，甚至剧痛晕厥者，称为"痛经"，亦称"经行腹痛"。西医学原发性痛经和继发性痛经均属于痛经范畴。证当分虚实：虚证，即"不荣则痛"，病因是气血虚弱或肝肾亏损；实证，即"不通则痛"，病因是气血运行不畅。陈老师治疗痛经，从肝郁血虚、化火生热着手，常用丹栀逍遥散加减。

【验案举例】

验案一　王某，女，18岁，学生。2015年10月12日初诊。

主诉：反复经期小腹疼痛1年。

现病史：患者于1年前开始出现经期小腹胀痛，刺痛严重时卧床休息仍不能缓解，伴有乳房胀、刺痛，腰酸软、胀痛，经色暗红有血块。患者曾反复就诊于多名中西医生，先后服用止痛药及中药，效果不佳，经人介绍前来就诊。

症状：经期小腹胀痛，刺痛伴乳房胀，腰酸胀痛，经色暗红。腹部B超示子宫、附件均无异常。舌质红，苔薄黄，脉弦。

诊断：痛经。

证型：肝郁血虚，气郁化火，冲任不和。

治法：疏肝理气，养血清热，调和冲任。

处方：丹栀逍遥散加减。

牡丹皮15g	炒栀子15g	当归15g	白芍30g
柴胡15g	茯苓15g	炒白术15g	薄荷10g
香附15g	延胡索15g	月季花20g	藁本15g
续断15g	杜仲15g	乌药15g	补骨脂15g
益母草30g	甘草6g	五灵脂15g	蒲黄15g

14剂

水煎取汁1200mL，每次服200mL，一日3次，两日1剂。

经前一周开始服用，连续服2周停药，待下个月经周期前1周又开始服用。忌生冷食物，多休息。

复诊：患者诉上月月经来潮时，乳房胀痛消失，经期小腹胀痛缓解，腰酸软胀痛，经色暗红偶有血块。上方加菟丝子15g，女贞子15g，墨旱莲15g以加强补肝肾调和冲任之功，继服 8 剂，水煎服，忌生冷食物。

三诊：经期腹痛基本缓解，腰偶有酸软胀痛，经色红，基本无口干口苦。去续断、乌药，余守原方巩固，7 剂。随访，诸症悉退。

验案二 高某，17 岁，居民。12 月初诊。

主诉：反复经期腹痛 4 年。

现病史：患者 4 年前月经初潮后出现腹部疼痛，月经周期规律，每逢经前 1 ～ 2 天开始下腹坠痛，来潮第 1 ～ 2 天痛甚，月经量少，伴暗紫色血块，双乳胀痛，时有便秘。每逢月经来潮则不能正常上学，服用去痛片、芬必得可稍缓解。

症状：体型偏瘦，舌红苔白，脉弦细。

诊断：痛经。

证型：肝经郁火，气血不畅。

治法：疏肝解郁，调经止痛。

处方：丹栀逍遥散加减。

牡丹皮 15g	焦栀子 15g	益母草 30g	香附 15g
延胡索 15g	白术 10g	薄荷 15g	茯苓 15g
柴胡 15g	白芍 30g	当归 15g	月季花 20g
丹参 20g	泽兰 20g	甘草 6g	

8 剂

水煎取汁 1200mL，每次服 200mL，一日 3 次，两日 1 剂。

复诊：月经来潮，自觉腹痛明显缓解，经量及血块减少，无乳房胀痛。嘱每月经前期开始连服此方，直至经期结束停药，连服 3 个月。

三诊：患者诉症状完全消失，随访，基本无复发。

【临证备要】

（1）周期性服药。痛经治疗应于经期前一周开始，服药至经期结束。要坚持多个月经周期，以巩固疗效，治愈本病。

（2）临证时应随症加减。痛甚时，加延胡索；气滞明显者，加香附；月经量多者，加地榆、蒲黄；有瘀血时，加泽兰、丹参；腰部疼痛，加杜仲、补骨脂；气短者，加黄芪、党参；经前伴乳房胀痛者，加青皮、陈皮等。治疗期间忌食生冷及辛辣。

（何怡）

27. 带下病

带下病是指带下量明显增多，色、质、气味发生异常，或伴有全身或局部症状。湿邪是导致本病的主要原因，湿有内外之别。外湿，多因久居湿地，或涉水淋雨，或不洁性交等；内湿，则与脏腑气血功能失调有密切关系。患者因情志失调，肝气郁久化热，肝气乘脾，脾虚失运；或喜食辛辣之品，湿热内蕴，脾失健运，湿热之邪下注，伤及任带二脉，而致带下过多。临床以湿热下注型多见，治以清热利湿，方用龙胆泻肝汤加减。

【验案举例】周某，女，35 岁。

主诉：带下量多，有异味 3 个多月。

现病史：患者平素烦躁易怒，口干口苦，时常口腔溃疡，现带下量多，有臭味，并伴阴部瘙痒，遂来就诊。

症状：带下量多，色黄，质黏稠，有臭味；并伴阴部瘙痒，小便色黄，大便正常，口干口苦，面部丘疹。舌红，苔黄腻，脉弦滑。

诊断：带下病。

证型：肝经湿热下注。

治法：泻肝清热除湿，内服、外洗。

处方：龙胆泻肝汤加减。

龙胆草 15g	炒栀子 15g	黄芩 15g	川木通 15g
泽泻 10g	车前仁 20g	当归 15g	生地黄 30g
白芍 30g	黄柏 15g	牛膝 15g	地肤子 15g
白蒺藜 15g	僵蚕 10g	苦参 10g	大青叶 30g
甘草 6g			

3 剂

水煎取汁 900mL，每次服 150mL，一日 3 次，两日 1 剂。

外洗方：

黄柏 30g	苦参 30g	蛇床子 30g	地肤子 30g
蝉蜕 10g	紫花地丁 30g	千里光 30g	苍术 30g
儿茶 15g	枯矾 15g	冰片 15g ^{（分3次后下）}	

3 剂

水煎取汁 1200mL，外洗阴部，一日 1 次，3 日 1 剂。

复诊：服药 3 剂后，带下量明显减少，阴部瘙痒、口干、口苦症状减轻，面部丘疹开始结痂。无其他不适症状出现。故守原方加减：

龙胆草 15g	炒栀子 15g	黄芩 15g	泽泻 10g
车前仁 20g	当归 15g	生地黄 30g	白芍 30g
黄柏 15g	牛膝 15g	地肤子 15g	白蒺藜 15g
苦参 10g	大青叶 30g	甘草 6g	

3 剂

三诊：诸症明显好转，患者不欲再服中药。故嘱患者素日清淡饮食，忌酒、辛辣食物，每日清水清洁外阴部，勤换内衣。

【临证备要】

（1）陈老师认为，本病例因情志不调，损伤脾的运化功能，以致水湿内停，湿邪郁久化热，湿热流注下焦，伤及任带而致带下过多、色黄、有异味。

（2）内外同治。内服龙胆泻肝汤清利肝胆湿热，外用清热利湿洗剂直达患处，内外同治，加强了清热利湿的功效，这是治疗湿热带下的有效方法。

（周莉萍）

28. 乳癖

乳癖是指以乳房部疼痛结块，并与月经周期及情志变化密切相关为主要表现的良性增生性疾病。主要表现为单侧或双侧乳房出现大小、形态不一的慢性肿块，伴局部胀痛、窜痛或隐痛，其形态、大小及硬度受月经周期、情绪、劳累等因素的影响，相当于现代医学乳腺小叶增生病。临床常分为肝郁气滞、痰瘀互结、冲任失调等类型。陈老师认为此病多因忧思郁怒，致肝气郁结，气滞血瘀，郁久化热生火，灼津为痰，结滞乳中，经络阻塞，肿块与疼痛并见而成乳癖，常以丹栀逍遥散合仙方活命饮加减进行治疗。

【验案举例】佘某，女，43岁。2016年12月23日初诊。

主诉：发现双乳包块伴疼痛1年，加重3天。

现病史：1年前发现双乳包块，在成都某三甲医院确诊为乳腺增生，期间常伴月经周期而发作，间断服用中西药（用药不详）欠佳。3天前因情绪波动而加重，伴有胁肋部胀痛，疼痛以右乳头及腋下为甚，切诊发现双侧乳房发现黄豆大小活动韧硬结节，边界清楚，与周围组织不粘连。彩超检查显示：双侧乳腺小叶增生伴囊肿，双侧腋窝探及淋巴结。给予阿莫西林、贝诺酯片等治疗，疼痛稍有好转，于今日来院求中医治疗。

症状：双侧乳房有黄豆大小不等的包块，按压有痛感，局部无红肿，胸胁疼痛，善郁易怒，心烦口苦。舌质红，苔黄腻，脉弦数。

诊断：乳癖。

证型：肝郁化火，痰瘀互结。

治法：疏肝理气，化痰活血。

处方：丹栀逍遥散合仙方活命饮加减。

金银花 15g	当归 15g	赤芍 20g	防风 15g
白芷 20g	皂角刺 20g	天花粉 15g	浙贝母 15g
香附 15g	延胡索 20g	柴胡 15g	枳壳 15g
瓜蒌壳 15g	郁金 15g	牡丹皮 15g	焦栀子 15g
黄芩 15g	鸡内金 15g	丹参 30g	藿香 15g
玄参 20g	僵蚕 15g	甘草 5g	

3剂

水煎取汁900mL，每次服150mL，一日3次，两日1剂。

二诊：2016年12月29日。服上方后疼痛稍好转，胁肋部略有胀痛。无心烦口苦，饮食尚可。郁热已清，去掉寒凉药物，原方去焦栀子、黄芩、牡丹皮，继续服3剂。

三诊：2017年1月5日。双乳疼痛明显好转，胸胁部疼痛已经缓解，大小便正常。舌质淡红，苔薄黄，脉弦。效不更方，继续服10剂。以后仍以上方为基础加减，连用半年，复查彩超：双乳房包块明显变小。

【临证备要】

（1）本病好发于 25 ～ 45 岁的中年妇女，其发病率占乳房疾病的 75%，是临床上最常见的乳房疾病。《疡科心得集·辨乳癖乳痰乳岩论》："有乳中结核，形如丸卵，不疼痛，不发寒热，皮色不变，其核随喜怒消长，此名乳癖。"此核可随喜怒而消长，大小不等，形如鸡卵或呈结节状。日常要特别注意调理情志，保持心情舒畅。

（2）本病易与乳腺癌相混淆，故确诊十分重要。研究资料发现本病有一定的癌变危险，尤其是有乳腺癌家族史的患者，更应引起重视。

（龚仕良）

29. 小儿厌食

小儿厌食多见于 1 ～ 7 岁儿童，临床表现为较长时间的食欲减退，食欲不振，甚则拒食。其特点是对所有食物均不感兴趣，甚至厌恶。本病的主要病因是平素饮食不节，或因喂养不当，或长期偏食等伤及脾胃，致使脾胃运化失常。陈老师诊治此病以健脾生津和胃、消食导滞为主，自创"石斛清胃饮"。

【验案举例】

验案一　李某，男，1 岁 9 个月。2015 年 8 月 22 日初诊。

主诉：不思饮食 1 年多。

现病史：患儿于 1 年多前出现不思饮食，大便每天 1 ～ 3 次，色黄，呈糊状，无黏液脓血便，无畏寒发热，无咳嗽咯痰，无腹痛，无恶心呕吐，辗转多处就医，间断服中西药（具体用药情况不详），疗效不佳，逐渐出现面色萎黄，形体消瘦，神差，经人介绍来陈老师处就诊。

症状：精神差，面色萎黄，形体消瘦，不思饮食，大便稀溏，一日 2 ～ 3 次，色黄，小便尚可。舌质红，苔薄白，指纹淡滞。

诊断：小儿厌食。

证型：脾虚食滞证。

治法：养脾生津和胃，消食导滞。

处方：石斛清胃饮加减。

石斛 10g	白豆蔻 10g	白芍 15g	厚朴 10g

茯苓 10g	陈皮 6g	山药 10g	薏苡仁 15g
焦山楂 10g	建神曲 10g	炒麦芽 10g	莱菔子 10g
鸡内金 6g	连翘 10g	甘草 3g	

3 剂

水煎取汁 200mL，每次温服 30 ～ 40mL，每日 3 ～ 4 次，两日 1 剂。

复诊：患儿精神较前好转，进食较前增加；大便每日 1 次，偶尔 2 次，色黄，稍稀；小便正常。舌质红，苔薄白，指纹淡紫。

继服 3 剂而愈。

验案二 杨某，男，3 岁。2016 年 6 月 11 日初诊。

主诉：不思饮食 1 月。

现病史：1 个月来，患儿嗜糖过度，继见口渴喜饮，不思饮食，院外口服保和丸、平胃散等治疗，口渴益甚，终日不思饮食，逐渐消瘦，小溲混浊如水泔，大便秘结，喜俯卧睡。无发热，无呕吐、腹泻等不适。今来就诊。

症状：不思饮食，口渴喜饮，体形消瘦，精神差，小溲混浊如米泔，大便秘结，喜俯卧睡，睡眠较差。精神差，舌红，苔黄厚。

诊断：小儿厌食。

证型：脾胃积热证。

治法：清热生津开胃。

处方：石斛清胃饮加减。

石斛 10g	白豆蔻 10g	山楂 12g	神曲 12g
白芍 15g	茯苓 12g	陈皮 10g	山药 12g
薏苡仁 20g	鸡内金 10g	甘草 3g	火麻仁 5g
知母 10g	石膏 16g		

3 剂

水煎取汁 300mL，每次温服 50mL，每日 3 ～ 4 次，两日 1 剂。

复诊：2016 年 6 月 18 日。患儿口渴较前减轻，食欲好转，进食增加，精神好转，大便稍干，小便稍黄，未见米泔样小便，睡眠可。舌红，苔黄稍腻。在上方的基础上，减去石膏、知母，连续服用 4 剂，痊愈。

【临证备要】

（1）目前多数家长对子女溺爱，饮食结构不合理，加之发病初期症状表现不多，重视不够，成为小儿厌食的主要原因。只有改善饮食习惯，建立规律的生活制度，合理的饮食搭配，才可以保证疗效。

（2）陈老师指出：本病治疗原则以和为贵，以运为健。石斛清胃饮以轻清之剂解脾气之困，拨清灵脏气以恢复转运之机，使脾胃调和，脾运复健，则胃纳自开。方中以运脾开胃为主法，其中石斛开胃，乃清中寓补、补中有清之佳品，而且善调胃阴、胃阳。再配以茯苓、陈皮、山药、白豆蔻、薏苡仁等补运兼施，加山楂、神曲、鸡内金消食和中。以上各药合用，补中有健，燥化兼顾，行消结合，实为健脾强胃、益气和中之良方。胃热明显者，加石膏、知母等；脾虚明显者，加党参或太子参等；腹胀明显者，加枳壳、木香、莱菔子、厚朴等；胃阴虚明显者，加麦冬、北沙参等；大便干结者，加生大黄、火麻仁等；汗多者，多加煅龙骨、煅牡蛎、浮小麦等。

（王丽）

30. 小儿遗尿

小儿5岁以后睡中小便自遗、醒后方觉的不随意排尿，称为"遗尿"。凡夜间非自主控制排尿或者不能从睡觉中醒来自觉排尿的是原发性遗尿。临床以原发性多见，常有家族史，多为功能性；继发性较少，多见于全身或者肾系疾患。临床以下元虚寒、肾气不固多见，治以温肾固本缩尿，方以缩尿丸加减。

【验案举例】任某，男，5岁。2016年8月29日初诊。

主诉：反复尿床1年余。

现病史：患儿奶奶代述，1年前出现尿床，当时未引起重视，未经治疗，病情迁延反复，后发展为昼夜不自觉排尿，无尿频、尿急、尿痛等症状，遂前来就诊。否认智力障碍、精神创伤、家族因素。

症状：形体略显消瘦，阴部潮湿而冷，内裤湿润而不知。舌红苔白，脉沉细。

辅助检查：肾功能、尿常规及泌尿系统彩超无异常。

诊断：遗尿。

证型：下元虚寒，肾气不固。

治法：温肾固本缩尿。

处方：缩泉丸加味。

山药 20g	乌药 10g	盐益智仁 15g	盐桑螵蛸 10g
黄芪 15g	肉桂 6g	炒金樱子 15g	山茱萸 12g
白芍 15g	盐杜仲 10g	甘草 6g	

1 剂

水煎取汁 300mL，每次温服 50mL，每日 3 次，两日 1 剂。

复诊：2016 年 9 月 1 日。其奶奶述孙子内服中药 1 剂后内裤不再湿润，夜间小便次数减少。效不更方，再进 2 剂，病愈。

【临证备要】

（1）《诸病源候论》曰："遗尿者，此由膀胱有冷，不能约于水故也。"膀胱冷者以温经固脬为主，陈老师喜用缩泉丸，乌药、益智仁、桑螵蛸为必用之药。

（2）临证加减：遗尿次数频繁，加赤石脂、五味子；四肢及阴部发冷不温，则加菟丝子、肉桂；困倦乏力，加党参、黄芪、白术、茯苓等健脾益气；大便稀溏，加炮姜；苔黄腻，加藿香、薏苡仁。

（杨钢）

31. 鼻鼽

鼻鼽，又称"鼽嚏"，是以突然和反复发作的鼻痒、喷嚏、流清涕、鼻塞等为特征的一种鼻科常见病、多发病，相当于现代医学的过敏性鼻炎。鼻鼽多由肺气虚、卫表不固、风寒乘虚侵入所致。急性期，以疏风散寒通窍；缓解期，健脾益气补肺。陈老师习用苍耳子散加减。

【验案举例】

验案一　杜某，男，6 岁。2015 年 5 月 20 日初诊。

主诉：反复鼻痒、喷嚏、流清涕、鼻塞 2 年，复发加重 3 天。

现病史：2 年前患儿受凉后出现鼻痒、喷嚏、流清涕、鼻塞，伴咳嗽、咽痒，无发热，经服西药后症状缓解（用药不详）。以后每因受凉复发，一年发作数次。3 天前因受凉后复发，经院外治疗疗效欠佳，于今日前来就诊。

症状：鼻痒，频繁喷嚏，流清涕，鼻塞；伴头昏痛，纳差，干咳。舌淡红，苔薄白，脉浮紧。

诊断：鼻鼽。

证型：风寒袭表，上犯鼻窍。

治法：疏风散寒通窍。

处方：苍耳子散加减。

辛夷 15g	苍耳子 10g	薄荷 10g	白芷 10g
细辛 3g	藿香 10g	蝉蜕 10g	炒蒺藜 15g
鸡内金 10g	山楂 15g	建神曲 20g	甘草 5g

3 剂

水煎取汁 600mL，每次 100mL，每日 3 次，两日 1 剂。

复诊：2015 年 5 月 27 日。患儿服 3 剂后，鼻塞、流涕等症状缓解，给予四君子汤加味：党参 10g，白术 10g，茯苓 10g，陈皮 10g，藿香 10g，辛夷 10g，甘草 5g，4 剂。后随访 2 个月未复发。

验案二 李某，男，35 岁。2017 年 6 月 3 日初诊。

主诉：反复鼻塞 1 年，伴多汗、乏力 1 个月。

现病史：1 年前，由于受凉后出现鼻塞，声重，鼻痒，喷嚏，时流清涕，咽痒。经院外治疗后症状可缓解，但受凉后易复发。1 个月前受凉后上症复发，伴多汗、乏力，经治疗（用药不详）效欠佳，今前来求治。

症状：鼻塞，鼻痒，喷嚏，畏风，多汗，乏力。舌淡红，苔薄白，脉浮缓。

诊断：鼻鼽。

证型：外感风寒，肺气亏虚。

治法：散寒通窍，益气固表。

处方：苍耳子散合玉屏风散加减。

辛夷 15g	苍耳子 15g	薄荷 15g	白芷 15g
细辛 3g	黄芪 30g	白术 15g	防风 15g
麻黄根 20g	浮小麦 30g	僵蚕 15g	甘草 5g

3 剂

水煎取汁 900mL，每次 150mL，每日 3 次，两日 1 剂。

复诊：2017 年 6 月 10 日。患者服上方后，鼻塞、鼻痒、喷嚏、畏风、多汗、乏力等症明显改善。再服前方 3 剂后病愈。

【临证备要】

（1）陈老师认为，禀质过敏者，肺气虚弱，常易感受风寒之邪，犯及鼻窍，邪正相搏，肺气不畅，津液停聚，鼻窍壅塞，遂致喷嚏流清涕、鼻塞。

（2）临证加减：喷嚏时涕泪俱下，且头额有紧束之感者，加蔓荆子、藁本、防风；喷嚏多者，加蝉蜕、僵蚕；鼻痒者，重用蝉蜕、白蒺藜；鼻流清涕不止、汗多者，加浮小麦、麻黄根；过敏体质，加白蒺藜、藿香；肺经有热者，加黄芩、焦栀子。

（刘玲）

32. 鼻渊

鼻渊是指以鼻流浊涕、如泉下渗、量多不止为主要特征的鼻病，亦称脑漏、脑渊。临床上可伴有头痛、鼻塞、嗅觉下降、鼻窦区疼痛等症，久则虚眩不已，是鼻科常见病、多发病之一。多因外感风热邪毒，或风寒侵袭，久而化热，邪热循经上蒸犯及鼻窍；或胆经炎症，随经上犯，蒸灼鼻窍；或脾胃湿热，循胃经上扰等引起。陈老师临床上常以辛夷散加减为主进行治疗。

【验案举例】

验案一　孟某，女，14 岁。2015 年 1 月 3 日初诊。

主诉：反复鼻塞流涕 1 月，加重伴头痛 7 天。

现病史：患者于 1 月前反复间歇性鼻塞流浊涕，遇寒、久坐后症状明显，时轻时重，伴咳嗽，头昏头痛，嗅觉功能减退。曾反复就诊于多家医院，诊断为慢性鼻炎，先后口服氯雷他定、鼻炎康及中药，疗效欠佳，病情反复，今来求治中医。既往无特殊病史。

症状：鼻黏膜充血肿胀，尤以鼻甲为甚；头额眉棱骨压痛，咳嗽，流涕。舌质红，苔薄黄，脉浮数。

诊断：鼻渊。

证型：风热上扰。

治法：清热宣肺通窍。

处方：辛夷散加减。

辛夷 10g	苍耳子 10g	薄荷 6g	白芷 10g
细辛 3g	苦杏仁 10g	紫菀 10g	款冬花 10g
百部 10g	黄芩 10g	白果仁 15g	射干 10g
僵蚕 10g	炙桑白皮 10g	炙枇杷叶 10g	甘草 3g

3 剂

水煎取汁 900mL，每次温服 150mL，一日 3 次，两日 1 剂。

二诊：咳嗽、流涕明显缓解，舌质淡，苔薄黄，脉浮数，大便干燥，两日 1 次。原方加玄参、冬瓜子、生大黄，7 剂，服法同前。忌辛辣食物。

三诊：咳嗽、流涕基本消失，鼻黏膜无充血肿胀。舌质淡，苔薄黄，脉浮数。大便正常，一日 1 次。原方去玄参、冬瓜子、生大黄，7 剂，服法同前。忌辛辣食物。1 个月后随访，诸症悉退。

验案二 冯某，男，5 岁。2015 年 6 月 15 日初诊。

主诉：鼻塞流涕 7 天，加重伴咳嗽 3 天。

现病史：7 天前患者因受凉后出现流涕，咳嗽咳痰，伴发热，就诊于成都市某儿童医院，诊断为急性支气管炎，住院治疗，病情无明显缓解，来求治中医。

症状：鼻黏膜充血肿胀，扁桃体Ⅱ°肿大；患者精神状态差，咳嗽，流涕，鼻塞；体温 38.7℃。舌质红，苔薄黄，脉浮数。

诊断：鼻渊。

证型：风热上扰。

治法：清热利咽，宣肺通窍。

处方：辛夷散合银翘马勃散加减。

辛夷 10g	苍耳子 10g	薄荷 10g	白芷 10g
细辛 3g	僵蚕 10g	蝉蜕 6g	生石膏 15g
知母 10g	地骨皮 10g	青蒿 10g	炒蒺藜 10g
桑白皮 10g	浙贝母 10g	金银花 10g	连翘 10g

马勃 10g   广藿香 6g   甘草 6g

3 剂

水煎取汁 400mL，温服 50mL，一日 4 次，两日 1 剂。

二诊：流涕、咳嗽咳痰消退，体温 36.4℃，舌质淡红，苔薄黄，脉浮数。守前方，3 剂，服法同前。忌辛辣食物。后随访，诸症悉退，已告痊愈。

【临证备要】

（1）急性起病者，经及时、恰当的治疗，可获痊愈。病程较长者，易致迁延难愈。脓鼻涕长期倒流至咽部，可诱发喉痹或乳蛾。

（2）注意保持鼻腔通畅，以利鼻窦内分泌物排出。若擤鼻涕方法不当，可诱发耳胀或脓耳。禁食辛辣刺激食物。

（林富强）

33. 急乳蛾

急乳蛾是以咽痛、喉核红肿、表面有或无黄白色脓点等为主要症状的咽部疾病。本病起病急，病程短，主要表现为咽痛、咳嗽、口干喜饮，或有发热，查体可见扁桃体肿大，或有脓点。临床分为风寒外袭、风热外侵、肺胃热盛等类型。陈老师临证时注重咽部、喉核、外鼻道的望诊，强调辨虚实、表里、轻重；常选银翘马勃散加减。

【验案举例】

验案一　邓某，女，62 岁，退休员工。2014 年 7 月 15 日初诊。

主诉：发热、咽痛 2 天。

现病史：2 天前因受凉后出现发热（38℃），咽痛，咽干，咽痒，伴头痛头晕，咳嗽，咳黄色黏痰，自服感冒药（用药欠详），于今日来院就医。

症状：发热（38℃），咽痛，咽干，咽痒，咳嗽，头昏痛。舌质红，苔薄黄，脉浮数。喉核充血（深红），双侧腭扁桃体Ⅱ° 肿大，表面有大量黄白色脓点，融合成片，以右侧为甚。

诊断：急性乳蛾。

证型：风热外侵。

治法：清热解表，利咽消肿。

处方：银翘马勃散加减。

金银花 15g	连翘 15g	马勃 15g	青黛 15g^{（包煎）}
牛蒡子 15g	桔梗 30g	浙贝母 15g	板蓝根 20g
山豆根 10g	木蝴蝶 15g	僵蚕 15g	芦根 30g
玄参 30g	知母 20g	鱼腥草 30g	薄荷 15g
紫菀 15g	款冬花 15g	茯苓 15g	陈皮 15g
桑白皮 20g	菊花 20g	钩藤 30g	甘草 6g

3 剂

水煎取汁 900mL，每次温服 150mL，每日 3 次，两日 1 剂。

二诊：患者服上方 3 剂后，体温恢复正常，咽痛咽干，头昏头痛好转，咳嗽已止。喉核脓苔基本退尽。守方巩固治疗。原方去芦根、玄参、知母、薄荷，加麻绒、苦杏仁、白蒺藜、木贼、藿香。3 剂，煎服法同前。回访，诸症皆除。

验案二 郭某，男，3 岁。2015 年 7 月 15 日初诊。

主诉：发热 1 天伴抽搐 1 次。

现病史：患儿 1 天前出现发热，体温 39℃，伴四肢抽搐 1 次，持续 1 分钟。在院外予西药治疗（具体药物不详），上述症状无缓解，遂来求治。

症状：患儿发热，38.5℃，精神萎靡，面黄肌瘦，口渴，咽痛、咳嗽；双侧扁桃体Ⅲ°肿大，深红；流涕，鼻塞，鼻黏膜明显充血，外鼻道狭窄；心肺体征阴性。舌红，苔黄，脉浮数。

诊断：急乳蛾。

证型：风热外侵。

治法：疏风清热，宣肺利咽。

处方：银翘白虎汤加减。

金银花 10g	连翘 10g	石膏 20g	知母 15g
地骨皮 15g	白芍 20g	辛夷花 15g	白芷 10g
薄荷 10g	地龙 10g	僵蚕 10g	蝉蜕 10g

款冬花 10g	紫菀 10g	浙贝母 10g	桑白皮 15g
炒山楂 15g	建神曲 15g	厚朴 10g	茯苓 10g
陈皮 10g	甘草 3g		

3 剂

水煎取汁 300mL，每次服 50mL，一日 3 次，两日 1 剂。

1 周后随访，上述症状消失。

【临证备要】

（1）急乳蛾发病以儿科多见，可导致高热，引起抽搐。因温热多伤阴液，炼液成痰，故临证要注意保护阴液，治以"辛凉解郁，酸甘化阴"为要。

（2）咽喉为肺胃所属，故陈老师临证提倡"肺胃同调，表里同治"，宜桑白皮、地骨皮清肺热，套用保和丸化积热，加用地龙、僵蚕、蝉蜕以祛风止痒。热势盛者，加黄芩、青蒿；扁桃体充血明显者，加马勃、青黛；有明显脓点者，加山豆根、板蓝根；大便秘结者，加大黄、玄参、冬瓜仁。

（3）因小儿服药困难，可加蜂蜜、冰糖、白糖调味。

（何礼）

34. 急喉痹

急喉痹，是以咽部红肿疼痛、吞咽不利、有异物阻塞感、咽痒干燥灼热等为主要临床表现的疾病，相当于西医的急性咽炎。根据病因病机的不同，可分为风热、风寒及肺胃热盛型。陈老师认为本病属热、属火者常见，属阴、属寒者少见，故推崇以银翘马勃散为主方加减治疗。

【验案举例】

验案一 肖某，女，47 岁。2016 年 6 月 6 日初诊。

主诉：咽部不适伴咳嗽 1 周。

现病史：1 周前，患者受热后出现咽部不适，咽痛，咽痒，咳嗽，痰少，无气急，口服感冒药物及阿莫西林等治疗无效，于今日前来求医。

症状：面色少华，咽干痒痛，咳嗽，痰少，咽喉处发红，未见肿大喉核，小便黄，大便干，睡眠可。舌质红，苔薄黄，脉浮。

诊断：急喉痹。

证型：风热证。

治法：清热疏风，利咽止咳。

处方：银翘马勃散加减。

金银花 15g	连翘 15g	马勃 15g	牛蒡子 15g
射干 15g	桔梗 30g	浙贝母 15g	僵蚕 15g
蝉蜕 10g	蜜紫菀 15g	蜜款冬花 15g	桑白皮 20g
枇杷叶 30g	刺蒺藜 20g	甘草 5g	

3 剂

水煎取汁 900mL，每次服 150mL，一日 3 次，两日 1 剂。忌烟酒、辛辣食物。

复诊：患者咽痛缓解，咽痒消失，咳嗽缓解，无气急不适，小便清亮，大便正常。舌红，苔薄黄，脉浮。故上方去僵蚕、蝉蜕，继服 3 剂，服法同前。忌烟酒、辛辣食物。服完药后随访，患者已无咽痒、咽痛、咳嗽表现。

验案二 王某，男，49 岁。2016 年 7 月 20 日初诊。

主诉：咽痛，伴鼻塞 5 天。

现病史：5 天前，患者因受凉及进食辛辣后出现咽部不适、咽痛、吞咽时明显、口干口臭、鼻塞流涕（先为清涕后转为黄涕）等症，无气急，口服清热中成药及头孢类等药物治疗，症状无改善。既往无特殊病史。

症状：面色少华，咽痛，黄涕，口干；咽喉处发红，稍肿胀，未见肿大喉核；小便黄，大便干，睡眠可。舌质红，苔黄腻，脉滑。

诊断：急喉痹。

证型：肺胃热盛型。

治法：清热利咽，宣肺通窍。

处方：银翘马勃散合苍耳子散加减。

金银花 15g	连翘 15g	马勃 15g	牛蒡子 15g
射干 15g	桔梗 30g	浙贝母 15g	青黛 15g（包煎）
焦栀子 15g	黄芩 15g	辛夷 15g	苍耳子 15g
薄荷 15g	白芷 15g	淡竹叶 15g	芦根 30g

玄参 20g   桑白皮 20g 藿香 15g   薏苡仁 30g

甘草 5g

3 剂

水煎取汁 900mL，每次服 150mL，一日 3 次，两日 1 剂。忌烟酒辛辣食物。

复诊：患者咽痛缓解，口干及鼻塞减轻，间断咳嗽，无气急不适，小便黄，大便正常。舌红，苔薄黄，脉浮。上方去薏苡仁、苍耳子、淡竹叶、玄参，加蜜紫菀 15g，蜜款冬花 15g，继续服用 3 剂，服法同前，忌烟酒、辛辣食物。

三诊：患者咽痛明显缓解，咳嗽减轻，少痰，无口干流涕，小便清亮，大便稍稀。舌红，苔薄黄，脉浮。二诊方去焦栀子、黄芩、青黛、辛夷、白芷，继续服用 3 剂，服法同前，忌烟酒、辛辣食物。服药完毕后随访，患者已无咳嗽、咯痰、咽痛表现。

【临证备要】

（1）《喉科心法》指出："凡红肿无形为痹，有形是蛾。"喉核肿大为乳蛾，化脓为喉痈。临证时要重视审察咽喉部，鉴别乳蛾及喉痈。

（2）重视兼杂症状。合并咳嗽，尤以干咳为主者，加蜜紫菀、蜜百部、蜜款冬花、桔梗、浙贝母；痰多者，加二陈汤和三子养亲汤；咽痛明显者，加青黛、地龙；咽痒明显者，加僵蚕、蝉蜕、刺蒺藜；肺热明显者，加桑白皮、枇杷叶；气急明显者，加麻杏前胡饮；大便不通者，加玄参、冬瓜仁。

（李宝伟）

35. 蛇串疮

蛇串疮又称"缠腰火丹""缠腰龙"，相当于现代医学的带状疱疹，是一种由水痘—带状疱疹病毒引起的，以沿单侧周围神经分布的红斑、水疱，并常伴明显的神经痛为特征的病毒性皮肤病。本病常见于中老年人，可因疲劳、情绪波动、恶性肿瘤等诱发，皮疹出现前常先有皮肤疼痛、麻木、瘙痒和感觉异常，可伴有低热、少食、倦怠等症状。胸、胁为常见好发部位。病情可在 2 周之内缓解，但对于老年人及免疫力低下患者来说，常后遗神经痛，可持续数月，有的甚至数年不能缓解。

陈老师根据蛇串疮患者发病前多有情绪变化、精神紧张等诱因，将本病的发生责之于肝。五志化火，蕴于肝经，木旺克土，生湿生热而成红斑、水疱；湿热互结，阻遏气机，灼伤气阴，加之攻伐太过，伤及正气，日久余邪阻络，气血津液不得输布，肌肤、经脉失于濡养则麻木疼痛，且日久不愈。因此，蛇串疮在急性期多以湿热邪实阻遏经络为主；在后遗神经痛阶段，多以余邪未清、气虚血瘀为主。急性期辨证以邪实为主，治疗以清利肝经湿热为主，配以活血止痛药物，以减轻带状疱疹后遗神经痛的发生和发展。由于蛇串疮好发于老年人，大多正气亏虚，因此在使用苦寒之药时一定要顾护脾胃，避免攻伐太过，损伤阳气，而致络脉闭阻，邪气滞留，病情缠绵。在带状疱疹后遗神经痛阶段，采取攻补兼施的治疗原则，注重扶助正气，益气活血，行气止痛。陈老师习用龙胆泻肝汤与参芪四物汤。

【验案举例】

验案一　张某，女，73 岁。2016 年 6 月 12 日初诊。

主诉：左侧胁肋部红斑水疱伴疼痛 2 天。

现病史：患者 2 天前无明显诱因于左侧胁肋部出现片状红斑，其上有多个小水疱，疼痛难忍，伴灼热感，夜不能寐，伴有口干，低热，食纳减少，大便不畅。

症状：左侧胁肋部散在红斑水疱，周围见红晕。舌质红，苔黄腻，脉数。

诊断：蛇串疮。

证型：肝胆湿热。

治法：清肝泻火，活血止痛。

处方：龙胆泻肝汤加减。

黄芩 15g	黄柏 15g	龙胆草 10g	泽泻 10g
赤芍 10g	柴胡 15g	香附 15g	延胡索 15g
蜂房 15g	茯苓 15g	川楝子 15g	金银花 15g
连翘 15g	蜂房 15g	酒大黄 10g	甘草 10g

3 剂

水煎取汁 900mL，每次服 150mL，一日 3 次，两日 1 剂。同时给予外用药：取蚯蚓 5 条，捣烂，加青黛 20g 混匀，外搽患处。

复诊：2016 年 6 月 18 日。水疱全部干燥结痂，红晕消退，大便稀，一日

1～2 次，但疼痛缓解不明显。舌质仍红，舌苔黄腻稍有减轻。考虑余邪未清，继以上方治疗，加用乳香、没药活血通络，行气止痛，同时停外用药。

黄芩 15g	龙胆草 10g	泽泻 10g	赤芍 10g
柴胡 15g	香附 15g	蜂房 15g	茯苓 15g
延胡索 15g	川楝子 15g	制乳香 15g	制没药 15g
藿香 15g	丹参 20g	乌梢蛇 15g	甘草 10g

4 剂

水煎取汁 900mL，每次服 150mL，一日 3 次，两日 1 剂。

三诊：2016 年 6 月 26 日。皮疹消退，留有色素沉着。疼痛仅于夜间明显，时有灼热刺痛感，伴有疲倦乏力。食欲渐复，夜间已能入睡。舌质仍红，苔黄。考虑老年人气阴不足，湿热邪气耗伤阴液，治以清热养阴、益气活血，方选生地四物汤加减。

当归 15g	川芎 15g	生地黄 20g	赤芍 20g
白芍 20g	蒲公英 30g	牡丹皮 15g	知母 15g
柴胡 15g	香附 15g	黄芪 20g	丹参 20g
玄参 20g	茯苓 15g	鸡血藤 20g	甘草 10g。

5 剂

服药后，患者皮疹局部仅见色素沉着，疼痛基本消失，食纳转佳，夜间入睡好。

验案二　赵某，女，68 岁。2017 年 5 月 9 日初诊。

主诉：右胸背部带状疱疹后疼痛 1 月。

现病史：患者于 1 月前右胸背部出现小水疱，伴有发热、局部疼痛等不适，在某医院诊断为带状疱疹，给予泛昔洛韦片、甲钴胺、加巴喷丁胶囊等口服治疗后皮损逐渐结痂脱落，但目前疼痛不减，伴有烧灼感、夜间尤甚，几乎无法入睡。自觉倦怠乏力，不思饮食，口干。

症状：右胸背部可见大面积褐色斑块，呈带状分布，触之疼痛。舌质淡红，苔薄白，脉弦。

诊断：蛇串疮。

证型：气血两虚，血瘀阻络。

治法：补益气血，活血通络。

处方：参芪四物汤加减。

黄芪 20g	太子参 15g	茯苓 15g	生地黄 20g
当归 15g	川芎 15g	赤芍 20g	玄参 20g
知母 20g	延胡索 15g	柴胡 15g	乌梢蛇 15g
全蝎 3g	蒲公英 20g	炒麦芽 20g	建神曲 20g
甘草 10g			

5 剂

水煎取汁 900mL，每次服 150mL，一日 3 次，两日 1 剂。

复诊：2017 年 5 月 20 日。患者精神及纳食转佳，诉疼痛明显减轻，夜间能够入睡 4～5 小时。继用前方去全蝎，加鸡血藤 20g 养血活血，再服 7 剂而愈。

【临证备要】

（1）在治疗蛇串疮急性期时，陈老师提醒注意：急性期辨证以热邪为主，故治疗上以清热解毒攻邪为主，选用清热解毒的黄芩、金银花、连翘、大青叶、露蜂房等。

（2）可使用泻下方引邪外出，给邪以出路。经过多年的临床观察发现，大便稀的患者疼痛会轻一些，而人便干结或数日不大便的患者疼痛会更剧烈。因此，强调治疗时要观察大便情况。便秘者，在方中加入瓜蒌子、玄参、酒大黄等药物。

（3）根据皮疹的部位，联系脏腑、经络，选择引经药，使药物直达病所，以提高疗效。如发于头面部者，常酌加蔓荆子、菊花；发于胸胁部者，酌加柴胡、白芍、川楝子；发于肩背、上肢者，酌加桑枝、姜黄；发于下肢者，酌加川牛膝、黄柏。

（4）用药加减：带状疱疹热重者，加蒲公英。蒲公英清热解毒，基本不伤正，能清肝胃之火。对于湿重的，水疱较多者，加薏苡仁、土茯苓。薏苡仁淡渗利湿、排脓、止痛，土茯苓利湿解毒，大剂量还有止痛之功效。有瘙痒者，加防风、蝉蜕、乌梢蛇等；便秘者，酌加酒大黄、瓜蒌子等；疼痛重者，加全蝎、乌梢蛇、蜈蚣等药搜风通络止痛，磁石、珍珠母等药潜阳息风镇痛。

（5）在治疗带状疱疹后遗神经痛时，针对其夜间疼痛较重、持续时间长的特点，必用丹参、当归、丝瓜络等活血通络，用乳香、没药、延胡索等活血止痛，可以迅速缓解症状。

（李永平）

36. 湿疮

湿疮是一种皮损形态多样、总有瘙痒、糜烂流滋的过敏性炎症性皮肤疾患，相当于西医的湿疹。本病具有多形性损害、对称分布、自觉瘙痒、反复发作、易演变成慢性等特点。发病率较高，男女老幼皆可发病，多由禀赋不耐，饮食不节，或过食辛辣刺激、荤腥动风之物，脾胃受损，失其健运，湿热内生，又兼外受风邪，内外两邪相搏，风湿热邪浸淫肌肤所致。陈老师习用生地四物汤加减，脾虚湿蕴证，可用除湿胃苓汤加减；气滞血瘀证，可用桃红四物汤加减；胎火湿热证，可用消风导赤汤加减。

【验案举例】赵某，女，62岁，退休。2016年5月22日初诊。

主诉：反复皮肤红色疹子伴瘙痒6个月，加重7天。

现病史：6个月前，患者无明显诱因出现全身皮肤散在红色疹子，伴灼热感，口干口苦，自行予以无极膏外用效差。7天前饮酒后加重，口服西药（用药不详）无效，于今日来科就医。患者自发病以来，精神欠佳，失眠，大便干结，小便色黄。

症状：全身皮肤散在红色疹子，局部皮肤温热，部分表面可见抓痕，未见脓性分泌物溢出。舌质红，苔黄腻，脉滑数。

诊断：湿疮。

证型：湿热蕴结。

内治：清热除湿，凉血解毒。

处方：生地四物汤合龙胆泻肝汤合四妙丸加减。

生地黄 30g	当归 15g	赤芍 15g	川芎 15g
龙胆草 15g	栀子 15g	黄芩 15g	车前子 15g
泽泻 15g	川木通 10g	苍术 15g	黄柏 15g
薏苡仁 30g	牛膝 15g	苦参 15g	大青叶 30g

| 地肤子 15g | 刺蒺藜 15g | 僵蚕 15g | 蝉蜕 10g |
| 茯苓 15g | 金银花 15g | 甘草 5g | |

4 剂

水煎取汁 900mL，每次服 150mL，一日 3 次，两日 1 剂。

外治：清热除湿，疏风止痒。

处方：黄柏苦参汤加减（经验方）。

黄柏 30g	苦参 30g	蛇床子 30g	地肤子 30g
紫花地丁 30g	千里光 30g	蒲公英 30g	儿茶 15g
苍术 30g	冰片 15g^{（另包，分3次后下）}		

4 剂

水煎取汁 2000mL，外洗患处，一日 1 次，两日 1 剂。

复诊：2016 年 5 月 30 日。患者诉用前方后皮肤瘙痒、灼烧、口苦等症状明显缓解，查体见皮肤散在黯红色疹子，局部皮肤微热，部分表面已结痂。舌质淡红，苔薄黄，脉弦滑。今日停用外洗方，在内服方基础上去僵蚕、蝉蜕，连续服用 4 剂后痊愈。

【临证备要】

（1）陈老师治疗本病以清热利湿止痒为主，采用内服与外治相结合。急性期忌用热水烫洗和肥皂等刺激物洗患处。忌食辛辣、鱼虾、羊肉等发物，亦应忌食香菜、韭菜、姜、葱、蒜等辛香之品。患者应避免搔抓，以防感染。

（2）湿疮的发生与患者的过敏性体质有一定关系，故常结合现代中药药理作用选药。如黄芩清热解毒，因其中含有黄芩苷、黄芩苷元，对抑制过敏介质的释放有一定的作用；僵蚕、蝉蜕、刺蒺藜有抗过敏作用；茯苓有明显的抑制毛细血管通透性、增强免疫的作用等。

（肖连科）

二、基层常见西医病种诊治经验

1. 慢性肺源性心脏病

慢性肺源性心脏病，简称慢性肺心病，是严重危害人类健康的常见病、多发病，病程长，常反复发作。患病率北方高于南方，农村高于城市。临床表现可以简单概括为"咳、痰、喘、悸、紫、肿"6个字。根据患者有慢性支气管炎、肺气肿、其他胸肺疾病或肺血管病变，并已引起肺动脉高压、右心室增大或右心功能不全，如 P2>A2、颈静脉怒张、肝大压痛、肝颈静脉回流征阳性、下肢水肿及体静脉压升高等，心电图、X线片、超声心动图有右心增大肥厚的征象，可以做出诊断。

本病属于中医学肺胀、心悸、喘证、水肿、痰饮等范畴。《灵枢·胀论》提到："肺胀，虚满而喘咳。"《金匮要略·肺痿肺痈咳嗽上气病》说："上气，喘而躁者，属肺胀。"《金匮要略·痰饮咳嗽病》说："咳逆倚息，短气不得卧，其形如肿。"

【病机分析】本病多因慢性咳喘反复发作，迁延不愈逐渐发展而成。病变首先在肺，继则影响脾、肾，后期病及于心。肺主气，开窍于鼻，外合皮毛，主表，故外邪从口鼻、皮毛入侵，每多首先犯肺，导致肺气宣降不利，上逆而为咳，升降失常则为喘，多以咳嗽为主。外感咳嗽，若失治或治之不当，日久不愈，耗伤肺气，肺气既虚，营卫不固，易于复感外邪，乃反复发作，迁延不愈。若肺病及脾，子耗母气，脾失健运，则水湿内停，酿湿生痰，上干于肺，发生痰、咳、喘，以咯痰为主。肺脾久病不愈，再传于肾，肾虚不能制水，可使水湿停聚而成痰饮，痰饮上犯则使肺气壅遏而生咳、喘、咯痰。肺不主气，肾不纳气，可致气喘日益加重，吸入困难，呼吸短促难续，动则更甚，动则气喘是主要表现。肺与心脉相通，肺气辅佐心脏运行血脉，肺气虚影响血液的循环，血脉瘀阻而累及于心。肺、脾、肾三脏的气（阳）虚可导致心气（阳）虚。心气（阳）不足，则血流不畅，血不利则为水，阳虚可致水肿，临床上常见心悸、气短、胸闷、水肿、紫绀等症状。水肿是主要表现，水肿的形成与肺失通调水道、脾失运化传输、肾失蒸化开阖及膀胱气化无权，三焦水道不畅有关，也与血瘀有关，血瘀可使水道不畅而生水肿，总之肺—脾—肾—心的传变过程，是一个肺气肿逐渐加重的过程，也是一个从不累及到逐渐累及心血管而发展为肺心病的过程。

陈老师认为慢性肺心病早期以痰浊为主，渐而痰瘀并见，终致痰浊、血瘀、水饮错杂为患。临床可分痰浊壅肺、痰瘀阻肺、阳虚水泛、肺肾气虚主要四个证型。

【辨证分型】

（1）痰浊壅肺型：多见于肺心病早期。临床表现为咳嗽痰多，色白黏腻或呈泡沫状，短气喘息，稍劳即著，胸部膨满，面色青黯，倦怠乏力，舌质黯淡，苔浊腻，脉滑。治宜化痰降气，宣肺平喘。习用麻杏前胡饮加减。

炙麻黄 10g	杏仁 10g	前胡 10g	法半夏 10g
黄芩 15g	紫菀 15g	浙贝母 10g	紫苏子 10g
白芥子 10g	炒莱菔子 30g	葶苈子 10g	赤芍 15g
茯苓 15g	陈皮 10g	甘草 3g	

若痰从寒化为饮，外感风寒诱发，喘咳痰多，呈白泡沫，见表寒里饮者，宗小青龙汤之意，改炙麻黄为生麻黄，加桂枝、细辛、干姜散寒化饮；痰热内盛，痰黄、黏稠不易咯吐者，加生石膏、鱼腥草、炙桑白皮、瓜蒌皮、海浮石等清热化痰利肺；痰热伤津，口干舌燥，加芦根、天花粉、知母、麦冬等生津润燥。

（2）痰瘀阻肺型：多见于肺心病中晚期。临床表现为咳嗽痰多，色白或呈泡沫；喉间痰鸣，喘息不能平卧，胸部膨满，憋闷如塞，面色灰白而黯。唇甲紫绀，舌质黯或黯紫，舌下静脉增粗，苔腻或浊腻，脉弦滑。治宜涤痰祛瘀，泻肺平喘。常用桃红四物汤合二陈汤加减。

桃仁 10g	红花 6g	川芎 10g	当归 10g
生地黄 15g	赤芍 15g	法半夏 15g	茯苓 15g
陈皮 15g	炙麻黄 10g	苦杏仁 10g	紫苏子 10g
炒莱菔子 30g	葶苈子 10g	白芥子 10g	甘草 3g

（3）阳虚水泛型：多见于肺心病中晚期以右心功能不全为主者。临床表现为咳嗽，气喘，水肿，心悸，气短不能平卧，尿少，怕冷，口唇紫绀，舌质紫绛，苔白腻，脉沉虚数或结代。治宜温阳化饮，利水，佐以活血化瘀。常用真武汤、五苓散加减。

制附子 10g^{（先煎）}	白芍 15g	茯苓 20g	白术 15g
猪苓 15g	泽泻 15g	桂枝 6g	葶苈子 15g
椒目 10g	炙麻黄 10g	苦杏仁 10g	益母草 15g
防己 10g	丹参 15g	甘草 6g	

（4）肺肾气虚型：多见于肺心病缓解期，以肺功能不全为主者。临床表现为

咳嗽，气短，活动后加重或有少量泡沫痰，腰酸腿软，或畏寒肢冷。舌质淡，苔薄滑，脉沉细。治宜益肺补肾，佐以活血化瘀。常用补肺汤加减：

人参 10g	黄芪 15g	熟地黄 10 g	五味子 15g
补骨脂 10g	山茱萸 10g	罂粟壳 6g	炙紫菀 15g
炙款冬花 15g	炙桑白皮 15g	丹参 15g	甘草 3g

或用冬病夏治方（经验方）：

黄芪 50g	白术 50g	防风 10g	补骨脂 50g
山茱萸 30g	熟地黄 50g	胡桃仁 50g	生水蛭 10g
紫河车 1 个			

研细炼蜜为丸，每次 5g，每日 2 次。

【验案举例】

验案一 王某，男，58 岁，农民。2000 年 9 月 6 日初诊。

主诉：咳嗽、气喘 3 年，加重 5 天。

现病史：3 年前因受凉后出现咳嗽，咳黄色黏痰，气急，胸闷，发热，经当地卫生院诊断为急性支气管炎，给予静滴氨苄青霉素、氨茶碱等治疗，症状缓解。以后每因受凉或季节交替时，咳嗽、咳痰、气喘复发，每年发作 4～5 次，每次经口服中西药（用药不详）治疗半月左右方可缓解。5 天前因受凉后上述症状复发，经院外治疗效果欠佳，于今日来科求医。

症状：咳嗽痰多，咳白色黏痰，短气喘息，稍劳即著，倦怠乏力，胃胀纳呆，双下肢无水肿，大小便正常。舌质淡红，苔白腻，脉沉。

辅助检查：胸部 X 线片示：慢性支气管炎，阻塞性肺气肿；心电图示：窦性心律，心率每分 58 次，右室肥大。

西医诊断：慢性支气管炎急性发作，阻塞性肺气肿，慢性肺心病。

中医诊断：肺胀。

证型：痰浊壅肺。

治法：化痰降气，宣肺平喘。

处方：麻杏前胡饮加减。

炙麻黄 15g	杏仁 15g	前胡 15g	炙桑白皮 15g

法半夏 15g	紫菀 15g	款冬花 15g	紫苏子 15g
白芥子 15g	葶苈子 15g	莱菔子 30g	茯苓 15g
陈皮 15g	厚朴 15g	生山楂 30g	甘草 5g

5 剂

水煎取汁 600mL，每次服 200mL，一日 3 次，一日 1 剂。

复诊：2000 年 9 月 12 日。诉服 5 剂后胃不胀，食欲改善，咳嗽、气喘减轻，痰量减少。去厚朴，继服 5 剂。

三诊：2000 年 9 月 17 日。继服上方 5 剂后，诉咳嗽、气喘、咳嗽等症状明显好转，但患者仍觉倦怠乏力。改用六君子汤加味。

党参 20g	白术 15g	茯苓 15g	法半夏 15g
陈皮 15g	紫苏子 15g	白芥子 15g	莱菔子 30g
甘草 5g			

6 剂，水煎服。

服完 6 剂症状基本控制。

按语： 本案患者平素体弱，肺虚脾弱，痰浊内生，上逆于肺，则咳嗽，痰多色白黏腻；肺气虚弱，复加气郁痰阻，故短气喘息，稍劳即著；肺病及脾，脾气虚弱，健运失常，故见脘胀纳呆、倦怠乏力；舌质淡红、苔白腻、脉沉乃肺脾气虚，痰浊内蕴之候。麻杏前胡饮是陈老师治疗咳喘病的一个验方，方中炙麻黄、杏仁宣肺平喘，紫菀、款冬花止咳化痰，法半夏、茯苓、陈皮燥湿化痰，紫苏子、白芥子降气消痰，葶苈子泻肺平喘，厚朴理气消胀，山楂消食导滞。诸药合用，共奏宣肺平喘、化痰止咳之功。三诊时，患者脾气虚症状明显，故改用六君子汤加味而收功。

验案二 陈某，男，72 岁，农民。1999 年 4 月 5 日初诊。

主诉：咳嗽、气喘 10 年，加重 20 天。

现病史：患者近 10 年来反复咳嗽、气喘，多因受凉复发，每年发作数次，每次持续 7 ~ 30 天不等，经口服中西药或住院可缓解。20 天前因受凉后出现咳嗽，咳黄痰，呼吸困难，双下肢水肿；伴恶寒、发热、鼻塞流涕，到县医院住院，诊断为：慢性支气管炎急性发作、肺气肿、肺心病、右肺肺炎。经输液（用药不详）等治疗 20 余天，恶寒发热症状缓解，双下肢水肿消退，咳嗽、气喘有所好转，复查胸片示右肺肺炎已吸收，患者要求停用西药而服中药，于今来院就诊。

症状：咳嗽、咳白色泡沫痰，喉间痰鸣，夜间高枕卧位休息，稍活动则胸闷气短，憋闷如塞，脘痞纳少，双下肢无水肿，面色黯，唇甲青紫。舌质淡白，舌下静脉增粗，苔浊腻，脉细滑。

辅助检查：胸片示慢性支气管炎、肺气肿；心电图示心率 90 次 / 分，心肌缺血；超声心电图示右心室肥大，三尖瓣轻度关闭不全。

西医诊断：慢性支气管炎急性发作，阻塞性肺气肿，慢性肺源性心脏病。

中医诊断：肺胀。

证型：痰瘀阻肺。

治法：涤痰化瘀，泻肺平喘。

处方：桃红四物汤合二陈汤加减。

桃仁 15g	红花 10g	当归 15g	川芎 15g
赤芍 15g	熟地黄 15g	肉桂 10g	白术 15g
法半夏 15g	茯苓 20g	陈皮 15g	炙麻绒 10g
杏仁 15g	紫苏子 15g	白芥子 15g	莱菔子 30g
葶苈子 15g	甘草 5g		

4 剂

水煎取汁 600mL，每次服 200mL，一日 3 次，一日 1 剂。

复诊：1999 年 4 月 10 日。服上方 4 剂后，患者咳、痰、喘等症状都有不同程度减轻。效不更方，继服 7 剂。

三诊：1999 年 4 月 18 日。诉服 7 剂后，咳嗽明显好转，痰量减少，无喉间痰鸣。轻度体力劳动后仍然胸闷，气短，胸部憋闷，倦怠乏力。唇甲紫绀，舌质淡红，苔白微腻，脉滑。上方去麻绒、杏仁，肉桂减为 6g，加人参 15g，黄芪 30g，继服 4 剂。

四诊：1999 年 4 月 23 日。咳嗽、咳痰进一步减轻，倦怠乏力好转，活动后胸闷、气短等症状有所改善。以后仍以三诊方为基础加减，共服 30 余剂，症状基本控制。

按语：本例患者久病肺虚脾弱，痰浊内生，上逆于肺，则咳嗽、喉间痰鸣；

痰从寒化成饮，则痰呈泡沫状。痰浊蕴肺，病久势深，肺气郁滞，不能治理调节心血的运行，心气虚，无力推动血脉，心血瘀阻，可见胸闷、气短、唇甲紫绀、面色黯、舌下青筋暴怒等症。方中桃红四物汤养血活血化瘀，改善心脏血液运行；二陈汤燥湿化痰，紫苏子、白芥子、莱菔子降气化痰；肉桂、白术、茯苓温肺化痰，取痰饮病以温药和之之意；麻绒、杏仁、葶苈子宣肺平喘。三诊时加参芪补气养心，以推动心脉的运行，善后收功。

验案三 张某，男，64 岁，农民。2004 年 11 月 5 日初诊。

主诉：反复咳嗽、气喘 20 年，双下肢水肿 1 年，复发并加重 7 天。

现病史：20 年前患者出现咳嗽、咯痰、气喘等症状，经常反复发作，并逐年加重，冬甚夏缓，多次在当地乡医院住院治疗，诊断为慢性支气管炎、肺气肿。1 年前出现双下肢水肿，到县医院住院治疗，诊断为慢性支气管炎、肺气肿、肺心病，经住院治疗，症状缓解出院。7 天前因受凉后病情发作，并逐渐加重，再次到县医院住院，诊断为慢性支气管炎急性发作、阻塞性肺气肿、慢性肺源性心肺病失代偿期、Ⅱ型呼吸衰竭。给予吸氧，静滴头孢曲松钠 3.0g（一日 2 次）、氨茶碱 0.25g+ 地塞米松 10mg+ 可拉明 0.375g×3 支（一日 1 次）、氨溴索 30mg（一日 2 次），口服地高辛 0.125mg（一日 1 次）、双氢克脲噻片 25mg（一日 3 次）等治疗 7 天，症状缓解不明显，患者要求服中药，请陈老师会诊。

症状：咳嗽，痰多色白质稀，气喘，动则尤甚，胸闷气憋，不能平卧，背部畏寒，四肢欠温，口唇指甲青紫，胃胀纳少，尿量少，双下肢水肿。舌质淡暗，苔白滑，脉沉细。

西医诊断：慢性支气管炎急性发作、阻塞性肺气肿、慢性肺源性心肺病失代偿期、Ⅱ型呼吸衰竭。

中医诊断：肺胀。

证型：阳虚水泛，凌心射肺。

治法：温阳利水，行瘀涤痰。

处方：真武汤合五苓散加减。

制附片 30g ^(先煎)	赤芍 15g	茯苓 20g	白术 15g
猪苓 20g	肉桂 10g	丹参 20g	干姜 10g

细辛 3g　　　　　　五味子 10g　　　　葶苈子 15g　　　　红花 10g

甘草 5g

3 剂

水煎取汁 600mL，每次服 200mL，一日 3 次，一日 1 剂。

复诊：2004 年 11 月 9 日。诉服上方 3 剂后，咳嗽气喘有所好转，痰量减少，尿量增加，双下肢水肿减轻。效不更方，继服 7 剂。

三诊：2004 年 11 月 16 日。患者服上方后精神转佳，停止吸氧，咳嗽、气喘明显好转，高枕位休息，四肢转温，背部怕冷减轻，双下肢轻度水肿，但仍觉脘胀纳差，大便干结、三日未解，舌质暗淡，苔薄白。上方去红花、细辛、五味子，加党参 20g，山楂 30g，莱菔子 30g，制大黄 6g，以健脾开胃通腑。5 剂。

四诊：2004 年 11 月 22 日。服上方 5 剂后，饮食转佳，胃不胀，咳嗽已止，大便通畅，四肢、背部不冷，口唇指甲青紫已有所改善，气喘胸闷明显好转，双下肢仍有轻度水肿。于今日带药出院。

制附片 10g^{（先煎）}　白术 15g　　　　茯苓 15g　　　　泽泻 15g

猪苓 15g　　　　　党参 15g　　　　肉桂 10g　　　　赤芍 15g

葶苈子 15g　　　　生姜 10g　　　　丹参 15g　　　　甘草 5g

7 剂

五诊：2004 年 11 月 30 日。患者服上方 7 剂后，上述症状基本控制，但爬楼时仍有胸闷气短。给予冬病夏治方以巩固疗效。

按语：本例患者咳喘反复发作，可造成肺、脾、肾俱虚。由于肺、脾、肾阳气衰微，气不化水，水邪泛溢，溢于肌肤，则肢体水肿；水饮上凌心肺可见心悸、喘咳、咯痰清稀；脾阳虚衰，健运失常则脘痞纳少；寒水内盛，故怕冷、尿少；阳虚血瘀则面唇青紫。舌苔白滑、脉沉细为阳虚水停之征。方中附子、肉桂温肾通阳，茯苓、白术、猪苓、泽泻健脾利水，干姜、细辛、五味子温肺化饮，赤芍、丹参活血化瘀，葶苈子泻肺平喘、利水消肿。全方共奏温阳利水、化痰祛瘀之功。五诊时患者阳复、水消、痰化，用丸药以图缓治，从而增强患者抵御病邪能力，减少反复发作，改善心肺功能，阻断病势发展。

【临证备要】

（1）重视预防，自创冬病夏治方。陈老师认为慢性肺心病常冬季发作，夏季缓解，故针对夏季缓解期的肺肾气虚、本虚邪实病机特点，按照中医治未病思路，用冬病夏治方，制成适合长期服用的蜜丸，嘱患者夏秋季未发作时服用。经临床观察，该方有增强体质、提高机体免疫功能、减少冬季急性发作的作用。

（2）全周期应用活血化瘀法。叶天士《临证指南医案》云："凡经主气，络主血，久病血瘀。""初为气结在经，久则血伤入络。"皆因病久气血阴阳亏虚，无力鼓动血运，血滞于经，或久病气机逆乱，"气有一息之不通，则血有一息之不行"，气滞则瘀血易生。现代血液流变学的研究表明：久病患者血流变缓，新陈代谢减退，血液黏度增高，血循环减慢。结合慢性肺心病急性发作期患者普遍具有血瘀症特点，陈老师提出，无论在急性发作期或缓解期均可见胸闷、气短、舌质青紫、舌边瘀斑、唇甲青紫、胁下痞块等瘀血征象，具有血液流变学"黏、浓、聚"的特点，故全周期应用活血化瘀法，有提高心脏的工作效率、扩张肺血管、减轻肺动脉高压、改善重要脏器的血流供应、改善微循环、降低血黏滞性、抗血栓形成和抗缺氧等作用。瘀血表现不明显者，可用丹参、赤芍、桃仁等，瘀血较重可用红花、水蛭、鳖甲、穿山甲等。

（3）治咳喘不离麻杏，不忘"四子"。麻黄功效为发汗解表，宣肺平喘，利水消肿。由于炮制方法不同，其作用有别：生用在于发汗解表，蜜炙用在于宣肺平喘止咳，佐杏仁之苦降，不仅可以协助麻黄平喘，且能开泄肺气，助麻黄以逐邪。麻黄性刚强，杏仁性柔润，两药合用，刚柔相济，有增强平喘止咳之功效。据现代药理研究，麻黄含麻黄碱及伪麻黄碱，有缓解支气管平滑肌痉挛的作用。"四子"指紫苏子、白芥子、莱菔子（即三子养亲汤）和葶苈子。三子养亲汤降气消痰，葶苈子有泻肺平喘、利水消肿的作用。葶苈子为泻肺强心之佳药，现代药理研究显示其有强心苷的作用，能使心肌收缩力增强，心率减慢，对衰弱的心脏可增加输出量，降低静脉压，常用量 10 ～ 15g。凡遇咳喘气阻，痰涎壅盛而舌苔腻者，均可于辨证方中加用"四子"。

（李云安）

2. 高血压病

高血压是指在未使用降压药物，或静息状态下以体循环动脉压增高为主要表现的临床综合征。动脉收缩压和 / 或舒张压增高（≥ 140/90mmHg）。临床上可伴有心、脑、肾等器官的功能或器质性损害。我国人群高血压患病率呈增长态势，并且有发病年轻化趋势。

高血压病与中医学"风眩"相似，根据相关临床症状可归属于"眩晕""头痛"范畴。

【病机分析】高血压病的主要病因为情志失调、饮食不调、久病劳伤、先天禀赋不足等，致使机体脏腑、经络、气血功能紊乱，阴阳失去平衡，清窍失聪，出现头晕、头痛等临床表现。病机性质为本虚标实，肝肾阴虚为本，肝阳上亢、痰瘀内阻为标。

【辨证分型】基层常见证型有肝阳上亢证、风痰上扰证。

（1）肝阳上亢证：症见眩晕，耳鸣，头目胀痛，口苦，口干；失眠多梦，遇烦劳郁怒而加重，肢体麻痛，大便秘结，小便黄赤。舌红，苔黄，脉弦。方用天麻钩藤饮。

（2）风痰上扰证：症见头痛，头重昏蒙，困倦乏力，胸闷，腹胀痞满，食少多寐，呕吐痰涎。舌胖苔白腻，脉濡滑。方用半夏白术天麻汤。

【临床举例】

验案一 戴某，女，37 岁。2016 年 6 月 3 日初诊。

主诉：反复头昏、血压升高 1 周。

现病史：患者 1 周前因为劳累后出现反复头昏，血压升高（连续 3 天在药店测得血压在 144 ~ 152/90 ~ 94mmHg），在院外药店先后自购珍菊降压片、尼莫地平等药服用。症状无改善，故患者停用降压药，欲求中药治疗。

症状：头昏，失眠，口苦，心烦易怒，血压 149/94mmHg；伴左侧肩颈，上肢麻痛。舌红，苔薄黄，脉弦。

西医诊断：高血压病。

中医诊断：眩晕。

证型：肝阳上亢。

治法：平肝息风。

处方：天麻钩藤饮加减。

天麻 20g	钩藤 30g	石决明 15g	桑寄生 15g
首乌藤 30g	牛膝 15g	黄芩 15g	杜仲 15g

夏枯草 30g　　　　煅磁石 20g　　　　秦艽 15g　　　　蜂房 15g

甘草 5g

3 剂

水煎取汁 900mL，每次服 150mL，一日 3 次，两日 1 剂。

复诊：患者服上方后头昏、肩颈、上肢麻痛、失眠明显好转，测得血压 138/88mmHg。效不更方，再服 6 剂。后患者未再复诊，3 个月后随访，患者诉血压基本稳定在 128 ~ 136/78 ~ 84mmHg，症状已基本消失。

验案二　刘某，女，73 岁。2016 年 4 月 14 日初诊。

主诉：发现血压升高 3 年，头晕 1 月。

现病史：患者 3 年前体检发现血压升高，予降压药治疗（具体用药患者叙述不详），平素未监测血压，间断口服降压药，半年前自己停用降压药。1 个月前无明显诱因出现血压再次升高，波动在 150 ~ 162/94 ~ 100mmHg；伴有头昏蒙，胸闷，心烦。今日来诊求中药治疗。

症状：头晕头重，胸闷，心烦，失眠。舌苔白腻，脉濡滑。血压为 154/96mmHg。

西医诊断：高血压病。

中医诊断：眩晕。

证型：风痰上扰。

治法：息风化痰，潜阳安神。

处方：半夏白术天麻汤加减。

胆南星 10g　　　　半夏 15g　　　　茯苓 15g　　　　天麻 15g

白术 15g　　　　陈皮 15g　　　　珍珠母 30g　　　　石决明 30g

僵蚕 15g　　　　丹参 30g　　　　远志 15g　　　　酸枣仁 20g

甘草 5g

3 剂

水煎取汁 900mL，每次服 150mL，一日 3 次，两日 1 剂。

复诊：2016 年 6 月 20 日。血压 144/86mmHg，头晕、胸闷、心烦明显好转，但失眠改善不明显。舌苔白微腻，脉濡滑。上方减胆南星，加薏苡仁 30g，藿香

15g 以健脾渗湿；加首乌藤 30g，以增强养血安神、祛风通络功效，再服 3 剂。

三诊：2016 年 7 月 1 日。血压 136/84mmHg，头晕、胸闷、心烦好转，失眠改善明显。舌苔薄白，脉濡，嘱上方再服用 6 剂。

四诊：患者症状已基本缓解，血压 134/82mmHg。在前方基础上加减，再服 20 剂。

3 月后随访，目前患者血压波动在 140/90mmHg 以下。

【临证备要】

（1）高血压病临床辨证分型很多，但陈老师根据基层多年临床经验，多从肝阳上亢、风痰上扰两个证型辨治。《素问》"病机十九条"曰："诸风掉眩，皆属于肝……诸暴强直，皆属于风。"据不完全临床统计，肝阳上亢型约占高血压病的 87.33%。故临证时，多用平肝、柔肝、养肝、疏肝、清肝等法。

（2）陈老师认为，若肝阳暴亢，化风夹痰，窜走经隧，患者可出现眩晕头胀、面赤头痛，甚则昏倒，当警惕发生中风的可能。血压值和危险因素评估是诊断和制定高血压治疗方案的主要依据。不同患者高血压管理的目标不同，对已推荐使用 24 小时长效降压药物控制血压患者，不建议立即改用中药治疗，可采用息风化痰为主，病证结合，密切监测血压，谨防病情突变，降低心脑血管事件的发生率。

（3）在平时饮食生活方面，患者还应注意家庭清晨血压的监测和管理，减轻体重，戒烟，禁酒，低盐，少糖，忌肥甘厚味。

（刘玲）

3. 反流性食管炎

反流性食管炎是由于食管下端括约肌功能失调，或幽门括约肌的关闭功能不全，胃和十二指肠内容物反流入食管，引起食管黏膜充血、水肿，甚至糜烂等炎性改变以及食管功能障碍的疾病。本病的好发部位在食管中下段，以下段为最多，主要表现以胸骨后或剑突下烧灼样疼痛，吞咽困难，胃食管反流为特点，严重者可出现食管黏膜糜烂而出血。反流性食管炎发病年龄以 40 ～ 60 岁为最常见。内镜检查是诊断反流性食管炎的金标准。内镜可以确诊反流性食管炎，可评估其严重程度并进行分级，同时可排除上消化道器质性疾病，如食管癌、胃癌等。

根据反流性食管炎的临床特点，本病当属中医学中的"噎膈""吐酸"等范畴。

【病机分析】中医学认为，食道属于胃，胃为水谷之海，与脾互为表里，一升一降，共主受纳，腐熟水谷，运化输布精微，而脾胃运化与肝胆疏泄有关。若肝的疏泄功能正常，则胃酸分泌正常，并能正常发挥消化饮食的作用，促进脾胃主运化功能健旺；若肝失疏泄，肝胃不和，则胃酸等消化液反流入食道，可见泛酸、胸骨后疼痛等症状。故反流性食管炎病位虽在食管，但病机与肝胆、脾胃密切相关。本病病因较多，如外邪犯胃、饮食所伤、情志不遂等，肝气犯胃，气机升降失调是其发病关键。而胃气上逆是其基本病机特点。本病虽有寒热、虚实不同，但临床以热邪致病多见。

【辨证分型】常见证型为肝郁化火、胃热炽盛。陈老师常用方为四逆散合三黄泻心汤加减。

【验案举例】王某，女，60岁。2005年3月20日初诊。

主诉：反酸2个月，胸骨后烧灼痛1月。

现病史：2个月前，患者因家庭矛盾与丈夫多次发生争执后出现反酸、口苦，无腹痛，无吐血及血便，经院外治疗（用药不祥），仍口苦、反酸。1个月前出现烧心。剑突下及胸骨后烧灼痛，平卧时加重，大便干结。做胃镜示：反流性食道炎，糜烂性胃炎。继续院外治疗，效果欠佳，于今日来科求治。

症状：反酸，剑突下及胸骨后烧灼痛，拒按，烦躁易怒，口苦，纳差，便干，小便黄，无吞咽困难。舌质红，苔黄，脉弦。今日复查胃镜示：反流性食管炎。

西医诊断：反流性食管炎、糜烂性胃炎。

中医诊断：吐酸。

证型：肝胃郁热，胃热炽盛。

治法：疏肝泄热和胃。

处方：四逆散合三黄泻心汤加减。

柴胡 12g	枳壳 12g	白芍 30g	青皮 10g
郁金 10g	焦栀子 15g	生大黄 10g	黄芩 15g
黄连 15 g	吴茱萸 4 g	延胡索 15g	川楝子 10g
乌贼骨 20g	浙贝母 10g	山楂 15g	神曲 15g

莱菔子 30g　　　　甘草 3g

8 剂

水煎取汁 600mL，每次服 200mL，一日 3 次，一日 1 剂。

二诊：2005 年 3 月 28 日。患者服上方 8 剂后，大便通畅，反酸及剑突下烧灼痛等症有所减轻，饮食转佳。舌质红，苔薄黄，脉弦。上方大黄改为制大黄 6g，继服 6 剂，水煎服。

三诊：2005 年 4 月 2 日。患者再进上方 6 剂后，精神尚可，饮食恢复正常，反酸及胸骨后烧灼痛明显减轻。舌质尖红，苔薄黄，脉弦。效不更方，仍以上方为基础加减。

柴胡 12g	枳壳 15g	白芍 30g	黄芩 15g
焦栀子 15g	延胡索 15g	川楝子 10g	黄连 15g
吴茱萸 4g	乌贼骨 30g	浙贝母 10g	甘草 3g

8 剂

水煎取汁 600mL，每次服 200mL，一日 3 次，一日 1 剂。

四诊：2005 年 4 月 10 日。患者反酸及胸骨后烧灼痛，基本缓解，口不苦，大便通畅，小便不黄。舌质淡红，苔薄黄，脉弦。查体：剑突下轻压痛。效不更方，继服 5 剂。

五诊：2005 年 4 月 20 日。服上方后诸症缓解，为了巩固疗效，改汤剂为散剂。处方：

柴胡 200g	枳壳 200g	白芍 200g	黄连 60g
乌贼骨 200g	浙贝母 100g	甘草 60g	

研细冲服，每次 15g，一日 3 次。

六诊：2005 年 5 月 12 日。患者诸症消失。复查胃镜提示：食道黏膜光滑、湿润，血管影清晰，胃黏膜光滑呈橘红色。恢复正常而愈。

【临证备要】本证患者因情绪不遂，肝气郁结不舒，肝气横逆犯胃，肝胃不和，日久化热，逆而上冲，则烦躁易怒、反酸、烧灼疼痛；肝胆互为表里，肝胆热火上乘故口苦。舌红、苔黄为里热之象，脉弦数是肝郁化火、胃热炽盛证。《素问·至真要大论》曰："诸呕吐酸，暴注下迫，皆属于热。"方中柴胡、枳壳、郁金、青皮疏肝理气，焦栀子、黄连、黄芩清肝热泻胃火。黄连、吴茱萸（左金丸）合乌贼骨、浙贝母制酸；金铃子散合芍药甘草汤，疏肝泄热，缓急止痛；大黄通腑泄热。全方配伍，疏肝气以解肝气横逆犯胃，苦寒沉降配行气之品以降逆，故能取得良好效果。

（徐兴培　王本康　李云安）

4. 慢性非萎缩性胃炎

慢性非萎缩性胃炎系指不同病因引起的慢性胃黏膜炎性病变，是一种常见病，其发病率在各种胃病之中居首。其主要症状为上腹隐痛、烧灼、饱胀，食欲减退，甚至反酸等。幽门螺杆菌感染是其主要病因。诊断标准：①有上腹隐痛、饱胀、烧灼、反酸等表现；②胃镜检查可见胃黏膜充血，色红，边缘模糊，多局限，形成红白相间征象，黏膜粗糙不平，有出血点；③胃组织活检黏膜或黏膜下层有淋巴细胞浸润。

慢性非萎缩性胃炎属于中医学"胃痛""胃痞""呕吐""吞酸"等范畴。

【病机分析】其病位在胃，基本病机为胃气阻滞，胃失和降，不通则痛；病理因素主要有气滞、寒凝、热郁、湿阻、血瘀。早期由外邪、饮食、情志所伤者，多为实证；后期常为脾胃虚弱，但往往虚实夹杂，如脾胃虚弱夹湿、夹瘀等。

【辨证分型】临床常见证型为饮食犯胃、肝胃不和、湿热中阻和脾胃虚寒四型。陈老师在临证中按虚实论治，实证予柴胡疏肝散加减，虚证予参芪建中汤加减。

【验案举例】罗某，女，40岁。2013年7月11日初诊。

主诉：反复胃脘部疼痛3年，加重1周。

现病史：3年前无明显诱因出现胃脘部疼痛，呈持续性胀痛，疼痛拒按，服用西药后好转。此后常因情志不遂而反复发作，在当地医院做胃镜检查诊断为慢性非萎缩性胃炎。7天前与家人发生争吵后胃痛加重，伴嗳气、反酸、口苦，经院外服西药治疗疗效欠佳，于今日来诊。

症状：胃脘胀痛连及两胁，得嗳气或矢气后稍缓，嗳气频繁，嘈杂泛酸，口苦纳差，小便正常，大便呈黄色稀糊状。舌质淡红，苔薄黄腻，脉弦。

西医诊断：慢性非萎缩性胃炎。

中医诊断：胃痛。

证型：肝胃不和，气郁化火。

治法：疏肝和胃，泄热止痛。

处方：柴胡疏肝散合左金丸加减。

柴胡 15g	香附 15g	枳壳 15g	白芍 30g
陈皮 15g	郁金 15g	青皮 15 g	延胡索 15g
川楝子 15g	黄连 15g	吴茱萸 5g	炒山楂 20g
姜厚朴 15g	茯苓 15g	炒鸡内金 15g	法罗海 15g
莱菔子 30g	建神曲 20g	炒麦芽 20g	甘草 6g

3 剂

水煎取汁 900mL，每次服 150mL，一日 3 次，两日 1 剂。嘱合理膳食，忌辛辣生冷及膏粱厚味，调畅情志。

二诊：2013 年 7 月 18 日。患者诉服前方后胃脘疼痛明显缓解，大便成形，口苦消失，但仍感腹胀、嗳气、反酸、纳差及精神、饮食、睡眠差，大便干燥，小便黄。舌质红，苔薄黄，脉弦。继续予柴胡疏肝散加减，前方去延胡索、川楝子，加乌贼骨 15g，浙贝母 10g。继服 3 剂。

三诊：2013 年 7 月 24 日。患者诉胃脘疼痛消失，无反酸嗳气，有轻微腹胀，精神、饮食、睡眠可，大便通畅，小便正常。舌淡红，苔薄白，脉弦。给予香砂六君子汤善后，以巩固疗效。

【临证备要】

（1）胃痛与肝脾的关系最为密切，故陈老师在治疗中重视疏肝理气健脾，常用柴胡、枳壳、香附、白芍、厚朴、茯苓、陈皮等药物，收到很好疗效。

（2）临证加减：口干者，可加芦根、玄参、麦冬养阴清热；苔厚腻者，加藿香、白豆蔻、砂仁芳香化湿；疼痛明显者，加川楝子、延胡索行气止痛；反酸者，加瓦楞子、海螵蛸制酸；阴虚明显，加石斛、玉竹、知母、地骨皮清虚热；便秘者，加大黄、冬瓜子通便；夹瘀者，加蒲黄、五灵脂、丹参。

（3）幽门螺杆菌（HP）感染是慢性非萎缩性胃炎的主要致病因素，故应作为慢性胃炎病因诊断的常规检测。如有 HP 感染，可加黄芩、焦栀子；胃黏膜糜烂者，可加焦白术、蒲黄。

（李芳）

5. 慢性萎缩性胃炎

慢性萎缩性胃炎是慢性胃炎进一步发展，胃黏膜变薄而平滑，皱襞变细，甚至消失；胃黏膜营养因子缺乏，或胃黏膜感觉神经对这些因子不敏感，可引起胃黏膜萎缩，其伴随肠上皮化生，不典型增生者，常被视为癌前病变。诊断慢性萎缩性胃炎需要临床表现结合相关辅助检查，尤其是胃镜检查及胃黏膜活组织检查。

慢性萎缩性胃炎属中医学"胃痛"范畴。

【病机分析】中医认为，慢性萎缩性胃炎多由脾胃素虚，加之内外之邪乘袭所致。主要与饮食所伤、感受邪气，以及七情失和等有关。本病病位在胃，与肝、脾两脏关系密切。病变初以湿热阻滞、气郁不畅为主，久则脾胃气阴受损。治疗以理气、和胃、止痛为原则。

【辨证分型】陈老师将慢性萎缩性胃炎分为中虚气滞、肝胃不和、中焦湿热、阴虚胃热、气滞血瘀、寒热错杂六个证型进行辨治。

【验案举例】

验案一　梁某，男，65 岁，农民。2004 年 1 月 3 日初诊。

主诉：胃脘胀痛反复发作 3 年，加重伴乏力 1 个月。

现病史：3 年来患者反复胃脘痞满，食后尤甚。近 1 个月来，有时隐痛绵绵，饮食无规律，纳少乏力，胃部怕冷，便溏。舌质淡，苔薄白，脉细弱。胃镜检查提示：黏膜血管网显露伴有化生。

西医诊断：慢性萎缩性胃炎。

中医诊断：胃痛。

证型：中虚气滞。

治法：益气健脾，行气散痞。

处方：参芪六君子汤加减。

黄芪 30g	党参 20g	白术 15g	砂仁 15g
木香 15g	升麻 15g	柴胡 15g	白芍 30g
鸡内金 15g	陈皮 15g	高良姜 15g	香附 15g
甘草 3g			

7 剂

水煎取汁 1200mL，每次服 200mL，一日 3 次，两日 1 剂。

二诊：2004 年 1 月 18 日。服上方 7 剂后，面色少华，精神欠佳，嗳气，纳差。上方加焦山楂 15g，神曲 15g，炒麦芽 30g，鸡内金 15g，莱菔子 30g，水煎服，连服 7 剂。

三诊：2004 年 2 月 4 日。面色好转，精神尚可，饮食可，二便正常，睡眠不宁。舌质红，苔薄白，脉略弦。在上方基础上加茯神 30g，夜交藤 30g，连服 7 剂。自诉好转。随访 1 年，未再复发。

验案二 刘某，女，54 岁，教师，剑阁县白龙镇人。2004 年 3 月 15 日初诊。

主诉：反复胃脘胀痛 1 年余，加重 7 天。

现病史：7 天前与他人发生争吵后出现胃脘胀痛，自服"沉香化气丸"，稍有改善，每因情绪不佳时胃脘痛发作，有时连及胁肋背痛，嗳气或矢气则舒，有时口苦、泛酸。苔薄黄，脉弦。胃镜检查提示：胃黏膜呈灰白色斑片状，胃内分泌减少。

西医诊断：慢性萎缩性胃炎。

中医诊断：胃痛。

证型：肝胃不和。

治法：疏肝和胃，行气消胀。

处方：疏肝四逆散加减。

柴胡 15g	香附 15g	枳实 30g	白芍 30g
川楝子 15g	郁金 15g	延胡索 15g	木香 15g
佛手 15g	黄连 15g	吴茱萸 6g	山楂 15g
神曲 15g	麦芽 30g	法罗海 15g	甘草 6g

7 剂

水煎取汁 1200mL，每次服 200mL，一日 3 次，两日 1 剂。

二诊：2004 年 3 月 30 日。服上方后，面色好转，精神尚可，胃脘胀痛减轻，发作次数减少，偶有嗳气、恶心、呕吐，舌质红，舌苔薄黄，脉细弦。上方加白术 15g，半夏 15g，竹茹 15g。

7 剂后，自诉好转。随访半年，未再复发。

验案三 侯某，男，46 岁，干部。2004 年 5 月 20 日初诊。

主诉：胃脘反复间断性疼痛 1 年半。

现病史：胃脘灼痛，痞满，嘈杂不适，口臭干呕，胸闷纳呆，口黏苦；有时腹胀便溏，尿黄。舌质红，苔白厚腻，脉弦。胃镜检查提示：慢性萎缩性胃炎。

西医诊断：慢性萎缩性胃炎。

中医诊断：胃痛。

证型：中焦湿热。

治法：芳化开泄，和中醒脾。

处方：疏肝四逆散加减。

藿香 15g	白蔻 12g	苍术 15g	厚朴 15g
陈皮 15g	茯苓 15g	杏仁 15g	薏苡仁 30g
柴胡 15g	黄连 12g	黄芩 15g	法半夏 15g
炒栀子 15g	延胡索 15g	通草 6g	甘草 6g

7 剂

水煎取汁 1200mL，每次服 200mL，一日 3 次，两日 1 剂。

二诊：2004 年 6 月 5 日。服上方后，胃脘灼热、胸闷不适有所减轻，纳食尚可，二便正常。舌红，苔淡黄，脉弦。上方加白芍 30g，郁金 15g，莱菔子 30g。7 剂后，自述好转。随访 1 年，未再复发。

【临证备要】

（1）重视胃黏膜活检组织学检查。鉴于多数慢性胃痛患者无任何症状，有症状也缺乏特异性，且缺乏特异性体征，因此根据症状和体征难以做出慢性胃痛的正确诊断。慢性萎缩性胃炎与慢性非萎缩性胃炎的确诊主要依赖于内镜检查和胃黏膜活检组织学检查，尤其是后者的诊断价值更大。

（2）把握胃黏膜病变本质。萎缩性胃炎以病情迁延、长期消化不良为特征，其发病原因至今尚未完全阐明。鉴于本病存在胃黏膜不同程度的基本病变，其病变部位在胃，治疗上除了要注意病变分级的尺度外，更要注意肝、脾等脏腑的影响。

（3）处理好寒与热、虚与实、驱邪与扶正的主从关系。阴虚胃热证，区分清热与养阴；气滞血瘀证，区别气滞与血瘀；肝胃不和证，区分健脾与调气。掌握药物与剂量比重是取得疗效的关键。

（4）注意生活调摄。患者饮食要有规律，寒温得当，饥饱适度，少食辛辣刺激和过于粗糙的食物，戒酒戒烟；调畅情志，保持愉快的心情，不要过分紧张和劳累。

（程文章　罗志强）

6. 脂肪性肝病

脂肪性肝病是以肝细胞脂肪过度贮积和脂肪变性为特征的临床病理综合征。临床上根据有无长期过量饮酒分为非酒精性脂肪肝病和酒精性脂肪肝病。流行病学调查显示不同种族、不同年龄组、男女均可发病，以 40～49 岁的发病率最高。我国成人患病率为 15%～25%，近年有上升趋势，并且患病年龄日趋提前。因此，一经发现应尽早进行积极的生活干预和合理的药物治疗，如若任其发展，可导致肝纤维化、肝硬化等严重后果，从而失去最佳的治疗时机。临床重视病史，结合症状、体征表现、实验室肝功血脂检查和 B 超声像学可做出诊断。目前西医常无特殊药物治疗本病。

脂肪性肝病按其临床表现可归属为中医学"胁痛""积聚""痰浊""肥气""肝着""肝痞"等范畴。

【病机分析】本病多因饮食不节、起居无常、情志失调、久病体虚，引起肝失疏泄、脾失健运、肾失温化，湿邪内生、痰浊内蕴、气滞血瘀而致肝、脾、肾三脏功能失调，湿、痰、瘀互结而成肝痞之症。

【辨证分型】根据本病的病因病机及临床表现将其分为肝郁气滞、气滞血瘀、气滞痰瘀、痰瘀互阻、痰湿内阻、湿热内蕴和肝郁脾虚等证型。

【验案举例】曾某，男，45 岁。2016 年 5 月 18 日就诊。

主诉：右上腹部不适月余，3 日前不明原因右胁部隐痛加重。

现病史：连日来食欲不振，胃胀烦闷，体倦乏力，遂来我院求诊。观患者神志清楚，语言清晰，行动自如，体态偏胖。患者平时喜食肥甘油腻，有饮酒习惯。

症状：体温、血压、呼吸正常。舌红，苔黄腻，脉滑数。肝区触诊轻微压痛。

辅助检查：遂行肝功能、血脂、腹部 B 超等辅助检查，显示：ALT90U/L，

ALP128U/L，GGT920U/L，TG2.26mmol/L，TC5.68mmol/L。肝脏增大，右肝斜径约16.7cm，实质回声均匀增强、细密，远场回声衰减明显，未见占位灶；肝内血管走行正常，门静脉主干不粗；胆囊大小形态正常，胆囊壁上探及一大小约0.4cm点状回声，后方无声影，不移动，囊内透声好，未见结石。超声诊断：脂肪肝、胆囊息肉病变。

西医诊断：脂肪性肝病、胆囊息肉。

中医诊断：肝癖。

证型：肝郁气滞兼痰湿内阻。

治法：疏肝解郁，理气行滞，化痰利湿。

处方：柴胡疏肝散加减。

柴胡 15g	香附子 15g	白芍 30g	枳壳 15g
延胡索 15g	虎杖 15g	焦栀子 15g	金钱草 30g
藿香 15g	山楂 30g	建神曲 30g	鸡内金 15g
厚朴 15g	茯苓 15g	陈皮 15g	薏苡仁 30g
甘草 6g			

3剂

水煎取汁900mL，每次服150mL，一日3次，两日1剂。

复诊：服药40天后复查血脂：TG5.62mmol/L，TC4.73mmol/L，HDL0.80mmol/L。据此，在原方基础上加荷叶30g，生麦芽30g，加强降脂作用。

三诊：2016年8月3日。复查肝功能：AST31.4U/L，ALT62U/L，ALP81U/L，GGT80.3U/L，血脂：TG2.94mmol/L，TC4.55mmol/L，HDL1.01mmol/L。B超显示：肝脏右叶斜径约14.5cm，形态正常，实值回声均匀，未见占位病灶；肝内血管走行正常，门静脉主干不粗。胆囊大小形态正常，囊内通透良好，未见结石。提示：肝脏轻度增大。

按语：本例患者既有肝郁气滞，又有肝胆湿热，更兼痰湿内阻，在治疗过程中以疏肝解郁与化痰利湿并举。方用柴胡、香附、枳壳、白芍、延胡索疏肝解郁，理气行滞，"气行则血行"，使肝瘀滞之病理特性得以解除。用虎杖、焦栀子、金钱草清热解毒除湿，消除肝郁化火导致的肝胆湿热之邪。用藿香、薏苡仁、厚朴、茯苓、陈皮、山楂、建神曲、荷叶、生麦芽健脾化痰，消食导滞，振奋脾胃，提高脾胃运化功能，使痰得以消，湿得以除。本方三组药物同用，共奏疏肝理气、清热解毒、化痰除湿之作用，肝脏从 16.7cm 恢复到 14.5cm，并且消除了 0.4cm 的胆囊息肉。治疗期间，甘油三酯变化，原因不明，有待临床进一步研究。

【临证备要】

（1）陈老师认为，脂肪肝病位在肝，与脾、肾关系密切，《金匮要略》云："见肝之病，知肝传脾，当先实脾。"故治疗上把握脾脏功能失调尤为重要，要重视各脏腑之间的协调性，注意各证型相互兼夹，治疗时当权衡多方，不可拘泥于某一特定证型。

（2）在遣方用药时要充分利用现代药物学研究成果，适当选用决明子、生山楂、荷叶、生麦芽等具有降脂保肝作用的药物，临床疗效显著。

（何福强）

7. 急性胰腺炎

急性胰腺炎是多种病因导致胰酶在胰腺内被激活后引起胰腺组织自身消化、水肿、出血甚至坏死的炎症反应。只要具备下列第一项在内的两项以上并排除其他疾病即可做出诊断：①持续性中上腹剧痛并有压痛；②血清淀粉酶／脂肪酶升高；③影像学检查提示胰腺肿大等改变。临床上分轻型和重型两种类型，前者多见，占 80% 左右，其预后良好；后者较少见，但病情严重，死亡率高，且可发生多器官功能衰竭。

依据其急性上腹疼痛的临床表现，本病属于中医学"脾心痛""腹痛""胃脘痛""结胸""胰瘅"等病症范畴。

【病机分析】本病的病位在肝、胆、脾、胃，其病因较为复杂，有饮食不节、饮酒、情志不畅、胆石内阻、蛔虫内扰、外感六淫等，导致中焦闭阻，阳明热结，腑气不通。甚者气机逆乱，热毒炽盛。临床以邪实为主，后期出现气阴（血）两伤。若热毒内陷，伤阴损阳，正虚邪陷，亦可发生厥脱。

【辨证分型】初起多为阳明热结型，恢复期多为气阴两伤或脾胃不和型。

（1）阳明热结型：中上腹剧痛，腹胀，恶心呕吐，口苦口干，大便干结，小便黄，发热，黄疸。舌质红，苔黄，脉弦滑。治宜通腑泄热，通里攻下。常用大柴胡汤合大承气汤加减。

（2）脾胃不和型：脘腹胀闷，纳差，口苦口腻，嗳气。舌质淡红，苔白腻或黄腻，脉滑。治宜除湿健脾，消食和胃。常用平胃散合保和丸加减。

（3）气阴两伤型：上腹部隐隐灼痛，似饥不欲食，口燥咽干，五心烦热，消瘦乏力，口渴思饮。舌红少津，脉细数。治宜益气养阴，和中止痛。常用沙参麦冬汤合芍药甘草汤加减。

【验案举例】李某，男，56岁，农民。2004年8月14日初诊。

主诉：突发上腹剧痛10小时。

现病史：10小时前因和朋友聚餐，过食油腻，返家时淋雨，当晚突感上腹剧痛，痛如刀割，呈阵发性加剧，并向左腰背放射；呕吐，呕吐物为胃内容物，无咖啡样物质；腹胀，大便干结，口苦，发热恶寒。经院外肌内注射止痛药等治疗后（用药不详）效果欠佳，急来我院求医而收入住院。入院时查体：体温38.5℃，心率每分96次，血压120/70mmHg，巩膜无黄染，剑突下及左上腹压痛和反跳痛，肠鸣音每分4次。血常规示：WBC12.5×10⁹/L，Hb110g/L，RBC4.25×10¹²/L，PLT105×10⁹/L，N85%，L15%。血淀粉酶745U，血糖6.8mmol/L，血钙2.35mmol/L，肝肾功能正常。B超示：胆囊内少量泥沙样沉积物，胰腺肿大。腹部CT示：胰腺肿大，胰周围边缘不规则，腹腔少量积液。诊断为急性胰腺炎（轻型）。西医治疗：禁食、禁水，胃肠减压，给予杜冷丁50mg肌内注射，静脉滴注头孢噻肟钠3.0g（一日2次），奥美拉唑20mg（一日2次），施他宁3mg（一日1次）等治疗3天，症状缓解不明显，主管医生建议转上级医院治疗。由于经济困难，患者家属要求继续留在本院治疗，遂请陈老师会诊。

症状：上腹部疼痛，按之痛甚，腹胀，烦躁不安，呻吟不止，痛苦异常，整夜难以入睡，口干口苦，发热（体温38.8℃）日晡尤甚，不大便，有矢气，尿黄。舌质红，苔黄燥，脉弦数。

西医诊断：急性胰腺炎（轻型）。

中医诊断：腹痛。

证型：阳明热结。

治法：通腑泄热，通里攻下。

处方：大柴胡汤合大承气汤加减。

| 柴胡 15g | 法半夏 15g | 黄芩 15g | 山栀 15g |

枳实 20g　　　　　厚朴 20g　　　　　白芍 30g　　　　　大黄$^{(后下)}$30g

芒硝$^{(冲)}$30g

1 剂

水煎取汁 400mL，每次胃管注入 50mL，一日 6 次。灌肠每次 100mL，一日 1 次，肛管长度 25 ～ 30cm。西药治疗不变。

复诊：2004 年 8 月 17 日。用上方治疗 3 天后，患者解出很多干结大便，腹痛腹胀有所减轻，停用杜冷丁 1 天，疼痛能忍受。体温 37.3℃，夜间能入睡 4 小时左右，效不更方。

三诊：2004 年 8 月 20 日。患者精神转佳，大便稀，一日 2 次，腹痛腹胀进一步减轻，体温恢复正常。复查血淀粉酶 435U，血常规示：WBL11.3×10^9/L，Hb105g/L，N75%，L25%。CT 示：腹腔积液消失，胰腺肿大。上方去芒硝，大黄减为 6g，3 剂。150mL 胃内注入，一日 4 次，一日 1 剂，停用灌肠。

四诊：2004 年 8 月 23 日。服上方 3 剂后，大便通畅、质稀，一日 2 次，量不多；腹痛、腹胀明显减轻，按之疼痛能忍受。去大黄改为制大黄 6g，3 剂，150mL 胃内注入，一日 3 次，一日 1 剂。

五诊：2004 年 8 月 26 日。患者腹痛、腹胀明显好转，但感口干口苦。舌质红，苔薄黄少津，脉细数。复查血常规：WBL8.7×10^9/L，Hb107g/L，N72%，L28%。血淀粉酶 174U。B 超：胆囊未见泥沙样沉积物，肿大胰腺缩小。今日拔除胃管，停用静脉补液，嘱患者进食少量流质饮食。中药处方仍用大柴胡汤加减。

柴胡 15g　　　　　法半夏 10g　　　　黄芩 15g　　　　　枳壳 15g

厚朴 15g　　　　　白芍 30g　　　　　制大黄 3g　　　　　山楂 30g

炒莱菔子 30g　　　天花粉 20g　　　　木香 10g　　　　　甘草 5g

水煎取汁 600mL，每次温服 200mL，一日 3 次，连用 3 剂。

六诊：2004 年 8 月 30 日。患者服上方 3 剂后，腹胀缓解，大便通畅，质稀，一日 2 次；小便变清，但仍觉剑下疼痛，按之疼痛不明显，倦怠乏力，口干不苦，纳差，手心发热。舌质红，苔薄黄，脉细数。今日中药改用沙参麦冬汤合芍药甘草汤加减。

北沙参 15g　　　　麦冬 15g　　　　　天花粉 15g　　　　白芍 30g

山楂 30g　　　　鸡内金 15g　　　炒麦芽 20g　　　地骨皮 15g

甘草 5g

3 剂

七诊：2004 年 9 月 4 日。诉服上方 3 剂后，精神较佳，大便通畅，腹痛基本缓解，手心发热已愈，但仍不思饮食，乏力，口干，时有嗳气。舌质淡红，苔薄黄少津，脉细数。上方去地骨皮，白芍改为 15g，加太子参 15g，白术 15g，山药 15g，枳壳 15g，5 剂。带药出院。

按语：本例患者由于饮食不节，过食油腻，又淋雨，内外合邪，食积气滞，升降失常，中焦闭阻，腑气不通，故大便秘结、脘腹疼痛胀满；燥屎结聚肠中，则腹痛拒按；里热炽盛，上扰神明，故烦躁不安、整夜难以入睡；阳明经气旺于申酉之时，故发热日晡尤甚；胃气上逆则呕恶，淋雨后寒邪袭表则发热恶寒；舌质红、苔黄燥、脉弦数是热盛津伤、燥实内结之证候。陈老师认为，大柴胡汤是治疗急性胰腺炎的有效方剂，本案患者脾胃食积、里热内蕴、气机壅塞、腑气不通的证候突出，"不通"是其发病的中心病机，治疗重在以通为用，故在大柴胡汤基础上加大承气汤以加强通导腑气，促使腑气壅塞症状迅速解除。方中柴胡、黄芩和解清热，配山栀增强黄芩清热泻火之力；大黄、芒硝合用，相须为用，泻下热结之功益峻；枳实消痞，厚朴除满，与硝黄相合，既能消痞除满，又使胃肠气机通降下行以助泻下通便；白芍缓急止痛，与大黄相配可治腹中实痛；半夏和胃降逆止呕。采用口服与灌肠同时使用，可迅速除壅导滞，使胰腺炎症水肿得到迅速控制。六诊时，患者出现气阴两伤表现，改沙参麦冬汤加减治疗而收功。

【临证备要】当胰腺炎急性期过后，部分病例再次复发率高达 32% ～ 63%，尤以胆石症最多，故应嘱患者切实做到饮食有节制，勿暴饮暴食，禁止饮酒，彻底解除胆管疾患，防止疾病复发。

（李云安）

8. 输尿管结石

输尿管结石是肾结石在排出过程中，暂时受阻在输尿管的狭窄处而发生的疾病。其主要表现为患侧腰腹绞痛，痛及会阴，可有面色苍白，冷汗，恶心呕吐；伴有发热恶寒，小便涩痛频急或有排尿中断，肉眼可见血尿，或小便中有砂石排出。体征：患侧腰部叩击痛。辅助检查：尿常规有红白细胞；泌尿系 B 超提示：肾、输尿管结石或输尿管扩张伴肾积水。临床上以止痛、利尿排石、补液和体外碎石及手术等治疗。

本病属于中医学"石淋"范畴。

【病机分析】本病因过食肥甘厚腻之品，使得体内之热聚集蕴结于下焦，煎熬尿液，形成结石，或禀赋不足，或过度劳累，水道运化失常，水湿内生，郁而化热，湿热互结，结石内生。结石日久，损伤肾脏，发为肾气虚、肾阴虚及血瘀等多种证型。

【辨证分型】

（1）下焦湿热：腰腹绞痛，小便涩痛，尿中带血，排尿中断，大便干结，舌红苔黄腻，脉弦细。

（2）下焦瘀滞：腰痛发胀，少腹刺痛，尿色暗红或夹有血块，舌暗紫有瘀斑，脉细涩。

（3）肾气亏虚：腰腹隐痛，排尿无力，少腹坠胀，神疲乏力；甚至颜面浮肿，畏寒肢冷，舌淡胖，脉沉细无力。

临床以下焦湿热为最常见。

【验案举例】王某，女，32 岁。2015 年 8 月 7 日初诊。

主诉：反复左腰痛，伴解小便不适 1 周。

现病史：1 周前，因饮酒及熬夜后出现左侧腰部疼痛，持续性疼痛，阵发性绞痛，伴小便涩痛不畅。当地医院泌尿彩超提示左侧输尿管结石（0.6cm）伴左肾积水、双肾尿盐结晶。院外止痛及输液治疗（具体用药不详），疼痛无明显缓解。遂来求治中医。

症状：患者表情痛苦，左侧腰痛，小便涩痛，口干苦，大便干结。舌红，苔黄腻，脉弦滑。

西医诊断：输尿管结石。

中医诊断：石淋。

证型：下焦湿热。

治法：清热利湿，通淋排石。

处方：三金排石汤加减（经验方）。

金钱草 30g	海金沙 30g	鸡内金 15g	石韦 15g
萹蓄 15g	瞿麦 10g	滑石 30g	香附 15g
延胡索 15g	车前子 30g^{（包煎）}	陈皮 10g	茯苓 10g
薏苡仁 30g	大黄 6g	黄柏 15g	甘草 5g

3 剂

水煎取汁 900mL，每次服 150mL，一日 3 次，两日 1 剂。

二诊：患者疼痛缓解，无小便不适感，仍有大便干。复查彩超提示双肾尿盐结晶，双侧输尿管不扩张，未见结石。舌质红，苔黄腻，脉弦。结石已排，湿热仍在。上方减香附、延胡索，加栀子 15g，冬瓜仁 30g，继续服用 3 剂。

三诊：二便正常，舌红苔薄白，脉浮数。

按语：本病主要证型为下焦湿热，陈老师强调治疗应以清热利湿、排石通淋为主。方中金钱草、海金沙、鸡内金为排石通淋君药。现代研究表明，金钱草味甘、微苦，性凉，归肝、胆、肾、膀胱经，可引起输尿管上段腔内压力增高，输尿管蠕动增强，尿量增加，对输尿管结石有挤压和冲击作用，从而促使结石排出；对草酸钙的结晶生长有抑制作用。海金沙味甘、咸，性寒，归膀胱、小肠经，含有黄酮类化合物、酚酸及其糖苷类化合物及三萜类化合物等多种生物活性成分，具有防治结石、抗菌等多种药理活性；鸡内金性平，入脾胃、膀胱经，可增强体内放射性锶在肾脏的排泄，作用于结石，使之变小或解体。石韦、瞿麦、萹蓄、滑石、车前子清热利湿通淋为辅佐药，黄柏加强清下焦湿热之力，茯苓、陈皮加强除湿之力，芍药甘草汤可缓急而止痛，与香附、延胡索合用，加强止痛作用。大便干结者，可加大黄以通腑泄热。

（李宝伟）

9. 强直性脊柱炎

强直性脊柱炎是一种以中轴脊柱骨关节受累为主的慢性、系统性、炎症性疾病，骶髂关节常是最早累及部位，外周关节及韧带和肌腱末端在骨的附着点也是常见受累部位，严重者可发生脊柱畸形和强直。90% 的患者 HLA-B$_{27}$ 为阳性，男女比为（2 ~ 3）∶1。分为活动期和静止期，治疗药物有非甾体抗炎药、生物制剂和抗风湿药，由于病因至今仍未明确，目前现代医学尚无根治方法。

本病属于中医学"骨痹""尪痹"范畴。病因有内外之分。禀赋不足，脾肾阳虚是内因；感受风寒湿邪是外因。正虚邪犯，伤及筋骨是病机的关键。

【病机分析】本病可分为寒湿痹阻、肝肾亏虚、痰瘀痹阻等证型，临床上以寒湿痹阻最常见。治疗宜病证结合，分期治疗。活动期，患者疼痛、晨僵等症状明显，以祛邪为主，扶正为辅；静止期，患者症状不明显，以扶正固本为主。

【验案举例】王某，男，31 岁。2016 年 8 月 20 日初诊。

主诉：腰骶部疼痛僵硬 3 年，加重伴多处关节疼痛 6 个月。

现病史：3 年前患者无明显诱因出现腰骶部疼痛、僵硬，活动后上述症状可减轻，未引起重视，没有服药治疗。6 个月前患者出现多处关节疼痛，以右侧骶髂关节为甚，曾到南充某三甲医院诊治，查 HLA-B$_{27}$ 阳性，CT 提示双侧骶髂面模糊，诊断为强直性脊柱炎。服用中药 1 年，同时合用非甾体抗炎药，效果不佳，前来就诊。

症状：腰骶部疼痛、僵硬，骶髂关节和椎旁肌肉压痛，脊柱的活动度轻度受限，外周关节肿胀和压痛。舌质淡，苔薄白，脉细涩。

西医诊断：强直性脊柱炎。

中医诊断：骨痹。

证型：寒湿痹阻，气滞血瘀。

治法：散寒除湿，活血止痛。

处方：四物除湿饮加减。

当归 15g	川芎 15g	桂枝 15g	赤芍 15g
白芍 30g	制川乌 15g（先煎 1 小时）	制草乌 15g（先煎 1 小时）	秦艽 15g
炒蜂房 15g	独活 15g	川牛膝 20g	乳香 15g
没药 15g	藿香 15g	醋香附 15g	醋延胡索 20g
乌梢蛇 15g（酒炙）	伸筋草 30g	甘草 5g	

8 剂

水煎取汁 900mL，每次服 150mL，一日 3 次，两日 1 剂。

复诊：2016 年 9 月 5 日。患者诉疼痛、僵硬较前减轻。舌质淡，苔薄白，脉细涩。效不更方，原方加续断 20g，乌药 15g，盐杜仲 20g，补骨脂 20g，桑寄生

30g 以补肾强筋骨，共 10 剂，煎服法同前。

三诊：2016 年 9 月 25 日。服用二诊药物后疼痛、僵硬进一步减轻，舌质淡，苔薄白，脉细涩。守原方，共 8 剂，煎服法同前。半月后随访临床症状基本缓解。

【临证备要】

（1）关于川乌、草乌的使用。陈老师临证时常常制川乌和制草乌二药合用，有祛风除湿、温经止痛的功效。一般都从小剂量开始，逐渐增加。用法上要先煎 1 小时，并与甘草同煎。

（2）本病属于西医免疫系统疾病，为疑难杂症，临床疗效欠佳。对疼痛症状控制十分重要，对痹症日久的疼痛，肢体拘挛者，常选用地龙、全蝎、蜈蚣等虫类药物通络止痛，祛风除湿。这些药物易伤脾胃，故应始终顾护脾胃，常用藿香、厚朴等护脾之品。

（龚仕良）

10. 原发性癫痫

癫痫是以大脑神经元异常放电所致的阵发性中枢神经系统功能失常为特征的慢性脑部疾病，具有突发性、短暂性、重复性和刻板性的特征。由于脑内异常放电的部位和范围不同，临床上可表现为反复发生的运动、感觉、意识、精神、行为及自主神经等不同程度的障碍。诊断主要根据发作史，目击者对发作过程提供可靠的详细描述，辅以脑电图痫性放电证据。

中医根据其病位、病因及主症，又有癫病、痫证、癫痫、羊痫风等名称。

【病机分析】本病以头颅神机受损为本，脏腑功能失调为标。多因先天因素或惊恐劳累过度，或患他病之后，或头颅外伤等，使脏腑功能失调，风痰、瘀血蒙蔽清窍，气机逆乱，风阳内动，扰乱神明所致，尤其与痰邪关系密切。其脏气不平，阴阳偏胜，神机受累，元神失控是病机关键所在。

【辨证分型】陈老师临证时常按发作期、休止期进行辨治。临床辨证，发作期可分阳痫、阴痫，休止期可分心脾两虚型、肝肾阴虚型。发作期，选其经验方白郁追风汤加减；休止期，选归脾丸合六味地黄丸加减治疗。

【验案举例】伏某，女，20岁。初诊。

主诉：强直阵挛发作8年，近期频率加重，时有发作。

现病史：幼时高热出现惊厥发作，未予重视，12岁时出现强直阵挛发作，持续2～3分钟，在重庆医科大学附属儿童医院确诊为癫痫（大发作），长期服用拉莫三嗪片、德巴金等抗癫痫药，仍时有发作，于今日来求治中医。

症状：形体偏胖，面色㿠白，喉间可闻及少许痰鸣。舌质淡，苔白厚腻，脉滑。

西医诊断：原发性癫痫。

诊断：痫证。

证型：风痰内蕴，蒙蔽清窍。

治法：化痰除湿，祛风开窍。

处方：白郁追风汤（经验方）加减。

枯矾 5g	郁金 15g	蜈蚣 3 条	炒僵蚕 15g
蝉蜕 10g	钩藤 15g	厚朴 15g	茯苓 15g
陈皮 15g	甘草 6g		

7剂

水煎取汁1200mL，每次服200mL，一日3次，两日1剂。餐后温服。

二诊：发作频率减少，喉间痰鸣减少，苔腻偏薄黄，脉滑。考虑时处长夏季节，湿热俱盛，故原方加用藿香、薏苡仁、焦栀子以清热除湿。7剂，两日1剂，每剂煎取1000mL，分6次餐后温服。继续服用西药，忌肥甘厚腻。

三诊：发作基本停止，喉间痰鸣消失，苔薄白腻。热象已清，前方去栀子，余同前方，7剂，两日1剂，每剂煎取1000mL，分6次餐后温服。继续服用西药，忌肥甘厚腻。

四诊：发作停止，喉间痰鸣消失，苔薄白。前方去藿香、薏苡仁，其余同前方，7剂巩固疗效，两日1剂，每剂煎取1000mL，分6次餐后温服。继续服用西药，忌肥甘厚腻。嘱长期服用中成药归脾丸合六味地黄丸。后随访半年，未再发作，各方面情况良好。

按语：方中郁金活血，枯矾祛痰，虫类药祛风，紧扣病机。若热象明显，可加黄芩、栀子、大黄釜底抽薪；瘀血明显，加桃红四物汤；久病神机受损，加菖蒲、益智仁益智开窍。本方虫类药较多，易碍脾，临床可加平胃散燥湿运脾，根据蜀中多湿，夏季可加藿香、薏苡仁除湿。

【临证备要】

（1）白郁追风散为陈老师治疗癫痫的常用方，只要确诊为原发性癫痫，无论是癫痫发作期，还是缓解期巩固治疗，均可以该方为基础方，而不必为证型所囿。

（2）发作期使用该方时，需同时服用西药抗癫痫药，待控制后再逐渐减量停用。

（张利）

11. 三叉神经痛

三叉神经痛是指在三叉神经分布区域内出现阵发性电击样剧烈痛，历时数秒钟或数分钟，间歇期无症状。疼痛可以由口腔或颜面的任何刺激引起。以中老年人多见，多数为单侧性。三叉神经痛分为原发性（真性或特发性）和继发性两种，原发性三叉神经痛是指无明显致病因素者，继发性三叉神经痛是指由于机体内的其他病变压迫或侵犯三叉神经所致。本病的诊断标准：①阵发性发作的面部疼痛，持续数秒；②疼痛沿三叉神经的一支或多支区域分布；③疼痛性质为突然的、强烈的、尖锐的皮肤表面刺痛或烧灼痛，每次发作形式刻板；④排除其他面部疼痛的疾病。

本病属于中医学"面游风""偏头风""齿槽风""面风"等疾病范畴。王肯堂在《证治准绳》中提到"面痛""阳明经络受风毒传入，经络血凝滞而不行""面痛皆属火，暴痛多实，久痛则虚"。

【病机分析】本病的核心病机是三阳经筋受邪，多因风寒、风（肝）火、风（肝）阳上扰清窍所致。风为百病之长，夹寒、热等客邪犯头面经络，以致经气不通而痛。风善行数变，故其痛突发突止；病又多兼情志不遂，引动肝风，或并肝郁化火，风火上扰清窍而痛作。

【辨证分型】依病因不同，本病可分为风寒外袭型、胃火上攻型、肝胆火炽型、瘀血阻络型、气血亏虚型。陈老师认为本病虽有寒热、虚实之分，但临床以热邪致病多见，治疗上多采取清热泻火、祛风止痛之法，可收良效。

【验案举例】张某，男，65 岁。2015 年 1 月 10 日初诊。

主诉：左侧面部疼痛伴灼热感数年，加重半年。

现病史：数年前，患者出现左侧面部疼痛，呈阵发性灼痛，痛连头角，时作抽掣，口腔检查未发现龋齿、牙周疾病，长期服用卡马西平等止痛药。近半年来，疼痛反复发作，尤以洗脸、刷牙时疼痛多发，呈电击样，伴面部灼热。

症状：患者神情焦虑，面红目赤，左侧面部疼痛伴有烧灼感，口苦，大便干结，小便黄。舌尖红，苔黄，脉弦数。

西医诊断：三叉神经痛。

中医诊断：头痛。

证型：胃火上攻。

治法：清胃泻火，祛风止痛。

处方：芎芷石膏汤加减。

石膏 30g	川芎 15g	白芷 20g	升麻 15g
黄连 15g	秦艽 15g	蜂房 15g	谷精草 30g
骨碎补 20g	葛根 20g	玄参 20g	羌活 15g
蔓荆子 15g	焦栀子 15g		

4 剂

水煎取汁 1200mL，每次服 200mL，一日 3 次，两日 1 剂。

二诊：疼痛症状明显缓解，面部灼热减轻，仍口干，大便干结。守原方，加香附、延胡索行气止痛，生大黄 6g 泄热通便，连服 4 剂。服药后泻下大量稀便，臭秽难闻，从而疼痛大减，复诊时症状基本消失。3 个月后随访，患者情况良好，疼痛未再发作。

【临证备要】

（1）方中石膏清泻胃火，川芎活血化瘀止痛，为少阳头痛的引经药；白芷祛风止痛，为治疗阳明经头痛的要药；升麻可宣达郁遏之伏火，有"火郁发之"之意，与黄连配伍，则泻火而无凉遏之弊，升麻得黄连，则散火而无升焰之虞；秦艽、蜂房祛风止痛；谷精草祛风散热，同时可治疗头痛、齿痛；骨碎补善于治疗牙痛，当三叉神经第三支疼痛明显时使用效果良好；葛根生津止渴、退热止痛；玄参清热凉血，滋阴降火，解毒散结，同时可以通下大便，给邪热以出路；蔓荆子疏散风热，清利头目而达止痛之目的；焦栀子配黄连增强清热泻火作用。

（2）随证加减：眶上痛者，加防风、蔓荆子；眶下痛者，加高良姜、薄荷；下颌痛者，加藁本、柴胡、白芷；夹瘀者，加赤芍、丹参；阴虚者，加生地黄、黄柏、知母；肝阳上亢者，加钩藤、蔓荆子；寒凝经脉，加细辛；面肌抽动，加珍珠母。

（陈蓉）

12. 梅尼埃综合征

梅尼埃综合征又称"内耳性眩晕"或"发作性眩晕"，为内耳的一种非炎症（淋巴代谢障碍）性疾病，主要症状为阵发性眩晕、耳鸣、耳聋。目前尚没有理想的治疗药物。诊断标准：2 次或 2 次以上眩晕发作，每次持续 20 分钟至 12 小时。病程中至少有一次听力学检查证实患耳有低到中频的感音神经性听力下降，患耳有波动性听力下降、耳鸣和（或）耳闷胀感。排除其他疾病引起的眩晕，如前庭性偏头痛、突发性聋、良性阵发性位置性眩晕、迷路炎、前庭神经炎、前庭阵发症、药物中毒性眩晕、后循环缺血、颅内占位性病变等。此外，还需要排除继发性膜迷路积水。

本病属于中医学"眩晕"的范畴。中医学认为"肾生骨髓""脑为髓海"。脑是精髓所聚之处，肾虚则精髓不足，脑海空虚而作晕，所谓"髓海不足，则脑转耳鸣"。《临证指南医案·眩晕门·华岫云按》说："经云诸风掉眩，皆属于肝，头为诸阳之会，耳目口鼻皆系清空之窍，所患眩晕者……乃肝胆之风上冒耳，甚则有昏厥跌仆之虞。"头为诸阳之会，湿浊内甚，最易阻碍清阳，上扰头面，故见头眩心悸；又致浊气不降，故见恶心呕吐。

【病机分析】本病病因归纳起来，不外风、火、痰、虚、瘀五者相因为患，但总以痰最为常见，故《丹溪心法·头眩》有"无痰不作眩"之说，提出"治痰为先"的方法。而痰之来源，正是因脾虚不能运化水湿，水湿停聚而为痰，正如《医宗必读》所谓："脾为生痰之源，治痰不理脾胃，非其治也。"强调治痰当健脾，脾复健运，则痰自化矣。又痰随气而升降，气滞则痰阻，气顺则痰消，故庞安常说："善治痰者，不治痰而治气，气顺则一身津液亦随气而顺矣。"

【辨证分型】临床分痰湿中阻、肝阳上亢、肾精不足、瘀血阻窍等证型，但以痰湿中阻多见。

【验案举例】贾某，女，45 岁，教师。2004 年 8 月 14 日初诊。

主诉：眩晕、恶心、呕吐半天。

现病史：半天前无明显原因出现眩晕、恶心、呕吐痰涎 2 次，胸闷胀，头重如裹，如坐舟车，不能睁目，口干苦不欲饮，耳鸣，不思饮食。舌质淡，舌边有齿痕，苔白厚腻，脉濡滑。查体：T36.8℃，P82 次 / 分，R20 次 / 分，BP128/80mmHg，心、肺、腹未见异常，肝脾未扪及，仅见眼球震颤。

西医诊断：梅尼埃综合征。

中医诊断：眩晕。

证型：痰浊中阻。

治法：疏肝和胃，健脾化痰。

处方：二陈汤合小柴胡汤加减。

柴胡 10g	黄芩 10g	陈皮 10g	半夏 10g
茯苓 10g	旋覆花 10g	苍术 10g	藿梗 10g
竹茹 10g	生姜 5 片^{（自加）}	大枣 15g	甘草 10g

2 剂

水煎取汁 1200mL，每次服 200mL，一日 3 次，两日 1 剂。

复诊：2004 年 8 月 20 日。眩晕、恶心、呕吐已止，自行来门诊求治，述仍胸闷、食少、疲倦乏力。舌苔白腻减少，脉弦滑。此脾胃虚弱之故，仍以上方加补气健脾之党参 30g，白术 10g，连服 6 剂，诸症皆除。随访 1 年，未再复发。

按语：陈老师认为，本病病位在脑，与肝、脾、肾三脏有关。现代医学对本病的病因尚不明确，其主要病理特征为膜迷路积水，以突发性眩晕、耳鸣、耳聋、眼球震颤、恶心呕吐为主要临床表现，具有发作性和复发性特点，治疗常规给予镇静剂。中医多属本虚证或本虚标实之证，基层临床以痰湿中阻证多见，易因饮食不节、情志不遂、体虚年高、跌扑损伤等多种因素诱发或加重。治疗可根据标本缓急分别采取平肝、息风、潜阳、清火、化痰、祛瘀等治其标，补益气血、滋补肝肾等治其本，常用二陈汤合小柴胡汤加减治疗。

（段定山）

13. 多囊卵巢综合征

多囊卵巢综合征是以稀发排卵或无排卵、多囊改变，一侧或双侧卵巢直径 2～9mm，卵泡≥12个，或卵巢体积≥10mL，高雄激素或者高雄激素血证为特征的内分泌紊乱及代谢异常症候群。临床表现为月经稀少或闭经、慢性不排卵、不孕、多毛、肥胖或痤疮，是最常见的妇科疾病。

根据其病位、病因及主症，本病可归属于中医学"闭经"等范畴。清代名医陈修园在《妇科要旨·种子》中论述："妇人无子，皆因经水不调，经水所以不调者皆由内有七情之伤。""妇人以血为海，每多忧思愤怒，郁气居多，忧思过度则气结，气结则血亦结；愤怒过度则气逆，气逆则血亦逆；气血结逆于脏腑经络，经事是乎不调矣。"万全在《万氏女科》中云："忧愁思虑，恼怒怨恨，气郁血滞而经不行。"

【病机分析】本病的病机为脏腑功能失常，气血失调，使体内水液代谢紊乱，气机阻滞，瘀血内结。女子以肝为先天，肝经直达胞宫，肝气郁滞而致胞脉血行不畅，终成瘀血，其病理变化乃是瘀血内结胞宫，日久而成癥块，壅滞胞脉而致月事不下。

【辨证分型】

（1）肝郁气滞型：表现为小腹胀痛，情志抑郁，善太息，舌淡红，苔薄白，脉弦。治以疏肝解郁为主，选用丹栀逍遥散为主方，配以活血化瘀之品。

（2）气滞血瘀型：表现为小腹刺痛，舌质紫暗有瘀斑瘀点，脉细弱涩。治以活血化瘀为主，选用桃红四物汤为主，配以行气之品。

（3）湿热下注型：表现为腰腹疼痛，白带增多、色黄，舌质红，苔黄腻，脉滑数。以盆腔炎症为突出表现的，选用仙方活命饮为主方，配以活血破血之品以清热利湿、活血化瘀。临床上常见三证型并见。

【验案举例】杨某，女，21岁，待业。2014年12月24日初诊。

主诉：月经停止3年。

现病史：3年前患者无明显诱因出现月经停止，到某省级医院确诊为多囊卵巢综合征。目前每月靠口服黄体酮维持月经，心情抑郁，甚至闭门不出，不愿见人。

症状：神情抑郁，精神不振，体态偏胖，声音低弱，脘闷，不思饮食，小便略黄，大便秘结。舌红，苔黄腻，脉弦涩。

西医诊断：多囊卵巢综合征。

中医诊断：停经。

证型：气滞血瘀，湿热内阻。

治法：理气活血，清热除湿。

处方：丹栀逍遥散合桃红四物汤加减。

牡丹皮 15g	焦栀子 15g	柴胡 15g	枳壳 15g
茯苓 15g	薄荷 15g	炒白术 15g	白芍 30g
川芎 15g	当归 15g	桃红 15g	红花 15g
赤芍 15g	香附 15g	延胡索 15g	乳香 15g
没药 15g	泽兰 30g	丹参 30g	益母草 30g
红藤 30g	藿香 15g	薏苡仁 30 g	生大黄 10g
火麻仁 30g	甘草 6g		

8 剂

水煎取汁 1200mL，每次服 200mL，一日 3 次，两日 1 剂。

二诊：上方服 8 剂后，肝郁得解，大便通畅，饮食正常，心情舒畅。上方去大黄、火麻仁，另加三棱 15g，莪术 15g，加强破血之力，再服 10 剂。于 2015 年 1 月 28 日月经至，色淡红，量适中。

三诊：一切如常后，每月月经干净后半月服上药 10 剂，连服 3 个月巩固治疗，每月月经如期而至。随访至今，正常行经。

按语： 陈老师认为，本病病位在胞宫，与肝、脾、肾相关。病因为情志失调，或饮食所伤，或感受寒邪，邪滞肝脉而致肝气郁滞，胞脉血行不畅，终成停经。多囊卵巢综合征属西医的内分泌紊乱及代谢异常，归属于中医学的月经不调、闭经范畴。治疗上以疏肝理气为先导，活血化瘀为主攻，以通为用。选方习用丹栀逍遥散合桃红四物汤。丹栀逍遥散以牡丹皮清血中之伏火，炒山栀善清肝热，并导热下行；辅以强劲的破血之品桃仁、红花，力主活血化瘀。二方合用，配伍得当，使肝热清，瘀血祛，新血生，气机畅。

（何福强）

14. 老年性阴道炎

老年性阴道炎，常见于绝经后妇女，因卵巢功能衰退，雌激素水平降低，阴道壁萎缩，黏膜变薄，上皮细胞内糖原含量减少，阴道内 pH 上升，局部抵抗力降低，致病菌入侵繁殖引起的老年性阴道炎症。临床上以白带减少，或有臭味及阴部瘙痒、灼热感为主要表现。检查见阴道呈老年性改变，上皮萎缩，皱襞消失，上皮变平滑、菲薄，阴道黏膜红赤，有小出血点，有时见浅表溃疡。本病占绝经老年妇女的 30%，占所有阴道炎的 5%。此外，手术切除双侧卵巢，卵巢功能早衰，以及盆腔放疗后，长期闭经，或长期哺乳等均可引发本病。目前西医治疗多采用雌激素软膏、乳酸菌阴道胶囊等局部用药或联合内服雌激素，近期疗效尚可，但易复发，且很难彻底治愈，严重影响患者的生活质量。

本病属中医学"阴痒"等范畴。

【病机分析】本病系由肝、脾、肾功能失调，特别是妇女七七天癸竭，肾气虚衰，精亏血少，肝肾不足，生风化燥，阴窍失养，及肝郁脾虚，湿热内生，循经下注，浸渍阴部所致。

【验案举例】祝某，女，75 岁。2017 年 4 月 27 日初诊。

主诉：反复阴部瘙痒 20 余年，复发加重半月。

现病史：20 余年前，患者无明显诱因出现阴部瘙痒、灼热感，带下量少、色黄味臭，伴小便频急灼痛。在当地医院确诊为老年性阴道炎、2 型糖尿病、高脂血症，予以甲硝唑栓、乳酸菌阴道胶囊等局部治疗，二甲双胍、消渴丸等控制血糖，病情反复发作，迁延难愈，严重影响生活质量。近日，用甲硝唑等阴道上药后灼痛、瘙痒感无明显缓解，入夜尤甚，带下量少、色黄、味臭，伴见小便频急灼痛，空腹血糖 8.0mmol/L，阴道分泌物清洁度Ⅲ°，未查见霉菌及滴虫。于今日来求治中医。

症状：形体偏胖，阴部干涩、萎缩，会阴皮肤见抓痕，白带量少、色黄、味臭，大便干，日 2～3 次，解便困难，小便色黄频急灼痛，口苦、口臭，纳可，眠差。舌红，苔黄厚腻，脉滑数。

西医诊断：老年性阴道炎。

中医诊断：阴痒。

证型：湿热下注。

治法：清热利湿，祛风止痒。

处方：龙胆泻肝汤加减。

龙胆草 10g	酒黄芩 15g	炒栀子 15g	川木通 15g
生地黄 20g	当归 15g	盐泽泻 15g	醋柴胡 15g
盐车前子 15g	盐黄柏 15g	苦参 15g	金钱草 30g
金银花 15g	连翘 15g	炒僵蚕 15g	蝉蜕 15g
广藿香 20g	薏苡仁 30g	炒蒺藜 15g	甘草 6g

4 剂

水煎取汁 1200mL，每次服 200mL，一日 3 次，两日 1 剂。继续服用降糖药，忌辛辣、肥甘、厚腻之品。

临证时，陈老师还常配合除湿止痒方（经验方）水煎外洗。

黄柏 30g	苦参 30g	蛇床子 30g	地肤子 30g
醋艾叶 30g	生百部 30g	炒苍术 30g	千里光 30g
炙蝉蜕 15g	儿茶 15g	五倍子 20g	枯矾 15g

冰片 15g^{（分 3 次后下）}

2 剂

水煎 3000mL，分 3 次外用，先熏后坐浴，3 日 1 剂。

二诊：2017 年 5 月 4 日。阴部已无瘙痒、灼热感，阴道分泌物量少无异味，小便频急、灼痛明显缓解，大便调，口苦、口臭减轻。舌红，苔薄黄腻，脉滑。上方减苦参、僵蚕、蝉蜕，加焦山楂 30g，荷叶 30g，炒决明子 30g，以增健脾利湿、消食降脂之效。继续服用 7 剂，服法同前，忌辛辣、肥甘、厚腻之品。后电话随访得知，诸症悉退，已告痊愈。嘱长期服用知柏地黄丸调理善后，随访 5 个月，未再发作。

【临证备要】

（1）龙胆泻肝汤出自《医方集解》，功效为泻肝胆实火、清下焦湿热。方中加入金银花、连翘、黄柏、苦参，意为增强清热解毒、燥湿止痒之力；加僵蚕、蝉蜕、蒺藜以清热祛风止痒；金钱草清热利小便；藿香、薏苡仁健脾利湿。诸药合用，清热利湿，祛风止痒。陈老师在治疗肝经湿热下注之小便淋浊、阴痒阴肿、妇女带下等病时，常用该方加减；配合外洗经验方局部熏洗治疗，直达病所，阴部瘙痒可迅速缓解，疗效显著。

（2）病情缓解期，陈老师常以知柏地黄丸加女贞子、墨旱莲、菟丝子、补骨脂、怀牛膝等滋补肝肾药；久病阴损及阳，见带下量多如水者，常加用海螵蛸、鹿角霜收敛涩精止带，温肾助阳；兼脾虚者，常加陈皮、茯苓、厚朴、薏苡仁等健脾利湿之品。

（李兰）

15. 痤疮

痤疮是一种累及毛囊皮脂腺的慢性炎症性皮肤病，俗称"粉刺""青春痘""暗疮"。诊断依据：初起在毛囊口呈现小米粒大小红色丘疹，亦可演变为脓疱；此后可形成硬结样白头粉刺或黑头粉刺；严重病例可形成硬结性囊肿。多发于男女青春期之面部及胸背部，常伴有皮脂溢出，青春期过后，多数可减轻；妇女多伴有月经不调。

痤疮中医称"肺风粉刺""酒刺""风刺"等，多由饮食不节，过食辛辣肥腻，脾胃湿热内生；或肺经蕴热，兼感外邪；或湿热痰瘀互结，导致毛囊闭塞，内热不得透发所致。

【病机分析】素体阳热偏盛，或先天肾阴不足，相火天癸过旺，肺经蕴热，复受风邪，熏蒸面部而发；或过食辛辣厚味，助湿化热，湿热互结，上熏颜面而致；或脾气不足，运化失常，湿浊内停，郁久化热，热灼津液，煎炼成痰，湿热痰瘀凝滞肌肤而发。

【辨证分型】

（1）肺热壅盛型：病程不长，皮损以红色丘疹、黑头粉刺或微痒微痛为主；伴口干，尿黄。舌质红，苔薄黄，脉弦。

（2）痰瘀互结型：病程较长，可见黄豆至蚕豆大小的囊肿、结节，色紫红，挤压后可有脓血渗出，破溃后多遗留瘢痕。舌质暗、苔黄腻，脉弦。

（3）痰湿壅盛型：皮损反复发作，丘疹色红不鲜，或见脓疱。舌质淡，苔白厚腻，脉弦滑。

（4）热毒炽盛型：面部皮肤油腻潮红，满布红色丘疹、结节、脓疱。舌红，苔黄腻，脉滑数。

根据痤疮的病因病机，在治疗上强调内治和外治相结合，只有标本兼顾，才能达到较好的治疗效果。

【验案举例】 蔡某，女，19 岁，学生。2017 年 6 月 6 日初诊。

主诉：反复颜面皮疹 1 年。

现病史：患者 1 年前因频繁进食辛辣食品后出现颜面皮疹，皮损为红色丘疹，无脓性分泌物，无结节，无水疱，满布于前额和面颊，大如黄豆，红肿，稍痒。遂间断服用中药，症状有所好转，前来就诊。

症状：颜面满布红色皮疹、微痒，口干，便干。舌质红，苔黄，脉数。

西医诊断：痤疮。

中医诊断：粉刺。

证型：热毒炽盛。

治法：清热凉血解毒。

处方：生地四物汤加减。

当归 15g	川芎 15g	白芍 30g	生地黄 30g
苦参 10g	牡丹皮 15g	炒栀子 15g	黄芩 15g
金银花 15g	连翘 15g	蒲公英 30g	野菊花 20g
桑白皮 20g	白鲜皮 20 g	大青叶 30g	甘草 5g

7 剂

水煎取汁 1200mL，每次服 200mL，一日 3 次，两日 1 剂。

再诊时痤疮已减半，皮损颜色变浅，瘙痒症状消失，口干、便干症状明显好转。舌红，苔薄黄。上方去大青叶，继续服用 14 剂，1 月后，患者痤疮消退。

按语： 痤疮为皮肤科临床常见病，发病原因复杂，表现多样，分型较多，常见证型为热毒炽盛，陈老师自拟生地四物汤加减治疗。对肿块大而坚硬者，加夏枯草、败酱草、郁金；湿重者，加川藿香、佩兰、茵陈；热毒重者，加银花藤、败酱草；脾虚者，加四君子汤；口中甜腻者，加佩兰；腹部胀满者，加木香；结节久治不消、颜色暗红者，加活血破瘀药乳香、没药、皂角刺；若结节肤色正常，则加夏枯草；面部皮肤脂溢者，加用神曲、生山楂。

【临证备要】

（1）对于痰瘀互结所致的难治型痤疮，因其病机为痰、热、瘀三者互相交结为患。治疗时，若仅治邪热则药力不够，疾病难愈；若仅活血则痰不化、结不散，效亦难奏。重用丹参、皂角刺可起到活血化瘀与托毒散结并重的功效，因活血药可散结，散结又可助化痰祛毒，所以其功效倍增。

（2）对于少部分女性患者，陈老师认为与气血虚弱，冲任失调有关，发病前多有痛经、月经量少兼有血块等症状。治疗应以补气养血、调理冲任为要，冲任得调则疾病可瘥。

（苟萍）

三、疑难病例诊治经验

1. 肝硬化

肝硬化是一种以肝组织弥漫性纤维化、假小叶和再生结节形成为特征的慢性肝病。临床上以多系统受累、肝功能损害与门静脉高压为主要表现，晚期可出现消化道出血、肝性脑病、继发感染等并发症。引起肝硬化的病因很多，主要包括病毒性肝炎、慢性酒精性肝病、非酒精性脂肪性肝病、长期胆汁瘀积、药物或毒物、血吸虫病等。本节主要讨论乙肝后肝硬化。

中医学认为本病属"鼓胀""单腹胀""积聚""石鼓""水鼓""蜘蛛鼓"等范畴。以腹部胀大、皮色苍黄，甚则腹皮青筋暴露、四肢不肿或微肿为特征。多因酒食不节、情志所伤、感染血吸虫、劳欲过度，以及黄疸积聚失治，使肝、脾、肾功能失调，气、血、水、瘀积于腹内而成。

【病因病机】 陈老师将肝硬化分为积聚与鼓胀两种疾病进行辨证施治，抓住病变脏腑和病理本质，是临床取效的关键。

积聚是腹内结块或胀或痛的统称。积聚分述有别：积，触之有形，固定不移，痛有定处；聚，触之无形，聚散无常，痛无定处。《景岳全书·积聚论治》曰："积者，积垒之谓，由渐而成者也；聚者，聚散之谓，作止不常者也。"

鼓胀是以腹大胀满如鼓、皮色苍黄、腹壁青筋暴露、四肢枯瘦为主要表现的一类疾病，是中医古代四大难证（风、痨、鼓、膈）之一，又称"水鼓""石鼓""蜘蛛鼓""单腹胀"。病名首见于《内经》，在《灵枢·水胀》中就指出其证候特征："鼓胀如何？岐伯曰：腹胀身皆大，大与腹胀等也，色苍黄，腹筋起，此其候也。"

【辨证分型】

（1）积聚型肝硬化：此型为肝硬化代偿期。其病位在肝脾；病机为肝脾受损，脏腑失和，气机阻滞，瘀血内停；病理因素主要是"血瘀"，病理性质为本虚标实。因此，治疗重点放在肝脾的调理上。强调肝脾同治，以疏肝健脾、行气活血为主要治疗手段。对中后期的肝藏血机能衰退，应着重养肝之精血，健脾胃之运化，使肝病发展缓慢。临床上将此型分为肝郁脾虚型、气滞血瘀型及正虚瘀结型。

（2）鼓胀型肝硬化：此型为肝硬化失代偿期。其病位在肝、脾、肾，病理关键是肝、脾、肾三脏功能障碍，气、血、水阻滞聚于腹中，属本虚标实、虚实夹杂之证。临床上将此型分为水湿内阻型、寒湿困脾型、湿热蕴结型、脾肾阳虚型、肝肾阴虚型及瘀血阻络型。

【验案举例】

（1）积聚型肝硬化

验案一　陈某，女，53岁，农民。2005年3月2日初诊。

主诉：间断性乏力、身困，右胁疼痛6年，加重1个月。

现病史：6年前曾诊断为慢性乙型肝炎，先后于多家医院诊治，服用中西药，症状时轻时重。近1个月来，右胁胀痛，有肿块。

症状：患者全身乏困无力，右胁胀痛，胁下积块软而坚，胸腹痞闷，口淡乏味，神疲乏力，少气懒言，大便溏泄，进食油腻后加重。舌暗红，苔薄白，脉弦细。

辅助检查：乙肝两对半报告：HBsAg（＋），HBeAg（＋），HBcAb（＋），肝功能检查报告：ALT116U/L，AST96U/L，A/G 34/43；血常规报告：WBC1.8×10^9/L，PLT65×10^9/L，Hb96g/L，RBC3.28×10^{12}/L；B超提示：肝实质回声增粗，门静脉1.5cm，脾静脉1.0cm，脾大；胃镜提示：食管静脉曲张，慢性萎缩性胃炎。

西医诊断：肝硬化、食管静脉曲张、慢性萎缩性胃炎。

中医诊断：胁痛。

证型：肝郁脾虚兼血瘀。

治法：疏肝健脾，活血祛瘀。

处方：四逆散合六君子汤加减。

人参 15g	柴胡 15g	香附 15g	枳实 30g
白芍 30g	川楝 15g	法半夏 15g	白术 15g
茯苓 15g	当归 15g	丹参 30g	黄芪 30g
陈皮 15g	薏苡仁 30g	车前草 15g	郁金 15g
甘草 6g			

7剂

水煎服，每次 400mL，一日 3 次，饭前服。

医嘱：注意休息，不要疲劳，忌酒，避免过食粗糙、坚硬等食物。

二诊：2005 年 3 月 15 日。服上方后，诉乏力身困减轻，纳食可，胃脘胀痛好转，仍觉右胁部隐痛，头晕，大便稀溏。上方加黄连 15g，乌药 15g，7 剂，水煎服。

三诊：2005 年 4 月 2 日。服上方后，诉右胁疼痛减轻，头晕、口干、乏力好转。守方继服 14 剂后，临床症状明显好转。后继续坚持服用 6 个月，患者无明显不适，复查肝功能：ALT 32U/L，AST 20U/L，A/G 46/38。

按语： 本病例病机虽较为复杂，可累及肝脾肾、气血阴阳等，且虚实错杂互见，但正气虚贯穿于本病的始终，而"肝郁脾虚"是根本病机。因此，"疏肝健脾，活血祛瘀"之法实则遵仲景"见肝之病，知肝传脾，当先实脾"之原则，选方则以"四逆散合六君子汤"加减。方中柴胡、白芍柔肝止痛，养血敛阴；白术除胃中之湿热，补脾家之元气；枳实、陈皮泻心下痞闷；丹参、当归、香附、川楝子、郁金、乌药活血祛瘀，行气止痛；党参、黄芪补气扶正。从而使患者症状消失，肝功能、血象改善，病情稳定。

验案二 蒲某，男，46 岁，个体，剑阁县剑门关镇人。2005 年 4 月 3 日初诊。

主诉：乙肝病史 10 年，加重伴右胁下积块疼痛 6 个月。

现病史：7 年前因门静脉高压明显，肝脾肿大，曾在我院行"脾切除术"，近

6 个月来自诉右胁胀痛。

症状：面色晦暗，肌肤甲错，头颈胸部蛛丝赤缕，朱砂掌，纳呆腹胀，齿鼻衄血，舌下青筋怒张。舌质紫暗，脉细弦。

辅助检查：乙肝两对半报告：HBsAg（＋），HBeAg（＋），HBcAb（＋），ALT：142U/L，AST：126U/L，A/G 42/72；血常规报告：WBC 3.2×10^9/L，PLT 45×10^9/L，Hb 76g/L，RBC 3×10^{12}/L；腹部彩超提示：肝硬化。

西医诊断：肝硬化、慢性乙型肝炎。

中医诊断：积聚。

证型：气滞血瘀。

治法：行气活血，化瘀消癥。

处方：膈下逐瘀汤合失笑散加减。

当归 15g	川芎 10g	桃仁 15g	红花 10g
延胡索 15g	乌药 15g	牡丹皮 15g	焦栀 20g
炒蒲黄 12g	五灵脂 12g	虎杖 15g	垂盆草 15g
地耳草 15g	刺五加 12g	赤芍 15g	甘草 6g

14 剂

水煎服，每次 400mL，一日 3 次，饭前服。

医嘱：注意休息，避免劳累，少食多餐，宜清淡软食，忌粗糙食物。

二诊：2005 年 5 月 2 日。服上方后，诉右胁疼痛减轻，牙龈出血减少，口仍干不欲饮。切诊：积块略有减少。舌淡暗，苔白，脉弦涩。上方加水蛭 6g，穿山甲 6g，鳖甲 15g，14 剂，水煎服。

三诊：2005 年 6 月 2 日。服上方后，自诉右胁疼痛消失，牙龈出血好转。效不更方，连续服用 1 年。1 年后随访，查肝功能：ALT 38U/L，AST 32U/L，A/G 50/62。为巩固疗效，嘱患者继续服用上方半年。

按语：本病例是由慢性病毒性乙型肝炎治疗不当发展而成。由于肝失条达，肝郁日久，必致脉络瘀阻，形成瘀血内结。瘀结日久，则脾肝损伤，故临床上多为本虚标实，虚实夹杂。治疗宜行气活血，化瘀消癥。方中用活血化瘀、软坚散结之药配伍，对肝硬化积块有显著疗效。

验案三 刘某，女，42岁，教师，剑阁县普安镇人。2005年5月12日初诊。

主诉：院外诊断为肝硬化，症状时轻时重。

症状：面色黧黑，形体羸瘦，手足心热，齿衄、鼻衄，肝掌，蜘蛛痣明显，食纳少，脘腹胀，无腹水，大便日一行，小便色黄，脾大过脐。舌质淡，苔白，脉虚数无力。

辅助检查：乙肝两对半：HBsAg（＋），HBeAg（＋），HBcAb（＋）；肝功能：ALT 385U/L，AST 167U/L，A/G 43/54；血常规报告：WBC 2.8×10^9/L，PLT 25×10^9/L，Hb 65g/L，RBC 2.2×10^{12}/L；腹部彩超提示：肝硬化、脾大、门静脉1.8cm；胃镜提示：胃底静脉曲张。

西医诊断：肝硬化、慢性乙型肝炎、脾肿大。

中医诊断：痞证。

证型：正虚瘀结。

治法：大补气血，活血化瘀。

处方：归芍六君子汤加减。

红人参30g	黄芪30g	白术20g	茯苓15g
山药20g	法半夏15g	陈皮15g	当归15g
大枣15g	白芍30g	鸡内金15g	鳖甲15g
龟板15g	丹参20g	郁金15g	牡蛎30g
炙甘草10g			

7剂

水煎服，每次400mL，一日3次，饭前服。

医嘱：注意休息，避免劳累，禁酒，避免粗糙坚硬食物。

二诊：2005年5月28日。服上方后，患者自诉症状改善，腹胀减轻，纳眠可，二便正常。于前方去鳖甲，加三七粉15g，田基黄15g，灵芝15g，继服14剂。复查肝功能：ALT 112U/L，AST 86U/L，A/G 48/52。嘱患者继续服用上方。1年后再次复查肝功能：ALT 36U/L，AST 43U/L，A/G 46/50。

按语：本病例病机为气机阻滞，瘀血内停。其病理因素主要是血瘀，是本虚标实，加之病变日久，导致脾虚。治疗上应标本同治，宜扶正气，补脾固本，以防传变。方中六君子汤加黄芪健脾益气，以扶正气；当归、丹参、三七粉活血化瘀；鳖甲、龟板活血化瘀，软坚化癥。诸药合用，共奏补益气血、活血化瘀之功。

（2）鼓胀型肝硬化

验案一　赵某，男，36岁，个体，剑阁县合林镇人。2006年2月20日初诊。

主诉：反复腹胀大、尿少3年余，加重1个月。

现病史：患者于5年前曾患"急性黄疸乙型肝炎"，经治痊愈后未做正规检查治疗；近1个月来反复腹胀、尿少，自行口服利尿药后腹水消失，此后反复发作3～5次；7天前劳累后腹胀加重。

症状：腹大胀满，按之不坚，两胁胀痛，纳呆嗳气，食后脘腹胀甚，小便短少，大便不爽。舌苔白腻，脉弦滑。

辅助检查：肝功能检查报告：ALT 184U/L，AST 136U/L，A/G 28/36.2；血常规报告：WBC 2.4×10^9/L，PLT 75×10^9/L，Hb 66g/L，RBC 3.2×10^{12}/L；腹部彩超提示：肝硬化、腹水（中量）、脾大。

西医诊断：肝硬化失代偿。

中医诊断：鼓胀。

证型：水湿内阻。

治法：运脾利湿，理气行水。

处方：胃苓汤加减。

苍术15g	厚朴15g	陈皮15g	茯苓30g
猪苓20g	泽泻30g	白术20g	车前子15g
莱菔子30g	白芍15g	柴胡15g	大腹皮30g
山楂15g	神曲15g	鸡内金15g	甘草6g

7剂

水煎服，每次400mL，一日3次，饭前服。

二诊：2006年3月5日。服上方后，自诉症状明显减轻，腹胀好转，尿量增多，饮食增加。上方继续服用30剂后，腹水消失，复查肝功能：转氨酶恢复正常。后以六味地黄丸加减调理治疗半年，以巩固疗效。

按语：本病例治疗首先注重健脾利湿，理气行水。水湿内停乃鼓胀的直接病理因素，水湿停聚腹中则腹胀满。治疗上必须消除腹水，而要消腹水就得淡渗分利，即"治湿不利小便非其治也"。方中猪苓、茯苓、泽泻、车前子、大腹皮利水渗湿消肿；苍术、厚朴、莱菔子行气消胀；山楂、神曲、炒麦芽、鸡内金健脾消食导滞。诸药合用，达到运脾利湿、理气行水之目的。

验案二 罗某，男，72岁，退休干部。2006年6月4日初诊。

主诉：反复腹胀大、尿少3年，加重15天。

现病史：乙肝病史25年，3年来反复腹大胀满，按之如囊裹水；近15天出现胸腹胀满，尿少足肿。

症状：胸腹胀满，头重身困，纳呆乏力，怯寒肢冷，尿少足肿，大便溏薄。舌质淡红、体胖，苔白腻，脉濡。

辅助检查：乙肝两对半：HBsAg（+），HBeAg（+），HBcAb（+）；肝功能报告：ALT138U/L，AST162U/L，A/G 22/48；腹部彩超提示：肝硬化，大量腹水，脾大。

西医诊断：肝硬化失代偿期、脾肿大。

中医诊断：鼓胀。

证型：寒湿困脾。

治法：温阳健脾，行气利水。

处方：实脾饮加减。

白附片20g^{（先煎30分钟）}	白术15g	干姜15g	茯苓15g
厚朴15g	木香15g	槟榔20g	木瓜15g
草果15g	车前子30g	桂枝15g	大枣15g
大腹皮30g	甘草6g		

7剂

水煎服，每次400mL，一日3次，饭前服。

二诊：2006年6月20日。服上方后，自诉腹胀减轻，精神尚可，纳眠可，尿量增多。舌质淡，苔白，脉缓。在上方基础上加生黄芪30g，丹参20g，14剂，水煎服。

三诊：2006年7月26日。服上方后，患者自诉一切症状均有减轻，腹略胀。复查B超提示：少量腹水，肝功能转氨酶恢复正常。舌质淡白，脉沉。继服上方30剂后，给予桂附地黄丸，善后调理1年后好转。

按语：本病例由于肝、脾、肾功能彼此失调，脏腑虚者愈虚；气、血、水壅滞于腹中，水湿不化，实者愈实。故本虚标实，虚实交错，为本病病机。方中附子温脾肾，助气化，行阴水之停滞；干姜温脾助阳，助运化，散寒水；茯苓、白术健脾燥湿，渗湿利水，使水湿从小便而利；木瓜芳香醒脾，化湿利水；厚朴、木香、大腹皮、草果下气导滞，化湿行水。诸药合用，共奏温阳健脾、行气利水之功。

验案三 梁某，男，67岁，农民。2007年7月4日初诊。

主诉：反复皮肤黄染乏力15年，加重伴腹胀尿少1个月。

现病史：2007年5月因反复身黄、目黄、尿黄，曾在县人民医院诊断为亚急性重型肝炎，住院1个月余，转氨酶及黄疸指数略有好转，但腹胀大、尿少持续不退，反复低热。

症状：身黄、目黄，尿黄如茶水而少，腹胀如鼓，青筋暴露，皮色苍黄，疲惫乏力，纳呆食少，口干而苦，大便不畅，夜寐不安，双下肢水肿。舌红，苔黄腻，脉弦数。

辅助检查：肝功能检查报告：T–Bil 96μmol/L，D–Bil 75μmol/L，ALT366U/L，AST109U/L，ALP131U/L，GGT91U/L，A/G 28/43，HBV–DNA定量3.6×10^7IU/mL；腹部彩超提示：肝硬化，大量腹水，脾大。

西医诊断：肝硬化失代偿期、脾肿大。

中医诊断：黄疸。

证型：湿热蕴结。

治法：清热利湿，退黄。

处方：茵陈五苓散加减。

茵陈30g	栀子20g	大黄10g	柴胡15g
白芍30g	板蓝根30g	枳实30g	厚朴15g
陈皮15g	茯苓20g	泽泻30g	猪苓20g
金钱草30g	虎杖20g	桂枝15g	白术15g
大青叶30g	田基黄15g	甘草15g	

7剂

水煎服，每次400mL，一日3次，饭前服。

二诊：2007 年 7 月 20 日。服上方后，黄疸有所改善，大便稀溏，日行 2 ～ 3 次。舌质红，苔黄，脉滑。继守前法，加炒白术 30g 以顾护脾胃，防苦寒败胃，连服 7 剂。

三诊：2007 年 8 月 6 日。服上方后，黄疸明显减少。复查肝功能：T-Bil 56μmol/L，D-Bil 47μmol/L，其余指标正常。舌质淡红，苔薄白，脉弦。考虑其湿热已去大半，在原方中去大黄、大青叶、田基黄，加粉葛 30g，炒麦芽 30g，继服 14 剂，水煎服。诸症基本消失，加减治疗半年，肝功能恢复至正常值，停药观察。

按语： 本案患者以身黄、目黄、尿黄、腹胀大为特征，多为湿热余邪蕴结肝胆不退，故遣方用药紧抓主要病机。方中茵陈、栀子、大黄、板蓝根、金钱草、大青叶清热利湿退黄，柴胡、白芍疏肝解郁，枳实、厚朴、陈皮顺气消胀，桂枝、白术、茯苓、泽泻利水消肿。临床上此方药对黄疸湿热蕴结者有显著疗效。

验案四 陈某，男，46 岁，农民。2007 年 8 月 10 日初诊。

主诉：患者反复右胁胀痛 10 年，加重伴头晕乏力 1 年。

现病史：患者自觉腹大胀满不舒，入暮尤甚，面色苍黄，脘闷纳呆，怯寒肢冷，神疲乏力，少气懒言，小便清白、夜尿频多，大便溏薄，下肢浮肿，腰膝酸软，阳痿早泄。

症状：患者自觉腹大胀满不舒，入暮尤甚，面色苍黄，脘闷纳呆，怯寒肢冷，神疲乏力，少气懒言，小便清白、夜尿频多，大便溏薄，下肢浮肿，腰膝酸软，阳痿早泄。舌质淡胖边有齿痕，苔白腻，脉沉弱。

辅助检查：肝功能检查报告：HBsAg（＋），HBeAg（＋），HBcAb（＋），ALT68U/L，AST72U/L，A/G25/46；腹部彩超提示：肝硬化，大量腹水。

西医诊断：肝硬化失代偿期。

中医诊断：鼓胀。

证型：脾肾阳虚。

治法：健脾温肾，化气利水。

处方：实脾饮加减。

白附子 20g^{（先煎 30 分钟）}	干姜 15g	桂枝 15g	生姜皮 30g
茯苓皮 30g	猪苓 20g	泽泻 30g	大腹皮 30g

牛膝 20g	车前子 30g	补骨脂 30g	生黄芪 30g
防己 15g	甘草 6g		

7 剂

水煎服，每次 400mL，一日 3 次，饭前服。

二诊：2007 年 8 月 25 日。服上药后，腹胀、头晕乏力、下肢浮肿、腰膝酸软均有减轻。舌质红，苔白腻，脉弦滑。原方加当归 15g，川芎 15g，继服 30 剂后症状基本消失，肝功能两次复查均正常。后以逍遥丸服用 2 个月，疏肝解郁，健脾养血，至今情况良好。

按语： 本证为脾肾阳虚，清阳不升，脾郁湿困，导致怯寒肢冷、神疲乏力、少气懒言、小便清白、夜尿频多、大便溏薄、下肢浮肿、腰膝酸软、阳痿早泄。治以健脾温肾，化气利水。药证合拍，故收效明显。

验案五 杨某，女，68 岁，退休干部。2007 年 9 月 7 日初诊。

主诉：腹胀大 6 个月，加重 7 天。

现病史：患者半年前无明显诱因出现食欲不振，腰膝酸软，无发热、黄疸、恶心呕吐及腹痛等不适，曾于县人民医院诊断为慢性乙型病毒性肝炎、肝硬化失代偿期，住院给予抽腹水、补充白蛋白、保肝等治疗半月，腹水减少出院。

患者近 7 天出现腹胀如鼓，青筋暴露，形体消瘦，面色晦滞，唇紫口燥，纳差、嗳气，心烦失眠，齿血鼻衄，小便短少，伴双足踝水肿。舌质红绛少津，脉弦细数。

辅助检查：乙肝两对半报告：HBsAg（＋），HBeAg（＋），HBcAb（＋）；肝功能报告：ALT65U/L，AST72U/L，A/G 42/55；血常规报告：WBC3.2×10^9/L，PLT86×10^9/L，Hb90g/L，RBC3.4×10^{12}/L；B 超提示：肝硬化，中量腹水，脾脏肿大，门静脉内径约 14cm，脾静脉内径约 0.98cm。

西医诊断：肝硬化失代偿期。

中医诊断：鼓胀。

证型：肝肾阴虚。

治法：滋肾柔肝，养阴祛瘀。

处方：一贯煎合六味地黄汤加减。

当归 15g	生地黄 15g	北沙参 15g	栀子 20g
白芍 30g	赤芍 15g	川楝子 15g	枸杞子 15g
白茅根 30g	牡丹皮 20g	茜草 20g	五味子 15g
枳实 30g	山药 15g	山茱萸 15g	泽泻 15g
茯苓 15g	莱菔子 30g	甘草 6g	

7 剂

水煎服，每次 400mL，一日 3 次，饭前服。

二诊：2007 年 9 月 22 日。服上方后，纳差、嗳气改善，口干、心烦、失眠有所缓解，双足踝水肿减轻。舌质紫暗，苔腻，脉弦细数。上方去白茅根、茜草，加鳖甲 20g，丹参 20g，川芎 15g，7 剂，水煎服。嘱低盐、高蛋白饮食。

三诊：2007 年 10 月 10 日。服上方后，诸症减轻，精神较前好转，腹胀大减轻，胁痛消失，余症均好转。B 超提示：少量腹水，肝实质回声不均，呈结节状，肝脏缩小。继服上方 3 个月，病情稳定。

按语： 本证为肝肾阴虚、气滞湿阻、血瘀之候，为本虚标实，虚实互见，治疗较为棘手。方中用牡丹皮、丹参、川芎理气活血，加入鳖甲养阴软坚，用六味地黄汤滋阴补肾，加用北沙参、五味子益气养阴。

验案六 工某，男，36 岁，教师。2007 年 10 月 15 日初诊。

主诉：肝病史 7 年，胁下积块 2 年。

现病史：患者 7 年前因单位体检发现乙肝大三阳，肝功能正常，未予治疗。2 年前发现右胁下积块，时有疼痛，多处求治，效果不佳。

症状：腹大坚满，按之较硬，腹壁青筋显露，胁腹刺痛，面色晦暗，头颈胸壁可有蛛丝赤缕，朱砂掌，唇色紫褐，口渴而饮水不能下，大便色黑，小便短赤。舌质紫有瘀斑，苔薄黄，脉细。

辅助检查：乙肝两对半报告：HBsAg（＋），HBeAg（＋），HBcAb（＋）；肝功能报告：ALT153U/L，AST142U/L，HBV-DNA 定量 13.1×10^5 IU/mL，A/G46/32；血常规报告：WBC12×10^9/L，PLT54×10^9/L，Hb48g/L，RBC2.3×10^{12}/L；B 超提示：肝硬化，大量腹水，脾大（厚 5.6cm，长 15cm）。

西医诊断：肝硬化失代偿期。

中医诊断：痞满。

证型：瘀血阻络。

治法：活血化瘀，行气利水。

处方：调营饮加减。

当归 15g	川芎 15g	生地黄 15g	赤芍 15g
三棱 15g	大黄 10g	延胡索 15g	莱菔子 30g
葶苈子 15g	莪术 15g	白及 15g	三七粉 5g（冲服）
阿胶 15g（烊化）	甘草 6g		

7 剂

水煎服，每次 400mL，一日 3 次，饭前服。

二诊：2007 年 11 月 5 日。服上方后，患者诉右胁疼痛减轻，面色好转，大便正常，积块略有缩小。上方加水蛭 6g，鳖甲 15g，党参 20g 以健脾益气，加强破瘀消积之力，14 剂，水煎服。

三诊：2007 年 12 月 3 日。服上方后，患者诉疼痛消失，右胁下积块缩小，质地变软，牙龈有少许渗血，无其他症状。效不更方，继续服用上方 6 个月，转氨酶完全恢复正常。

按语： 本证临床表现为本虚标实，虚实夹杂。治疗宜扶正祛邪、活血通络、软坚散结，故用调营饮加减治疗。

验案七 程某，女，38 岁，公司职员。2004 年 3 月 15 日初诊。

主诉：乙肝病史 10 余年，3 年前诊断为结节性肝硬化，近期腹胀加重。

现病史：面色晦暗无泽，巩膜有轻度黄染，肝区持续性胀痛，胀闷不适，精神极度疲乏，在某三甲医院诊断为肝肾综合征，经输液、保肝、利尿、健脾等中西药治疗 3 个月无效。

症状：面色晦暗，少气懒言，腹胀如蛙，肌肉消瘦，腹壁青筋显露，右胁疼痛难忍，口淡无味，不思饮食，尿少便秘。舌质淡红，苔薄白，脉沉迟。

辅助检查：肝功能检查：ALT265IU，AST192IU，总胆红素 72IU，直接胆红素 45IU。

西医诊断：肝肾综合征。

中医诊断：腹胀。

证型：肝气不舒，肝血瘀阻。

治法：疏肝理气，活血软坚，消水散结。

处方：柴胡疏肝散加减。

柴胡 15g	白芍 15g	香附 15g	川楝子 15g
延胡索 15g	丹参 15g	郁金香 15g	青皮 15g
鳖甲 15g	大腹皮 30g	山楂 15g	神曲 15g
麦芽 30g	鸡内金 15g	茵陈 30g	栀子 20g
板蓝根 30g	大青叶 20g	蒲公英 30g	地耳草 15g
垂盆草 15g	甘草 6g		

14 剂

水煎服，一日 3 次，两日 1 剂，连服 14 剂。

二诊：2004 年 4 月 12 日。患者服药 14 剂后，胃痛胃胀略有减轻，右胁肋部疼痛有灼热感，食纳稍增，但觉腰困。舌质淡，苔薄黄，脉沉弦。上方柴胡加至 25g 以助疏肝解热之力。水煎服，两日 1 剂，连服 20 剂。肝功能示：ALT184IU，AST125IU，总胆红素 53IU，直接胆红素 31IU。

三诊：2004 年 5 月 22 日。患者服药 20 剂后，腹胀、肝区疼痛明显减轻，食欲精神转佳，自诉视力模糊。舌质淡，苔薄白，脉沉弦。原方夫柴胡、甘草，加夏枯草 20g，菊花 15g，金银花 15g 清肝明目。水煎服，两日 1 剂，连服 16 剂。肝功能示：ALT124IU，AST76IU，总胆红素 47IU，直接胆红素 23IU。

四诊：2004 年 6 月 23 日。患者服药 16 剂后，诸症悉减，唯肝区时有疼痛；肝肿大于胁下 3cm，质硬，有压痛；精神、食纳均佳。舌质淡红，苔薄黄，脉弦。此肝郁疏解、脾气健运之象，唯肝血瘀阻，故胁肋隐痛。陈老师给予活血软坚，理气止痛法。

处方：

当归 15g	川芎 15g	桃仁 15g	红花 12g
赤芍 15g	延胡索 15g	郁金香 15g	丹参 15g
鳖甲 15g	龟板 15g	青皮 15g	蒲公英 30g
白花蛇舌草 20g	半枝莲 20g	虎杖 15g	茵陈 30g

山楂 15g   神曲 15g   炒麦芽 30g   大腹皮 20g

甘草 6g

20 剂

水煎服，一日 3 次，两日 1 剂，连服 20 剂。肝功能示：ALT60IU，AST53IU，总胆红素 31IU，直接胆红素 18IU。

2004 年 8 月 2 日，患者来院复查。肝功能示：谷丙转氨酶 36IU，谷草转氨酶 29IU，总胆红素 22IU，直接胆红素 10IU。均属正常。精神状态明显好转，腹水消失，体重增加，活动如常人。此后，以本方为基础，连续服用 200 多剂。

2006 年 7 月，患者自行到某大型西医院复查，肝功能已恢复正常；B 超提示肝硬化肿大明显好转；CT 诊断为肝纤维化，肝左右叶比例失调，肝表面不规则，脾略微肿大，无腹水。

服药期间基本停用保肝类西药，患者正常上班。经 11 年随访，未再复发，至今一切如常。

按语：本案为肝郁气滞，血瘀阻络，运化无权，水湿阻于中焦，气血水互结。治当疏肝理气、活血软坚、消水散结。本方重用活血化瘀之丹参、桃仁、红花、当归、郁金香、延胡索理气活血止痛，并佐以青皮破气，鳖甲、龟板软坚散结，柴胡疏肝解郁，大腹皮理气消水，蒲公英、大青叶、板蓝根、茵陈、虎杖清热解毒。在治疗过程中，遵循"效不更方"原则，随证稍加减，终获良效。

【临证要点】

（1）由于肝脏具有很强的代偿功能，早期临床表现多不明显或较轻，缺乏特异性；早期体征不明显，肝常肿大，部分患者脾大；早期肝功能多在正常范围内或轻度异常，故患者不注意，常常被忽视。中医药在改善临床症状、提高患者的生存质量等方面具有优势，且副作用较少。以辨证论治为基础，采用益气化瘀、清热解毒、健脾益气、利水消肿等治法，在早期阻断或延缓慢性肝炎、肝纤维化和防治肝硬化方面具有重要意义。

（2）所谓难治性腹水是指腹水反复发作或持续不退，经正规治疗 6 周，虽水肿有所减轻，但仍有少量腹水。西药常采用利尿扩容、自身腹水回收、腹腔穿刺放液、腹腔颈静脉分流术、淋巴液引流术、门腔静脉分流术等方法；中医则根据辨证，用利水消肿、补气活血、软坚散结方法，有一定优势。陈老师认为：鼓胀病因虽有多端，但病理总属肝、脾、肾三脏功能失调，气、血、水停聚腹中所致。临床辨证，应掌握标本虚实，注重活血祛瘀药的运用。习用猪苓、赤芍、泽泻、虎杖增强肝脏解毒功能，丹参、郁金香、桃仁、当归改善白蛋白与球蛋白比例，蒲公英、大黄、虎杖、栀子、黄芩拮抗肝损害，人参、白术、肉桂、郁金、大枣促进肝脏对白蛋白的合成。

（3）在改善肝功能、退黄方面，中医优势较明显。结合中药现代药理研究，陈老师习用的改善肝功能、降低血清转氨酶的药物有垂盆草、地耳草、丹参、柴胡；降低血清胆红素水平的药物有茵陈、栀子、大青叶、板蓝根；促进肝细胞再生的药物有人参、黄芪、白术、怀山药、当归、地黄、灵芝、枸杞子。

当出现明显的门脉高压及肝功能损害综合征时，患者的面貌已显而可见，即诊断明确。对西医而言则有病可辨，对中医而言更是有证可辨。在此阶段，中西医都有一定的优势。在治疗门脉高压、腹水方面，西医优势较多，最宜两者结合使用。

肝硬化失代偿期，无论中西医都视为难治之病，在治疗上缺乏行之有效、药到病除的措施，但两者也都有各自的特点和优势，因而充分利用两种医药所长，弥补两者之短，可以提高疗效。

本病的预后取决于患者的营养状况、有无腹水、有无肝性脑病、血清胆红素和白蛋白水平以及凝血酶原时间，还与病因、年龄及性别有关。

【预防调护】

（1）预防：①避免强烈精神刺激；②饮食勿饥饱失度，勿嗜酒或过食肥甘；③在南方疫区水田工作时，应采取防护措施；④患黄疸、积聚等病，必须及早治疗，防止病情迁延转化。

（2）调理：①多休息。患者以卧床休息为主，腹水较多时取半卧位。②宜进低盐饮食。因食盐有凝涩助水之弊，在尿量特别少的情况下，应给予无盐饮食。对有出血倾向的患者，忌食煎炸、辛辣坚硬的食物，以防助热伤络。③保暖。防止正虚邪袭引起高热而发生他变。④养神。要劝说患者安心静养，解除一切顾虑，以助正气胜邪。

（3）食疗方

①冬瓜粥：带皮冬瓜 80 ~ 100g，粳米 100 ~ 150g。冬瓜洗净切成小块，粳米洗净。冬瓜、粳米同入锅内，加水 1000mL 左右，煮至瓜烂、米熟、汤稠为度。

每天上下午随意服食。适用于鼓胀属寒湿困脾者。

②山药桂圆炖甲鱼：山药片 30g，桂圆肉 20g，甲鱼 1 只（约重 500g）。将甲鱼宰杀，洗净去杂肠，连甲带肉加适量水。与山药桂圆肉清炖至烂熟，吃肉喝汤。适用于鼓胀属肝肾阴虚者。

③枸杞南枣煲鸡蛋：枸杞子 30g，南枣 10g，鸡蛋 2 个。将枸杞子、南枣加水适量文火炖 1 小时后，将鸡蛋敲开放入，再煮片刻成荷包蛋。吃蛋喝汤，每日 2 次。适用于鼓胀属肝肾亏损，脾胃虚弱者。

④鲤鱼赤豆汤：鲤鱼 1 条（约重 500g），陈皮 6g，赤小豆 120g。鲤鱼去鳞杂洗净，加陈皮、赤小豆共煮以烂为度，可加适量白糖，吃肉喝汤，每周 2～3 次。适用于鼓胀证属寒湿困脾者。

⑤猪腿赤豆汤：猪腿肉 250g，赤小豆 120g。共煮烂成浓汁，饮用 1 碗（约 300mL），再将肉与豆吃完，连用 49 日。适用于鼓胀证属寒湿困脾者。

⑥西瓜拌糖：西瓜 750g，白糖适量。将西瓜加入白糖拌匀服食，每日 1～2 次，可连续食用 1 个月。适用于鼓胀小便不利者。

⑦烤牛脾：黄牛脾 90g，仙人掌 90g。将仙人掌纵切成二片不断，夹入牛脾，以木炭火烤熟，弃去仙人掌不用，只吃熟牛脾，每日 1 次。适用于鼓胀证属脾胃虚弱者。

⑧陈年蚕豆糖煎：蚕豆（数年旧豆最好）200g，红糖 200g。先将蚕豆煮去壳，加入红糖文火煮烂食饮。适用于鼓胀证属脾胃虚弱者。

（程文章）

2. 肾炎

肾炎有急、慢性之分，临床表现为颜面或全身水肿，蛋白尿，血尿等，属于中医学"水肿"范畴。

急性肾炎多为 β 溶血性致肾炎菌株感染后所致，是一组以急性肾脏疾病（血压、蛋白尿、水肿）为主要临床表现的综合征。

慢性肾小球肾炎简称慢性肾炎，系以蛋白尿、血尿、高血压、水肿为基本临床表现，起病方式各有不同，病情迁延，病变进展缓慢，可以有不同程度的肾功能减退，最后将发展为慢性肾功能衰竭。

【病因病机】急性肾炎多属于中医学"阳水"范畴，病因多为风邪、疮毒、水湿。发病较急，每成于数日之间，肿多由面目开始，自上而下，继及全身，肿处皮肤绷急光亮，按之凹陷即起，兼有寒热等表证，性质属表、属实，一般病程较短。病机主要由于外邪侵入，肺先受病，继而入侵至肾。治法宜发汗、利尿，或攻逐，以祛邪为主，同时配合清热解毒、健脾理气等。

慢性肾炎多属于中医学"阴水"范畴，病因多为饮食劳倦，先天或后天因素所致脏腑亏损，发病缓慢，肿多由足踝开始，自下而上，继及全身，肿处皮肤松弛，按之凹陷不易恢复，甚则按之如泥，属里、属虚或虚实夹杂，病程较长。病机特点：虚实寒热错杂，脾肾两虚。治疗方法以温肾健脾、扶正为主，同时配以利水、养阴、活血、祛瘀等法。

【辨证分型】急性肾炎临床分 3 个证型：

（1）风水相搏型：颜面、眼睑浮肿，伴有恶寒，发热，肢节酸楚，小便不利等症。偏于风热者，伴咽喉红肿疼痛，舌质红，脉浮滑数；偏于风寒者，兼恶寒、咳喘，舌苔薄白，脉浮滑或浮紧。治法：散风清热，宣肺行水。常用肾炎Ⅰ号方。

（2）水湿壅盛，弥漫三焦型：遍体浮肿，皮肤绷急光亮，胸脘痞闷，烦热口渴，小便短赤，或大便干结，舌质红，苔黄腻，脉沉数或濡数。治法：泻下逐水，疏风发表。常用肾炎Ⅱ号方。

（3）外邪侵袭，脾肾气虚型：阴水复感外邪，使肿势加剧，呈现阳水的证候。或急性肾炎经治疗诸症悉缓，水肿不明显，而尿常规检查仍有蛋白，少量红细胞、白细胞、管型等，肾功能检查见血中肌酐、尿素氮仍偏高者。治法：健脾补肾，祛风解表。常用肾炎Ⅲ号方。

慢性肾炎临床分 2 个证型：

（1）脾肾阳虚型：面浮身肿，腰以下为甚，按之凹陷不起，脘腹胀闷，纳呆便溏，腰部冷痛酸重，神倦肢冷，舌质淡胖，苔白，脉沉迟无力。治法：温脾补肾，利水消肿。常用肾炎Ⅳ号方。

（2）阴阳两虚型：身肿，腰以下尤甚，按之凹陷不起，心悸、气促，怯寒神疲，腰酸遗精，口咽干燥，手足心发热，舌质红，苔薄白，脉细无力。治法：阴阳两补。常用肾炎Ⅴ号方。

【验案举例】

验案一 李某，男，17 岁，学生。2000 年 4 月 8 日初诊。

主诉：颜面浮肿 7 天。

现病史：7 天前因受凉出现颜面、眼睑浮肿，伴恶寒发热、身痛、咽痛、咳嗽，当地医院查小便示：尿蛋白（++），红细胞（++），白细胞（+）。诊断为"急性肾炎"，给予中西药（用药不详）等治疗后，恶寒发热、咽痛、咳嗽等症状好转，但仍颜面水肿，于今日来科求医。

症状：颜面、眼睑浮肿，咽痛，干咳痰少，小便量少、色黄，饮食尚可，大便正常，双下肢无水肿。舌质淡红，苔薄黄，脉浮数。

辅助检查：小便常规示：尿蛋白（++），尿红细胞（+）。肾功能示：正常。

西医诊断：急性肾小球肾炎。

中医诊断：水肿（阳水）。

证型：风水相搏证。

治法：疏风清热，宣肺行水。

处方：自拟肾炎 I 号方加减。

麻黄 15g	连翘 15g	赤小豆 30g	桑白皮 15g
杏仁 15g	茯苓 15g	泽泻 15g	猪苓 15g
白茅根 30g	鱼腥草 30g	桔梗 15g	玄参 15g
百部 20g	金银花 15g	牛蒡子 15g	甘草 5g

3 剂

水煎取汁 1200mL，每次温服 200mL，每日 3 次，两日 1 剂。

复诊：2000 年 4 月 14 日。诉服上方 3 剂后，咽痛、咳嗽已愈，眼睑浮肿有所减轻，小便量增加。去牛蒡子、玄参、金银花、百部，继服 3 剂。

三诊：2000 年 4 月 20 日。诉颜面、眼睑水肿等症状明显好转。以后仍以上方为基础加减，患者共服 15 剂，水肿消退，复查小便常规示：尿蛋白（-），尿红细胞（-）。

按语： 本病例属于阳水范畴，因感受外邪而起病，风邪袭表，肺失宣降，不能通调水道，下输膀胱，故见恶风，发热咳嗽，颜面水肿，头痛，肢节酸楚，小便不利。治疗上着眼于宣散风邪以孤立水势。因主要表现为颜面水肿，故选用肾炎Ⅰ号方。方中麻黄疏散风邪，开宣肺气；杏仁、桑白皮升降肺气；猪苓、茯苓、泽泻、赤小豆、白茅根利水消肿；连翘疏散风热；鱼腥草清肺热，使肺气得以肃降，肺为水之上源，肺气宣则小便利。若身发疮痍、湿疹，可以合用五味消毒饮；咽痛，加金银花、僵蚕、板蓝根；尿中红细胞较多，加大蓟、小蓟、藕节。加牛蒡子、玄参、金银花可清热利咽消肿；桔梗、百部配杏仁可宣肺止咳。

验案二 王某，女，38岁，农民。2005年3月14日初诊。

主诉：颜面水肿15天，伴双下肢水肿3天。

现病史：15天前患者因受凉后出现双眼睑浮肿，伴恶风、咳嗽、咽痛、腰部钝痛，无心慌、气急。当地医院查小便常规示：蛋白尿（+++），WBC（+），RBC（++）。B超示：双肾未见异常。诊断为"急性肾炎"，给予肌注青霉素等治疗10天，咳嗽、咽痛明显缓解，但仍颜面浮肿，3天前出现双踝水肿，继续当地治疗，效果欠佳，于今日来科求医。

症状：颜面浮肿，双下肢水肿，尿少，伴恶寒发热、肢节酸楚。既往身体尚可，否认肝炎、肺结核等传染病史，无心脏、肾脏、胃肠等系统疾病史，否认药物及食物过敏史。舌质淡红，苔薄黄，脉浮数。

体格检查：T36.5℃，R16次/分，P84次/分，BP110/70mmHg。神志清楚，发育正常，营养一般，步入诊室，查体合作，全身浅表淋巴结未扪及肿大，皮肤及黏膜未见黄染及出血点，双眼睑浮肿，咽不充血，双侧扁桃体不肿大，颈软，气管居中，双肺呼吸音清晰，未闻及干湿啰音，心率84次/分，律齐，各瓣膜听诊未闻及病理性杂音，腹平坦，肝脾未扪及，全腹无压痛，双肾区叩击痛，肠鸣音正常，双下肢水肿，CNS（－）。

辅助检查：B超示：双肾未见异常。尿常规示：尿蛋白（++），24小时尿蛋白：2.1g/d，WBC（+），RBC（+），无管型。肾功能报告：正常。

西医诊断：急性肾小球肾炎。

中医诊断：水肿（阳水）。

证型：水湿壅盛，弥漫三焦证。

治法：泻下逐水，疏风发表。

处方：自拟肾炎 Ⅱ 号方加减。

麻黄 15g	生石膏 30g	滑石 18g	防己 12g
木瓜 15g	薏苡仁 20g	羌活 12g	防风 12g
秦艽 12g	商陆 10g	茯苓皮 15g	大腹皮 15g
陈皮 12g	桑白皮 15g	生姜皮 10g	甘草 3g

6 剂

水煎取汁 600mL，一日 1 剂，每次 200mL，一日 3 次。

二诊：2005 年 3 月 20 日。患者服 6 剂上方后，恶寒发热、肢体酸痛缓解，颜面及双下肢水肿有所减轻，尿量增加，大便通畅。舌质淡红，苔薄黄，脉数。肾炎 Ⅱ 号方是汗利兼施之方，宜中病即止，患者肿消大半，不宜再用此方，以免伤正。此时治疗宜攻补兼施，故用肾炎 Ⅲ 号方加减。

麻黄 10g	连翘 12g	赤小豆 30g	茯苓 15g
鱼腥草 30g	白茅根 30g	黄芪 60g	白术 20g
补骨脂 10g	防己 10g	薏苡仁 30g	人参 10g
甘草 3g			

10 剂

煎服法同上。另服金水宝，每次 3 片，一日 3 次。

三诊：2005 年 3 月 30 日。患者服上方 10 剂后，颜面及双下肢浮肿基本消退，饮食恢复正常，精神良好。舌质淡红，苔薄白。复查尿常规示：蛋白尿（＋）。目前需要解决的主要问题是蛋白尿。上方去防己，加丹参活血化瘀，改善肾血流量，有利于尿蛋白消除。继服 20 剂。

四诊：2005 年 4 月 22 日。患者服上方 20 剂后，病情稳定，复查尿常规：蛋白（±）。效不更方，继服 10 剂。

五诊：2005 年 5 月 8 日。患者服上方 10 剂后，精神尚可，诸症消除。复查尿常规示：蛋白尿阴性。停服煎药。为了巩固疗效，继续服金水宝，连服 1 个月。门诊随访半年，未见复发。

按语：本病例属于阳水范畴，因感受外邪起病，风邪袭表，水肿起于面目迅即遍及全身，故选用肾炎 Ⅱ 号方。方中麻黄、羌活、防风、秦艽疏风透表，使在表之水气从汗而解；大腹皮、茯苓皮、生姜皮协同麻黄、羌活、防风、秦艽以去肌肤之水；防己、木瓜、滑石、商陆通利二便，使在里之水邪从下而夺；生石膏、桑白皮泄肺热而利水。二诊时患者表证已解，肿消大半，不宜再用肾炎Ⅱ号方，以免伤正，此时治疗宜攻补兼施，故用肾炎Ⅲ号方。本方适用于急性肾炎诸症悉缓，水肿不明显，而尿常规检查仍有蛋白、少量红细胞、白细胞、管型等，肾功能检查见血中肌苷、尿素氮仍偏高者。此时应在祛风解表的同时益气健脾补肾。方中麻黄祛风解表，黄芪益气固表健脾，防己利水消肿，仿仲景防己黄芪汤之意。补骨脂补肾，据现代药理研究，黄芪有改善肾功能和消除蛋白尿的作用。白茅根、鱼腥草性味平淡，长期服用不会产生副作用，《医学衷中参西录》中就有单用白茅根治疗水肿的记载，近年来有单用大剂量鱼腥草治疗肾炎蛋白尿的报道。黄芪配白茅根、鱼腥草对肾炎蛋白尿久不消者有良效。本症出现肾阳虚表现，如面色㿠白、肢冷、畏寒、口润口和等，可加制附片。对急性肾炎的治疗，先用肾炎Ⅰ号方，肿甚用肾炎Ⅱ号方，肿消大半仍改用肾炎Ⅰ号方，后期用肾炎Ⅲ号方收功。

验案三 王某，女，33岁，工人。2003年4月12日初诊。

主诉：颜面浮肿3年，伴双下肢水肿半年。

现病史：3年前因受凉后出现颜面水肿，腰痛，无恶寒及发热，无尿频、尿急、尿痛，到县医院求医，查小便常规示：尿蛋白（+++），红细胞（+），白细胞少许。诊断为急性肾炎，给予强的松等治疗1月余，症状缓解，自行停药。半年前因受凉后再次出现颜面浮肿，进而出现双足水肿，尿常规示：蛋白尿（++++），红细胞（++），肾功能报告示正常，某县医院仍给予强的松等治疗2月后症状无好转，遂到某医大附院求医，诊断为慢性肾炎。经治疗3个月，尿蛋白（+++）～（++++），于今日来科求治。

症状：全身水肿，腰以下尤甚，按之凹陷不起，脘闷纳差，腹胀便溏，腰痛酸重，形寒肢冷，四肢无力，小便量少，体型肥胖，满月脸。既往身体尚可，否认肝炎、结核等传染病史，无心脏、肾脏、胃肠等系统疾病史，无外伤史，否认药物过敏史。舌质淡，苔白滑，脉沉。

体格检查：T36.5℃，R16次/分，P82次/分，BP130/80mmHg。神志清楚，发育正常，营养一般，步入诊室，查体合作，全身浅表淋巴结未扪及肿大，皮肤及黏膜未见黄染及出血点，无皮疹及皮下结节，满月脸，颜面浮肿，颈软，气管居中；双肺呼吸音清晰，未闻及干湿啰音；心率 82 次 / 分，律齐，各瓣膜听诊未闻及病理性杂音；腹平坦，肝脾未扪及，全腹无压痛，双肾区轻叩击痛，肠鸣音正常。双下肢水肿，CNS（－）。

辅助检查：尿常规示：尿蛋白（+++）；肾功能报告：正常；肝功能提示：ACB32g/L。

西医诊断：慢性肾炎。

中医诊断：水肿（阴水）。

证型：脾肾阳虚。

治法：攻补兼施，温阳利水。

处方：自拟肾炎Ⅳ号方加减。

制附片 10g（先煎 30 分钟）	白芍 20g	白术 20g	防己 20g
茯苓 30g	黄芪 50g	干姜 15g	人参 15g
丹参 15g	当归 15g	川芎 10g	益母草 15g
冬瓜皮 20g	大腹皮 15g	厚朴 15g	桂枝 10g
生山楂 15g	泽泻 20g	猪苓 20g	甘草 3g

5 剂

水煎取汁 600mL，一日 1 剂，每次 200mL，一日 3 次。

二诊：2003 年 4 月 18 日。患者服上方 5 剂后，小便量增多，全身水肿有所消退，脘闷纳差、腹胀便溏、腰痛酸重、形寒肢冷、四肢无力等症有不同程度减轻，舌质淡，苔白滑。效不更方，继服 20 剂。

三诊：2003 年 4 月 28 日。患者服上方 20 剂后，水肿明显减轻，形寒肢冷好转，饮食转佳，大便成形。继服 10 剂。

四诊：2003 年 5 月 8 日。患者进上方 10 剂后，水肿、脘闷纳差、腹胀便溏、腰痛酸重、形寒肢冷等症基本缓解，精神转佳。复查尿常规：蛋白尿（+++）。目前治疗以上方为基础加减：

制附片 15g（先煎 30 分钟）	白芍 20g	白术 15g	莲米 15g
茯苓 15g	黄芪 50g	白茅根 50g	鱼腥草 30g
丹参 20g	芡实 15g	补骨脂 15g	覆盆子 15g

金樱子 15g　　　　　　　甘草 3g

5 剂

五诊：2003 年 12 月 10 日。患者服四诊方为基础的加减方 80 余剂，复查尿常规示：尿蛋白阴性，肾功能正常，ALB38g/L。故今日停药观察，门诊随访，1 年未见复发。

按语： 本病例表现为腰以下水肿，属阴水脾肾阳虚型。脾肾阳虚，阳不化气，气不化水，以致下焦水邪泛滥，故身肿，腰以下尤甚，按之凹陷不起；脾虚运化无力，故脘闷纳差，腹胀便溏；腰为肾之府，肾虚而水气内盛，故腰痛酸重；阳不温煦，故神疲肢冷；肾与膀胱相表里，肾阳不足，膀胱气化不行，故尿量减少；水湿停聚，泛溢肌肤则体型肥胖，满月脸。舌质淡、苔白滑、脉沉是脾肾阳虚、水湿内聚之征。选用肾炎 Ⅳ 号方，方中附子温补肾阳，补骨脂补肾助阳，干姜温补脾阳，黄芪、白术健脾补气，茯苓、泽泻、猪苓通利小便；厚朴、大腹皮理气，气行则水行，桂枝助膀胱化气利水；丹参、当归、川芎、益母草活血化瘀，改善肾脏微循环，取血行水亦行之意，诸药合用，共奏温阳化气利水之功。

验案四 张某，男，40 岁，工人。2003 年 8 月 14 日初诊。

主诉：反复颜面及双下肢水肿 3 年，复发 7 天。

现病史：3 年前因受凉感双眼睑、颜面浮肿，进而出现双下肢水肿，无发热，无胸闷气短。我院查尿常规示：尿蛋白（++++），尿红细胞（+），诊断为慢性肾炎，住院治疗 10 天（用药不详）症状缓解，复查尿常规示：尿蛋白（+++），肾功能正常而出院。出院后间断服中药治疗，每次受凉均出现颜面及双下肢水肿，多次查尿常规示：尿蛋白（++）～（+++）。7 天前因劳累过度，复感风邪出现头昏头痛，腰酸腿软，颜面及四肢浮肿，面白神衰，口干咽痒，咽痛，轻微咳嗽。院外服中药治疗（用药不详），效果欠佳，于今日来科治疗。

症状：头昏头痛，口干咽痒，咽痛，咳嗽，身肿，腰以下尤甚，按之凹陷不起，心悸气促，怯寒神疲，腰酸遗精，手足心发热，尿量减少。

既往身体尚可，否认肝炎，肺结核等传染病史，20 年前患者述曾患"肾炎"经治疗而愈，否认药物及食物过敏史。舌质红，苔薄白而干，脉细无力。

体格检查：T36.3℃，R16 次 / 分，P74 次 / 分，BP145/85mmHg。神志清楚，

发育正常，步入诊室，查体合作；全身浅表淋巴结未扪及肿大，皮肤及黏膜未见黄染及出血点，无皮疹及皮下结节，颜面及四肢水肿，颈软，气管居中；双肺呼吸音清晰，未闻及干湿啰音，心率 74 次 / 分，律齐，无杂音；腹平坦，肝脾未扪及，全腹无压痛，双肾区轻叩击痛，移浊阴性，肠鸣音正常，CNS（－）。

辅助检查：尿常规示：尿蛋白（＋＋＋），红细胞（＋），白细胞（＋），颗粒管型 8 个。肾功能报告示：尿素氮 11.8mmol/L，肌酐 150μmol/L。

西医诊断：慢性肾炎，慢性肾功能不全。

中医诊断：水肿（阴水）。

证型：阴阳两虚，风邪犯肺。

治法：扶正祛邪。

处方：自拟肾炎Ⅲ号方加味。

麻黄 10g	连翘 20g	赤小豆 30g	茯苓 15g
鱼腥草 30g	白茅根 30g	黄芪 50g	牛蒡子 15g
玄参 15g	防己 20g	陈皮 10g	杏仁 10g
蝉蜕 10g	北沙参 30g	防风 10g	甘草 3g

4 剂

水煎取汁 600mL，每次 200mL，一日 3 次，一日 1 剂。

二诊：2003 年 8 月 18 日。患者服上方 4 剂后，头痛、口干咽痒、咽痛、咳嗽等症状缓解；水肿稍减轻，腰以下尤甚，按之凹陷不起；心悸气促，怯寒神疲，腰酸遗精，手足心发热。舌质红，苔薄白，脉细无力。表证已解，目前病侧重阴阳双补。自拟肾炎Ⅴ号方加味。

熟地黄 24g	山药 12g	山茱萸 12g	牡丹皮 12g
泽泻 10g	茯苓 15g	肉桂 10g	制附片 15g^{（先煎 30 分钟）}
牛膝 15g	车前仁 15g	黄芪 30g	丹参 15g
补骨脂 10g	川芎 12g	白茅根 30g	女贞子 30g
旱莲草 30g	生牡蛎 20g	人参 10g	甘草 3g

10 剂

煎服法同上。

三诊：2003 年 8 月 28 日。患者服上方 10 剂后，饮食尚可，精神转佳，心悸、气促好转，水肿有所减轻。病程已久，非数剂能显效，守方不变，继服 30 剂。

四诊：2003 年 9 月 28 日。患者服上方后，水肿等症状基本缓解。复查尿常规示：尿蛋白（++++），尿红细胞、白细胞消失。舌质淡，苔白，脉细有力。效不更方，仍以上方为基础加减。

熟地黄 24g	山药 12g	山茱萸 12g	牡丹皮 12g
泽泻 10g	茯苓 15g	肉桂 6g	制附片 10g ^{（先煎 30 分钟）}
牛膝 15g	黄芪 50g	丹参 15g	白茅根 30g
甘草 3g	鸡内金 10g		

20 剂

五诊：2003 年 10 月 20 日。患者服上方 20 剂后，病情稳定，多次查尿蛋白（+）～（++）波动，肾功能：尿素氮 8.6mmol/L，肌酐 116μmol/L。服药期间经常感冒，感冒后症状加重，说明患者机体免疫力低下，很难防御外邪。陈老师认为，虫草是一味能提高机体免疫功能的中药，患者每天用虫草 6g，煎汤连渣服用，仍继续坚持服用上方。

六诊：2004 年 3 月 16 日。患者用肾炎 V 号方加减共服 150 余剂，精神转佳，体力逐渐复常，今日复查尿常规正常，肾功能正常。停用中药。但仍用冬虫夏草 5g，煎汤连渣服用，一日 1 次。用虫草调理 2 个月后，复查肾功能正常，尿常规正常，随访到 2004 年年底未见复发。

按语：本病例表现是腰以下水肿，属于阴水范畴，阴阳两虚证。腰膝以下肾气主之，肾气虚衰，阳不化气，水湿下聚，水气上凌心肺，故见身肿、腰以下尤甚、按之凹陷不起，心悸气促。肾与膀胱相表里，肾阳不足，膀胱气化不行，故尿量减少。肾阳亏虚，命门火衰，不能温养，故怯寒神疲。肾阳久衰，阳损及阴，可导致肾阴亏虚则见腰酸遗精，手足心发热。起病复感风邪故见头昏头痛，口干咽痒，咽痛，咳嗽。舌质红，苔薄白而干，脉细无力是气阴不足之象。根据急则治标、缓则治本的原则，初诊拟扶正祛邪为法，自拟肾炎 III 号方加味。二诊表证已解，侧重阴阳双补，自拟肾炎 V 号方加味。若阴虚甚，可减桂附的剂量，加二至丸、枸杞子等；阳虚甚，增大制附片用量，可加淫羊藿、肉苁蓉等。

【临证要点】

（1）水肿一证，其病因为风邪袭表，疮毒内犯，外感水湿，饮食不节及禀赋不足，久病劳倦。形成本病的机理为肺失通调，脾失传输，肾失开阖，三焦气化不利。由于致病因素及体质的差异，水肿的病理性质有阴水、阳水之分，并可相互转换或夹杂，阳水属实，多由外感风邪，疮毒、水湿而成，病位在肺、脾；阴水属虚或虚实夹杂，多由饮食劳倦、禀赋不足、久病体虚所致，病位在脾、肾。阳水迁延不愈，反复发作，正气渐衰，脾肾阳虚，或失治、误治，损伤脾肾，可转为阴水；反之，阴水复感外邪，或饮食不节，使肿势加剧，呈现阳水的证候，而成本虚标实之证。

（2）急性肾炎多数病例预后良好，可完全治愈。慢性肾炎病情迁延，病变均为缓慢进展，最终将至慢性肾衰竭。一般而言，阳水易消，阴水难治。阳水患者如属初发年少，体质尚好，脏气未损，治疗及时，则病可向愈；阴水由于肺、脾、肾三脏功能严重受损，后期还可影响到心、肝，则难向愈。若水邪壅盛或阴水日久，脾肾衰微，水气上犯，则可出现水邪凌心犯肺之重证。若病变后期肾阳衰败，气化不行，浊毒内闭，则由水肿发展为关格。若肺失通畅，脾失健运，肾失开阖，致膀胱气化无力，可见小便点滴或闭塞不通，则是水肿转为癃闭。若阳损及阴，造成肝肾阴虚，肝阳上亢，则可兼见眩晕之证。

（3）慢性肾炎临床以水肿、蛋白尿、腰酸腿软、小便不利为特征。水肿易消易聚，时起时伏，时轻时重，长年累月难以消退，有时水肿虽消，而尿蛋白排泄难以控制。陈老师认为治疗上以水肿和蛋白尿两个问题最难，其原因：①水肿的病机，历代医家都认为与肺、脾、肾三脏功能失调有关，慢性肾炎中后期实际上是以脾肾两虚为主的诸脏腑功能衰弱，这种脏腑功能衰弱很难用药物恢复。②脏腑功能衰败，正虚难复，免疫功能严重低下，虚则不耐邪侵，邪自外入，乘虚而蕴结于肾，使水肿反复发作或加剧，尿中蛋白持久不消，病邪不解，又可损脾伤肾，加重脾肾损伤，脾肾亏损，封藏失职，蛋白从尿中大量漏出，蛋白质是人体的精微物质，阴精流失，势必造成阴虚，日久阴阳两虚，形成恶性循环。③脾阳虚，则运化无力；肾阳虚，则气化乏源，水液出入代谢障碍，水湿潴留，蕴而成毒，湿毒日久，郁而化热，热邪伤津耗气，久则阴、阳、气、血俱虚，正气更虚，湿邪更猖，湿性黏滞缠绵，难以除去。④五脏诸虚，特别是气虚不能帅血，气滞血瘀，由于血水同源，气、血、水三者可互相转化；水能化气，气能化水，水能病血，血能病水。由此可见，慢性肾炎病机是虚实、寒热错杂，脾肾两虚为发病的内在因素，外邪、湿、瘀为发病的诱因，而脏腑、气血、三焦气机功能的失调，是构成本病发生的病理基础。所以说慢性肾炎不是一个单纯以正虚为主的疾病，临证时应祛邪与扶正并行。

陈老师治疗慢性肾炎的遣方用药，既遵古之理法方药，亦结合现代医学理论，选用一些现代药理研究表明有显效的药物。如慢性肾炎病程长，免疫功能低下，若蛋白持久不消，可加冬虫夏草，或金水宝（主要成分含虫草），该药有增强机体免疫功能、改善肾功能，以及降低血肌酐、尿素氮的作用。便秘可加大黄泄浊解毒。再如黄芪、杜仲、白茅根能改善肾功能和消除蛋白尿，党参、白术能提高机体免疫功能，当归、川芎、丹参可改善肾功能衰竭患者血液的高黏、高凝状态，牡蛎富含碳酸钙，可减少慢性肾功能衰竭低钙血症及肾性骨病的发生。大黄能促进氮质从肠道清除至体外，改善肾功能衰竭患者高黏、高凝状态，纠正肾功能衰竭时的脂质紊乱，此外，大黄还含有许多人体必需的氨基酸，只要患者无便溏，亦必选用。

【预防调护】

（1）避免风邪外袭。外感风邪是水肿发生与复发的重要因素，为了防止风邪外袭，患者应注意保暖；感冒流行季节，外出戴口罩，避免去公共场所；居室宜通气，经常用食醋熏蒸，进行空气消毒。

（2）急性期应卧床休息，待肉眼血尿消，水肿消退及血压恢复正常后，逐步增加活动量，一般卧床休息 2～4 周。

（3）有浮肿及高血压者应低盐（每日 3g 以下）饮食，肾功能正常者不需限制蛋白质摄入量，但氮质血症时应限制蛋白质摄入，一般限制在每天 30～40g，多给予优质蛋白。

（4）应注意小便量、水肿、体重、体温、脉搏的变化，发现异常及时处理。

（5）头痛、头晕者，应测量血压，并观察其变化情况，如血压升高，可口服降压药，注意休息，不要焦虑，以防加重病情。

（6）坚持治疗，定期随访。水肿患者若已治愈，仍应长期随访，定期复查；若脏气已伤，未能治愈，必须长期治疗，以期延缓病情进展，保持相对健康，尽量带病延年。

（李云安）

四、常用独特方及药对

（一）常用经方

1. 小青龙汤

【组成】

麻黄 12g	白芍 12g	细辛 6g	干姜 10g
桂枝 12g	五味子 10g	半夏 12g	炙甘草 6g

【功效】解表散寒，温肺化饮。

【主治】外寒里饮证。恶寒发热，头身疼痛，无汗，喘咳，痰涎清稀而量多，胸痞，或干呕，或痰饮喘咳，不得平卧，或身体疼重，头面四肢浮肿。舌苔白滑，脉浮。

【方解】本方是《伤寒论》中治疗"伤寒表不解，心下有水气"的名方。素有水饮之人，脾肺之气虚，加之外感风寒，水寒相搏，皮毛闭塞，肺气益困，输转不利，水饮蓄积于心下，上犯迫肺，肺寒气逆，所以恶寒发热无汗，咳喘痰多，清稀而黏，不易咯出，胸闷，身体困重，甚则头面四肢浮肿，舌苔白滑，脉浮。小青龙汤具有解表散寒，温肺化饮之功。方中麻黄宣降肺气，发汗解表，利尿行水；桂枝温通血脉，解肌发汗，温肾化气；干姜、细辛温肺化饮；五味子敛气止咳；白芍养血柔肝，半夏祛痰和胃而散结；炙甘草益气和中，又能调和诸药。

【临证加减】咳喘痰多，常加射干、葶苈子、紫苏子、白前、金沸草降气化痰定喘；咯痰黏腻，胸闷，苔厚，加厚朴、陈皮、莱菔子、白芥子理气化痰。

【应用心得】

（1）小青龙汤的病因是表邪不解，水饮内停，上逆于肺，肺气不利而出现咳喘、面目浮肿、黑斑。

（2）在辨咳喘时，要注意咳重而喘轻，咳喘并重，甚则"咳逆倚息不得卧"，以及日轻夜重等支饮为患之特点。

（3）在治疗咳喘的同时注意兼证，即对肺、脾、肾等多脏的影响。

（4）小青龙汤虽为治寒饮咳喘的有效方剂，但发散力大，能上耗肺气，下拔肾根。因此，本方应中病即止，不可久服，虚人慎服。

2. 四逆散

【组成】

柴胡 15g　　　　　芍药 15g　　　　　枳实 30g　　　　　甘草 6g

【功效】透邪解郁，疏肝理脾。

【主治】

（1）阳郁厥逆证。手足不温，或腹痛，或泄利下重，脉弦。

（2）肝脾气郁证。胁肋胀闷，脘腹疼痛，脉弦。

【方解】四逆散证多由外邪传经入里，气机为之郁遏，不得疏泄，阳气内郁所致。治疗以透邪解郁，疏肝理脾为主。阳气内郁，不能达于四末，而见手脚不温。此种"四逆"与阳衰阴胜的四肢厥逆有本质区别，正如李中梓云："此证虽云四逆，必不甚冷，或指头微温，或脉部沉微，乃阴中涵阳之证，惟气不宣通，是为逆冷。"方中柴胡入肝胆经升发阳气，疏肝解郁，透邪外出为君药；白芍敛阴养血柔肝为臣，与柴胡合用以补养肝血，条达肝气，可使柴胡升散而无耗伤阴血之弊；佐以枳实理气解郁，泄热破结，与白芍相配又能理气活血，使气血调和；使以甘草调和诸药，益脾和中。

【临证加减】兼有咳者，加五味子、干姜以温肺散寒止咳；兼有心悸者，加桂枝以温心阳；小便不利者，加茯苓以利小便；腹冷痛者，加炮附子以散里寒；泄利下重者，加薤白以通阳散结；气郁甚者，加香附、郁金以理气解郁；有热者，加栀子以清内热。

【应用心得】在应用四逆散时，应重点掌握寒、热、虚、实四点：①虚：脾胃阳气虚寒，胃阳弱而见痢疾、便溏。②实：气机升降失常，肝胃气滞阳郁而见胃脘痞满、腹胀；肝阳上亢而见头昏、失眠、目眩、胃胀。③寒：胃阳不足而见脘腹冷痛，泛酸。④热：脾、胃运纳不佳，食积化热，而见口干、口苦等胆胃不和之症。

（二）陈氏经验方

1. 麻杏前胡饮

【组成】

炙麻绒 10g　　　　杏仁 15g　　　　前胡 15g　　　　黄芩 15g

炙紫菀 15g	炙款冬花 15g	浙贝母 10g	百部 15g
瓜蒌仁 15g	桑白皮 15g	半夏 15g	陈皮 15g
茯苓 15g	厚朴 15g	鱼腥草 30g	甘草 6g

【功效】清热化痰，降逆平喘。

【主治】痰热郁肺证。症见咳逆喘息气粗，烦躁，胸满，痰黄或白，黏稠难咯，或身热微恶寒，有汗不多，小便黄，大便干，口渴。舌红，苔黄或黄腻，脉数。

【方解】本方是陈老师家传方。麻绒宣肺平喘，蜜炙减其燥，避免发汗，有润肺作用；前胡、杏仁降肺气；黄芩清上焦肺热；桑白皮、瓜蒌仁、鱼腥草清热化痰利肺；紫菀、款冬花、百部温而不燥，且蜜炙更降其燥，三药合用，润肺降气，化痰止咳，是治咳嗽、痰喘之良药；半夏、陈皮、茯苓降逆化痰，理气和中；甘草调和诸药。诸药配伍，具有"温而不燥，补而不峻"的特点。

【临证加减】痰热郁肺证，痰鸣喘息，不得平卧者，加射干、葶苈子泻肺平喘；痰热伤津，口干咽燥者，加天花粉、知母、芦根以生津润燥；阴伤而痰量少者，酌减苦寒之味，加沙参、麦冬养阴。

2. 加减菊花茶调汤

【组成】

荆芥 15g	薄荷 15g	菊花 15g	川芎 15g
白芷 15g	细辛 6g	僵蚕 10g	蔓荆子 15g
藁本 15g	白蒺藜 15g	羌活 10g	防风 15g
黄芩 15g	茶叶 10g	甘草 6g	

【功效】疏风止痛。

【主治】外感风邪头痛。症见偏正头痛或颠顶作痛，恶寒发热，目眩鼻塞。舌苔薄白，脉浮。

【方解】方中薄荷辛寒，轻虚上浮，上清头目之风热，旁搜皮肤之湿热，中去肝胆之虚热，下除肠胞之血热，为君药，所谓"风淫于内，治以辛凉也"。荆芥辛温，上行去头目之风，除经隧之湿，去血中之风湿郁热；川芎甘辛，行血中之气，排筋骨之湿，上通颠顶，下彻血海，为厥阴肝经表药；羌活苦辛，此以祛太阳之风热；白芷辛温，此以祛阳明之风热；防风辛甘，缓肝补肝，以防风淫之内侵，其祛风不拘经络，无所不到；细辛辛温，达肾气，使上行以清耳目，主治少阴头痛；菊花散风清热，治头痛眩晕；僵蚕治风化痰，散结行经；蔓荆子疏散风热，清利头目；藁本治颠顶头痛；黄芩治风热湿热头痛；甘草以补土和中；茶叶甘苦寒，轻清上浮，能升清阳于上，而降浊阴于下，聪明耳目，开爽精神，虽非风药而能助诸药散风除热，清头目。

【临证加减】若鼻塞流涕不止，前额头痛加辛夷、苍耳子；若头痛眩晕加蝉蜕、白术、泽泻。

3. 苍延香苏饮

【组成】

苍术 15g	延胡索 15g	香附 15g	苏梗 15g
台乌 15g	续断 15g	杜仲 15g	桃仁 10g
川牛膝 15g	白术 15g	茯苓 15g	干姜 15g
甘草 6g			

【功效】温经通络，理气止痛。

【主治】寒湿痹阻，经脉不利。症见腰部冷痛重着，转侧不利，静卧痛不减，遇阴雨天加重。苔白腻，脉沉。

【方解】方中苍术辛苦，燥湿健脾，祛风湿，为君药；配茯苓、白术健脾胜湿，脾主肌肉司运化水湿，脾阳不振则寒湿侵袭腰部肌肉，故用暖土胜湿法使寒去湿化；延胡索、香附、苏梗三药合用，理气和血止痛；桃仁、乌药合用活血祛瘀，温肾散寒，顺气止痛；续断、杜仲合用，补肝肾，强筋骨；再加牛膝通利经脉，引药下行，兼能强壮腰膝；以甘草、干姜散寒暖中。诸药合用，以达温经通络、理气止痛之功效。

【临证加减】若寒邪偏胜，冷痛为主，加桂枝、附片加强温肾祛寒；若兼有风湿者，加独活、狗脊以祛风胜湿；若兼有肾虚者，加熟地黄补肾强筋骨。

4. 石斛清胃饮

【组成】

石斛 10g	白豆蔻 10g	白芍 15g	茯苓 10g

扁豆 15g	陈皮 10g	怀山药 10g	薏苡仁 15g
炒麦芽 20g	炒山楂 10g	建神曲 10g	鸡内金 6g
甘草 3g			

【功效】养阴生津和胃，消食导滞。

【主治】小儿厌食，脾运失健，胃阴不足。症见面色少华，不思饮食或饮食无味，拒进饮食，形体偏瘦，精神状态一般无特殊异常，口干多饮，大小便均正常。舌红，苔白或少津，脉细。

【方解】小儿厌食是临床常见病。方中石斛为开胃之品中清中寓补、补中有清之佳品，而且善调胃阴胃阳，在方中为主药；辅药白豆蔻行气开胃，山药治小儿脾气不足、健脾而不碍脾运，薏苡仁、扁豆健脾渗湿和胃，白芍、甘草酸甘化阴，陈皮、茯苓增强运脾理气作用，山楂、神曲、麦芽、鸡内金消食和中。诸药合用，补中有健，燥化兼顾，行消结合。

【临证加减】痰湿中阻时，加半夏、枳壳；脾虚明显者，加土炒白术、太子参；虫积伤脾者，加使君子、槟榔；胃阴不足者，加玉竹、沙参、乌梅。

5.四物除湿饮

【组成】

当归 15g	川芎 15g	白芍 30g	熟地黄 20g
桂枝 12g	苍术 15g	羌活 15g	防风 15g
桃仁 15g	牛膝 20g	狗脊 15g	独活 15g
伸筋草 30g	路路通 20g	防己 15g	薏苡仁 30g
甘草 3g			

【功效】祛风通络，散寒除湿。

【主治】风寒湿痹证。症见肢体关节重着，酸痛或肿胀，痛有定处，痛处不移，手足沉重，活动不便，肌肤麻木不仁。苔白腻，脉濡缓。

【方解】方中四物汤调益营卫，滋养气血；薏苡仁、苍术健脾除湿；羌活、独活、防风祛风渗湿；桃仁配当归、川芎活血化瘀通络；牛膝、狗脊补肝肾强筋骨；桂枝、防己、伸筋草、路路通合用祛风除湿，舒筋活络。诸药合用，达到除湿通络、祛风散寒之功效。

【临证加减】关节肿胀者，加萆薢、木通、姜黄利水通络；肌肤不仁者，加海桐皮、豨莶草祛风通络。

6.三金排石汤

【组成】

金钱草 30g	海金沙 30g	鸡内金 15g	石韦 15g
瞿麦 20g	萹蓄 20g	栀子 15g	香附 15g
生地黄 15g	威灵仙 15g	通草 6g	白芍 30g
川牛膝 20g	延胡索 15g	甘草 3g	

【功效】清热利湿，排石通淋。

【主治】石淋之湿热下注。症见突发少腹拘急疼痛，小便难涩，尿中带血或排尿时突然中断，尿道窘迫疼痛。舌红，苔薄黄，脉弦。

【方解】方中金钱草、海金沙、鸡内金合用，排石消坚；白芍、延胡索、香附、甘草理气缓急止痛；石韦利水通淋排石；瞿麦、萹蓄合用，利尿通淋，清热排石止血；栀子、生地黄合用，清热凉血；威灵仙、通草、牛膝疏通经络。诸药合用，清热利湿，排石通淋。

【临证加减】如尿中带血，加小蓟草、藕节以凉血止血；兼发热者，可加蒲公英、黄柏、大黄以清热泻火；石淋日久气虚者，加党参、黄芪。

7.冬病夏治方

【组成】

黄芪 50g	白术 50g	防风 10g	熟地黄 50g
补骨脂 50g	胡桃仁 50g	山茱萸 30g	紫河车 1 个

【用法】研细炼蜜为丸，每次 5g，一日 2 次。

【功效】补肺固卫，补肾纳气。

【主治】适用于慢性阻塞性肺疾病及肺心病缓解期属肺肾气虚型的夏季预防给药。症见短气息促，动则为甚，吸气不利，腰酸腿软，自汗，怕风，易感冒，每因气候变化使疾病复发。舌淡，苔薄白，脉细弱。

【方解】本方由玉屏风散加味而成。方中黄芪益气固表，白术健脾补肺，防风祛风以助黄芪实表固卫；熟地黄滋补肾阴，补骨脂补相火以通心火、暖丹田、壮元阳、纳气平喘，胡桃仁通命门、补肾温肺润肠；补骨脂与胡桃仁合用，温肾纳气，有"木火相生"之妙。山茱萸助熟地黄、补骨脂、胡桃仁补肾，助玉屏风散收敛止汗，张锡纯谓山茱萸"敛正气而不敛邪气"。紫河车补气血阴阳，现代药理研究该药含有多种抗体及干扰素，具有免疫作用，能增强机体抵抗力。诸药合用，共奏补肺实卫、补肾纳气的功能，是一个平补肺肾之剂。在夏秋季未发作时，嘱患者服用该方 1～2 个月。经临床观察，该方有增强体质、提高机体免疫功能的作用。若阳虚明显者，加鹿角片、淫羊藿等；阴虚明显者，加枸杞子、阿胶、麦冬等；脾虚者，加人参、白术等。

（三）肾炎系列自拟方

1. 肾炎Ⅰ号方

【组成】

麻黄 15g	连翘 12g	杏仁 10g	赤小豆 30g
桑白皮 15g	茯苓 15g	泽泻 15g	猪苓 15g
白茅根 30g	鱼腥草 30g	甘草 3g	

【功效】宣肺行水，散风解表。

【主治】适用于急性肾炎，症见颜面水肿、恶风、肢节酸楚、小便不利等。

【方解】方中麻黄疏散风邪、开宣肺气，杏仁降肺气，猪苓、茯苓、泽泻、赤小豆、白茅根利水消肿，连翘疏散风热，鱼腥草、桑白皮清肺热，使肺气得以肃降，肺为水之上源，肺气宣则小便利。

【临证加减】若身发疮痍、湿疹，可以合用五味消毒饮；咽痛，加金银花、僵蚕、板蓝根；风寒偏盛，去连翘，加防风、苏叶以助麻黄辛温解表之力；尿中红细胞较多者，加大蓟、小蓟、藕节。

2. 肾炎Ⅱ号方

【组成】

麻黄 15g	生石膏 30g	滑石 18g	防己 12g
椒目 10g	木瓜 15g	羌活 12g	防风 12g
秦艽 12g	商陆 10g	陈皮 12g	茯苓皮 15g

大腹皮 15g　　　　生姜皮 10g　　　　桑白皮 15g　　　　甘草 3g

【功效】泻下逐水，疏风透表。

【主治】适用于急性肾炎湿热壅盛，弥漫三焦型。症见遍体浮肿，皮肤绷急光亮，胸脘痞闷，烦热口渴，小便短赤，或大便干结。舌质红，苔黄腻，脉沉数或濡数。

【方解】方中麻黄、羌活、防风、秦艽疏风透表，使在表之水气从汗而解；大腹皮、茯苓皮、生姜皮协同麻黄、羌活、防风、秦艽以去肌肤之水；防己、椒目、木瓜、滑石协同商陆通利二便，使在里之水邪从下而夺；生石膏、桑白皮泄肺热而利水。疏表有利于通里，通里有助于疏表，如此上下表里分清走泄，使湿热之邪得以清利，则肿势自消。

【临证加减】若肿势严重，兼见喘促不得平卧者，加葶苈子泻肺利水；若湿热久羁，亦可化燥化阴，症见口燥咽干，可加芦根、白茅根。

3. 肾炎Ⅲ号方

【组成】

麻黄 10g　　　　连翘 12g　　　　赤小豆 30g　　　　茯苓 15g

鱼腥草 30g　　　白茅根 30g　　　黄芪 50g　　　　杜仲 10g

补骨脂 10g　　　防己 10g　　　　陈皮 10g　　　　甘草 3g

【功效】健脾补肾，祛风解表。

【主治】适用于肾炎脾肾气虚，外邪侵袭型。症见阴水复感外邪，肿势加剧，呈现阳水的证候，或急性肾炎经治疗诸症悉缓，水肿不明显，而尿常规检查仍有蛋白、少量红细胞、白细胞、管型等，肾功能检查见血中肌苷、尿素氮仍偏高者。

【方解】方中麻黄祛风解表，赤小豆、白茅根利水消肿，黄芪益气固表健脾，防己利水消肿，仿仲景防己黄芪汤之意。连翘疏散风热，鱼腥草清肺热，使肺气得以肃降，肺为水之上源，肺气宣则小便利。杜仲、补骨脂补肾，据现代药理研究，黄芪、杜仲有改善肾功能和消除蛋白尿的作用，配以茯苓、陈皮、甘草理气健脾，运化水湿，上、中、下三焦通水道，共奏消肿之功。

4. 肾炎Ⅳ号方

【组成】

制附片 30g^{（先煎30分钟）}	赤芍 20g	白术 15g	干姜 10g

制附片 30g（先煎30分钟）　赤芍 20g　　白术 15g　　干姜 10g

茯苓 15g　　　　　　厚朴 10g　　大腹皮 15g　黄芪 50g

白茅根 30g　　　　　丹参 15g　　当归 15g　　川芎 12g

益母草 15g　　　　　杜仲 15g　　补骨脂 15g　甘草 3g

【功效】温脾补肾，利水消肿。

【主治】适用于慢性肾炎脾肾阳虚型。症见面浮身肿，腰以下为甚，按之凹陷不起；脘腹胀闷，纳呆便溏，腰部冷痛酸重，神倦肢冷。舌质淡胖，苔白，脉沉迟无力。

【方解】方中附子温补肾阳，补骨脂、杜仲补肾助阳，干姜温补脾阳，黄芪、白术健脾补气，茯苓、白茅根通利小便，厚朴、大腹皮理气，气行水行，赤芍、丹参、当归、川芎、益母草活血化瘀，改善肾脏微循环，取血行水亦行之意。诸药合用，温阳、利水、消肿。

【临证加减】气虚甚，气短声弱者，可加人参，以健脾益气；若小便清长、量多，去茯苓、白茅根，加菟丝子、补骨脂以温固下元。

5. 肾炎Ⅴ号方

【组成】

熟地黄 24g　　　　　山药 12g　　山茱萸 12g　牡丹皮 10g

泽泻 10g　　　　　　茯苓 15g　　肉桂 10g　　制附片 10g^{（先煎30分钟）}

牛膝 15g　　　　　　车前仁 15g^{（包煎）}　黄芪 30g　　丹参 15g

川芎 12g　　　　　　杜仲 10g　　甘草 3g

【功效】滋阴补肾，利水消肿。

【主治】适用于慢性肾炎阴阳两虚型。症见身肿，腰以下尤甚，按之凹陷不起，心悸、气促，怯寒神疲，腰酸遗精，口咽干燥，手足心发热。舌质红，苔薄白，脉细无力。

【方解】方中熟地黄滋补肾阴；山茱萸、山药滋补肝脾而益精血，助熟地黄补肾中之阴；附片、肉桂温补肾中之阳；茯苓、泽泻、车前仁利水渗湿；牡丹皮苦辛而寒，入血分，泻火凉血；黄芪补气健脾利水；杜仲、牛膝助附桂补肝肾；川芎、丹参活血化瘀，改善肾脏微循环，取血行水亦行之意；甘草调和诸药。

【临证加减】若阴虚甚，可小减桂附的剂量，加二至丸、枸杞子等；阳虚甚，增大制附片用量，加淫羊藿、肉苁蓉等。

（四）习用药对举隅

"药对"又称"对子""对药""姐妹药"，早在春秋战国时即有《雷公药对》，而北宋医家徐之才著有《药对》。药物配伍乃中医之精华，用药如用兵，精于方者，必精于药之配伍，由博返约，执简驭繁。药对以其独有的灵活性和固定性，让医生在临证时游刃有余，达到画龙点睛、事半功倍之效。陈老师在临证中常用药对如下：

1. 麻黄—苦杏仁

麻黄与苦杏仁配比 1：1，单份量 10～15g。功用宣肺平喘。麻黄辛温、微苦，归肺、膀胱经，功效发汗解表、宣肺平喘、利水消肿；杏仁苦、微温，归肺、大肠经，功效止咳平喘、润肠通便，其味苦降泄，降利肺气。二者合用，一宣一降，以恢复肺气之宣降，是宣降肺气的常用组合。

2. 麻黄—生石膏

麻黄与石膏配比 1：（2～3），单份量 5～10g。功用宣肺清热平喘。麻黄辛温、微苦，归肺、膀胱经，功效发汗解表、宣肺平喘、利水消肿；石膏辛寒，归肺、胃经，清热泻火，除烦止渴。二者合用，一辛温，一辛寒；一以宣肺为主，一以清肺为主；大量石膏，制约麻黄辛温，是清热宣肺的常用组合。

3. 枳壳—桔梗

枳壳与桔梗配比 1：1，单份量 15～30g。功用理气化痰。枳壳苦温，归脾、胃、大肠经，理气宽中，化痰消积；桔梗苦辛，归肺经，辛散苦泄，开宣肺气，祛痰利气，并可利咽、排脓。二者合用，一开一利，理气与化痰兼顾，既寓"治痰先治气"之意，又使升降复常，有助于肺气之开阖，是宽胸利膈、畅通气机的常用组合。

4. 紫菀—款冬花

紫菀与款冬花配比 1∶1，单份量 10 ～ 20g。功用止咳化痰。紫菀辛甘，微温，归肺经，润肺化痰止咳；款冬花辛微苦，温，归肺经，润肺下气，止咳化痰。二者性皆辛、温，但温而不燥，既可化痰，又能润肺，前者重在化痰，后者尤善止咳，是治疗咳嗽的常用组合，无论寒热虚实、病程长短均可用之。

5. 青黛—海蛤壳

青黛与蛤壳配比 1∶2，单份量 10g。功用清肝利肺。青黛咸寒，归肝、肺经，功效清热解毒、凉血消斑、清肝泻火、定惊；海蛤壳咸寒，归肺、胃经，功效清热化痰、软坚散结。二药相配，源自黛蛤散。《中国药典》（2000 年版）配比 1∶10；清代的《卫生鸿宝》配比 1∶1，是痰火内郁、肝火犯肺所致咳嗽胸痛、痰中带血的常用组合。

6. 桑白皮—地骨皮

桑白皮与地骨皮配比 1∶1，单份量 15g。功用泻肺降火。桑白皮甘寒，归肺经，泻肺平喘，利水消肿；地骨皮甘寒，归肺、肝、肾经，凉血除蒸，清肺降火。二药同为皮类药，地骨皮清肺中伏火，桑白皮泻肺平喘，使郁热从皮而泻，是肺中伏火郁热引起的咳嗽气喘、皮肤蒸热、日晡尤甚的常用组合。

7. 白蒺藜—桑白皮

白蒺藜与桑白皮配比 1∶1，单份量 20g。功用祛风解表。桑白皮甘寒，归肺经，泻肺平喘，利水消肿；白蒺藜味苦、辛，性微温，归肝、肺经，有平肝疏肝、祛风明目的功效。二药相配，一苦一甘，共奏祛风解表之功。现代药理学研究表明，白蒺藜含有过氧化物分解酶，可祛脸上瘢痕；桑白皮有修复受损组织细胞、淡化瘢痕，利水消肿之功效。此二味是治疗肺风粉刺证的常用组合。

8. 鱼腥草—金荞麦

鱼腥草与金荞麦配比 3∶2，单份量 10g。功用清热解毒排脓。鱼腥草性寒能泄降、味辛以散结，主入肺经，以清解肺热见长，又能消痈排脓；金荞麦辛凉，归肺经，清热解毒，排脓祛瘀，治疗肺痈咯痰浓稠腥臭或咳吐脓血为其所长，国医大师朱良春将其喻为中药广谱抗生素。二药相配，一善清肺热，一重在祛瘀排脓，共利热脓之邪排出，是治疗肺热咳嗽的常用组合。

9. 僵蚕—蝉蜕

僵蚕与蝉蜕配比 3∶2，单份量 5g。功用解痉平喘。僵蚕辛咸，归肝、肺、胃经，具有祛风定惊、解痉、化痰散结作用；蝉蜕辛苦寒，归肺、胃经，具有疏散风热、利咽透疹、解痉之功能。二药同属动物药，均具有祛风解痉作用，相须相配，是治疗频咳、痉咳及咳嗽变异性哮喘及支气管哮喘的常用组合。

10. 地龙—白果仁

地龙与白果仁配比 2∶3，单份量 5g。功用清热敛肺平喘。地龙味咸，性寒，归肝、脾、膀胱经，有清热息风、通络、平喘、利尿的功效；白果味甘、苦、涩，性平，归肺经，有敛肺定喘、止带缩尿的功效。二药配伍，清热敛肺平喘，是治疗肺热哮喘的常用组合。

11. 人参—紫河车

人参与紫河车配比 1∶2，单份量 10g。功用温补元气。人参性温，味甘、微苦，补五脏，安精神，定魂魄，止惊悸，除邪气，明目开心益智；紫河车，性味甘、咸、温，入肺、心、肾经，有补肾益精、益气养血之功，乃补气血阴阳之佳品。二药合用，补气之力宏。现代药理研究表明，紫河车含有多种抗体及干扰素，具有免疫作用，能增强机体抵抗力；人参能兴奋垂体 - 肾上腺皮质系统，提高应激反应能力，有抗疲劳、增加机体免疫功能等多种作用，是提高机体防病能力、减少疾病发作的常用组合。

12. 黄芪—党参

黄芪与党参配比 3∶2，单份量 10g。功用补气健脾。黄芪味甘，性微温，归脾、肺经，有补气健脾、升阳举陷、益卫固表、利水消肿的作用；党参味甘，性平，归脾、肺经，有补中益气、补气生津的作用。二者配伍，相须为用，补升相助，使补脾胃、益肺气之力倍增，是治疗气虚所致诸多病证的常用组合。

13. 诃子—罂粟壳

诃子与罂粟壳配比 3∶2，单份量 5～10g。功用敛肺止咳。诃子苦、酸、涩，性平，归肺、大肠经，敛肺止咳，利咽开音，涩肠止泻；罂粟壳酸、涩，性平，有毒，归肺、大肠、胃经，敛肺止咳，涩肠止泻，止痛。二者均为酸涩药，有增强敛肺止咳的作用，是虚证、脱证、病久咳嗽者的常用组合。陈老师在疾病早期，见患者咳嗽较剧烈时，也多用之，未见有恋邪之弊，反而对缓解咳嗽等症状有益处。该药对只要配伍得当，不论在疾病的早、中、晚期均可使用。

14. 紫苏子—葶苈子

紫苏子与葶苈子配比 1∶1，单份量 15g。功用降气化痰平喘。紫苏子辛温，归肺、大肠经，降气化痰，止咳平喘，润肠通便；葶苈子辛、苦，寒，归肺、膀胱经，泻肺平喘，利水消肿。二者配伍，温寒并用，一降一泻，共奏降气止咳、化痰平喘之功。陈老师谓葶苈子为泻肺强心之佳药，据现代药理研究其有强心苷的作用，能使心肌收缩力增强，心率减慢，对衰弱的心脏可增加输出量，降低静脉压。凡遇咳喘气喘、痰涎壅盛者，均可加用紫苏子、葶苈子。

15. 川芎—细辛

川芎与细辛配比 5∶（1～2），单份量 3g。功用祛风止痛。川芎辛温，气香升散，走而不守，可上达颠顶，下达血海，外彻皮毛，旁通四肢，有较强的活血行气、祛风止痛作用，为血中之气药，治头痛之要药；细辛辛温，有小毒，外可解表散寒，内可温肺化饮，上达颠顶，通利九窍，散寒止痛之力颇强，是治少阴头痛之要药。二药配伍，能上行头目，增强其祛风止痛作用，常用于外感风邪所致头痛。

16. 辛夷—苍耳子

辛夷与苍耳子配比 3∶2，单份量 5g。功用祛寒止痛。辛夷辛温发散，芳香通窍，其性上达，外能祛除风寒邪气，内能升达肺胃清气，善通鼻窍，为治鼻渊头痛、鼻塞流涕之要药；苍耳子味辛、苦，性温，具有散风除湿、通鼻窍、止痛之功，为治鼻渊之良药。二药配伍，增强辛通鼻窍之功，是治疗鼻炎、鼻窦炎的常用组合。

17. 藿香—佩兰

藿香与佩兰配比 1∶1，单份量 15g。功用芳香化湿。藿香味辛，性温，归脾、胃、肺经，有化湿、止呕、解暑的作用，为芳香化湿浊要药，正如《本草正义》所说："藿香芳香而不嫌其猛烈，温煦而不偏于燥烈，能祛除阴霾湿邪，而助脾胃正气，为湿困脾胃，倦怠无力，饮食不好，舌苔浊垢者最捷之药。"佩兰味辛，性平，归脾、胃、肺经，有化湿、解暑之功。二药相配，相须为用，芳香化湿功效更佳，是用于外感暑湿、湿滞中阻之常用组合。

18. 白花蛇舌草—半枝莲

白花蛇舌草与半枝莲配比 2∶（1～2），单份量 15g。功用清热解毒。白花蛇舌草味甘、苦，性寒，归胃、大肠、小肠经，具有利湿通淋的作用；半枝莲味辛、苦，性寒，归肝、肾、肺经，具有清热解毒、散瘀止痛、利水消肿的作用。二药配伍，清热解毒。据现代药理研究，白花蛇舌草、半枝莲有抗鳞癌的作用，是治疗癌证的常用组合。

19. 橘核—荔枝核

橘核与荔枝核配比 1∶1，单份量 30g。功用行气散结止痛。橘核味苦，性平，归肝经，功能理气、散结、止痛；荔枝核味辛、苦，性温，归肝、胃经，功能行气散结、散寒止痛。二药相配，走肝经，行气、散结、止痛之功显著，是治疗疝气疼痛、睾丸肿痛及乳房结块的常用组合。

20. 鳖甲—牡蛎

鳖甲与牡蛎配比 1∶1，单份量 30g。功用消痞散积。鳖甲味咸，性寒，归肝、肾经，有滋阴潜阳、软坚散结功效，《本经》言："鳖甲之主治瘕痕，坚积寒热。"牡蛎味咸，性涩，归肝、肾经，有平肝潜阳、软坚散结、收敛固涩的作用。两者相须为用，软坚散结、消痞块、化癥积之功倍增，是临床治疗慢性肝病见肝脾肿大者的常用组合。用于软坚散结时，鳖甲宜醋制，牡蛎宜生用，且均宜先煎。

21. 乳香—没药

乳香与没药配比 1∶3，单份量 5g。功用行气活血止痛。乳香、没药功效相似，都具有活血止痛、消肿生肌之功，常相须为用。区别在于：乳香偏于行气、伸筋，治疗痹证多用；没药偏于散血化瘀，治疗血瘀气滞较重之胃痛多用。陈老师临床推崇《医学衷中参西录》之说："乳香、没药，二药并用，为宣通脏腑、流通经络之要药，故凡心胃、胁腹、肢体关节疼痛皆能治之。又善治女子行经腹疼，产后瘀血作痛，月事不能时下。其通气治血之力，又善治风寒湿痹，周身麻木，四肢不遂及一切疮疡肿疼，或其疮硬不疼。外用为粉以敷疮疡，能解毒消肿，生肌止痛。虽为开通之品，不至耗伤气血，诚良药也。"

22. 豨莶草—海桐皮

豨莶草与海桐皮配比 1∶1，单份量 15g。功用祛风湿通络止痛。豨莶草味辛、苦，性寒，归肝、肾经，有祛风湿、利关节、解毒功效；海桐皮味辛、苦，性平，归肝经，有祛风湿、通络止痛的功效。二药配伍，走关节，通筋络，是治疗风湿热痹、关节红肿热痛的常用组合。

23. 黄连—吴茱萸

黄连与吴茱萸配比 5∶1，单份量 3g。功用泻火疏肝，和胃止痛。黄连味苦，性寒，无毒，归心、脾、胃、肝、胆、大肠经，功能清热燥湿、泻火解毒；吴茱萸辛、苦，温，有毒，入肝、胃经，温中，止痛，理气，燥湿。二药联用即左金丸。黄连苦寒一有清肝泻火的作用，使肝火得清，自不横逆犯胃；二有清泄胃热的作用，胃火降则其气自和。一药两清肝胃，标本兼顾。吴茱萸辛热，一者疏肝解郁，以使肝气条达，郁结得开；一者反佐以制黄连之寒，使泻火而无凉遏之弊；一者取其下气之用，以和胃降逆，一者可引领黄连入肝经。二药相配，共收清泻肝火、降逆制酸之效，是治疗肝火犯胃所致胁肋疼痛、嘈杂吞酸等症的常用组合。陈老师认为，临证寒热错杂之证，热盛者，多用黄连，少佐吴茱萸；寒甚者则反之；若寒热等同，则二药各半为宜。

24. 香附—高良姜

香附与高良姜配比 1∶1，单份量 15g。功用疏肝理气，散寒止痛。香附味辛、微苦，性平，归肝、脾、三焦经，有疏肝解郁、调经止痛、理气调中的作用；高良姜味辛，性热，归脾、胃经，有散寒止痛、温中止呕的作用。二药相配即良附丸，是治肝胃气滞寒凝证的常用组合。

25. 法罗海—荜澄茄

法罗海与荜澄茄配比 3∶2，单份量 5g。功用温中、散寒、止痛。法罗海味辛、苦，性温，归脾、肝、肺经，有理气止痛、止咳平喘的作用；荜澄茄味辛，性温，归脾、胃、肾、膀胱经，有温中散寒、行气止痛的作用,《本草纲目》言："荜澄茄暖脾胃，止呕吐哕逆。"二药合用，对胃寒脘腹冷痛有良效。

26. 延胡索—川楝子

延胡索与川楝子配比 4∶3，单份量 5g。功用疏肝泄热，行气止痛。延胡索味辛、苦，性温，归肝经，行血中气滞以达行气活血止痛之功；川楝子味苦，性寒，归肝经，有疏肝气、泻肝火的作用。二药配伍即金铃子散，一泄气分之热，一行血分之滞，使肝火得清，气机通畅，则诸痛自愈，是治疗肝郁化火所致胸腹胁肋诸痛的常用组合。

27. 香附—延胡索

香附与延胡索配比 3∶4，单份量 5g。功用行气止痛。香附味辛、微苦、微甘，性平，归肝、脾、三焦经，有疏肝理气、调经止痛的作用，为疏肝解郁、行气止痛之要药；延胡索味辛、苦，性温，归肝经，行血中气滞以达行气活血止痛之功。二药合用，一入气分，一入血分，相辅相成，达气血同调止痛之功效，是治疗肝郁气滞胁肋胀痛、肝胃不和胃脘痛、痛经、痹证等病证的常用组合。

28. 柴胡—白芍

柴胡与白芍配比 1∶2，单份量 15g。功用疏肝解郁。柴胡味苦、辛，性微寒，归肝、胆经，有和解退热、疏肝解郁、升阳举陷的作用，和解退热宜生用，疏散肝郁宜醋炙；白芍味苦、酸、甘，性微寒，归肝、脾经，有养血调经、柔肝止痛、敛阴止汗的作用。柴胡有窃肝阴之弊，但伍以白芍阴柔的牵制，可更好发挥其疏肝解郁之功，二者配伍，养血柔肝、疏肝解郁效力显著，刚柔并济，疏肝而不伤阴，柔肝而不碍滞，诚为疏养肝气之良对，是治疗肝胆、脾胃病及月经不调等病证的常用组合。

29. 香橼—佛手

香橼与佛手配比 1∶1，单份量 15g。功用疏肝理气，燥湿化痰。香橼辛苦，性温，辛能行散、苦能燥湿、温能通，故能燥湿化痰；佛手辛、苦、酸，温，归肝、脾、胃、肺经，疏肝理气，和胃止痛，燥湿化痰。二药配伍，相须为用，是治疗肝郁气滞及脾胃不和之胸肋脘腹胀满疼痛、呕恶食少等症的常用组合。

30. 旋覆花—代赭石

旋覆花与代赭石配比 3∶4，单份量 5g。功用降逆止呃。旋覆花苦降，有降气化痰、降逆止呕的作用，善降胃气而止呕噫；代赭石质重性降，为重镇降逆要药，尤善降上逆之胃气而具止呕、止呃、止噫之效。二药配伍，一花一石，降气和降逆同用，是治痰浊中阻，胃气上逆而噫气呕吐、胃脘痞硬者的常用组合。

31. 白矾—郁金

白矾与郁金配比（1～2）：5，单份量3g。功用豁痰安神。白矾酸苦涌泄而能祛除风痰，正如《本草纲目》所云："矾石之用有四：吐利风热之痰涎，取其酸苦涌泄也……"郁金辛散苦泄，能解郁开窍，且性寒入心经，又能清心热，故可用于痰浊蒙蔽心窍诸证。二药相配即白金丸，白矾能化顽痰，郁金开郁散结，合制为丸，则痰去窍开，神清病愈，是治疗痰壅心窍而致癫痫发狂的常用组合。

32. 地肤子—白鲜皮

地肤子与白鲜皮配比2：3，单份量10g。功用清热燥湿，祛风解毒。地肤子味辛、苦，性寒，归肾、膀胱经，有清热利湿、止痒的作用；白鲜皮味苦，性寒，归脾、胃、膀胱经，有清热燥湿、祛风解毒的作用。二药相配，相须为用，增强清热利湿解毒的功能，是治疗湿疹、风疹、疥癣的常用组合。

33. 垂盆草—地耳草

垂盆草与地耳草配比1：1，单份量30g。功用清热利湿退黄。垂盆草味甘淡、微酸，性凉，归心、肝、胆、小肠经，有利湿退黄、清热解毒的作用；地耳草（又名田基黄）味苦，性平，归肝、胆经，有利湿退黄、清热解毒、活血消肿的作用。二药相须为用，利湿退黄、清热解毒之力倍增。现代药理研究表明，二药有改善肝功能、降低血清转氨酶的功效，是治疗邪热或湿热炽盛的急慢性肝炎而转氨酶升高的常用组合。

34. 茵陈—金钱草

茵陈与金钱草配比2：3，单份量10g。功用清热解毒、利湿退黄。茵陈味苦，性微寒，归脾、胃、肝、胆经，有清利湿热、利胆退黄的功效，本品苦泄下降，寒能清热，善清利脾胃肝胆湿热，使之从小便出，为治黄疸要药；金钱草味甘淡，性微寒，归肝、胆、肾、膀胱经，有除湿退黄、利尿通淋、解毒消肿的功效，本品清肝胆之火，又能除下焦湿热，有清热利湿退黄之效。现代药理研究表明，二药有降低血清胆红素的功效，是治疗阳黄必用之品。

35. 生山楂—丹参

生山楂与丹参配比1：1，单份量30g。功用活血化瘀。生山楂味酸、甘，性微温，归脾、胃、肝经，有消食化积、健胃、行气散瘀、化浊降脂的作用；丹参味苦，微寒，归心、肝经，有活血化瘀、凉血消痈、安神的作用。二药配伍，活血化瘀，攻邪不伤正，陈老师临证尤喜用于治疗高脂血症有瘀血阻络者。

36. 赤芍—白芷

赤芍与白芷配比 3 : 2，单份量 20g。功用散瘀消斑。赤芍味苦，性微寒，归肝经，有清热凉血、散瘀止痛功效；白芷味辛，性温，归肺、胃经，有解表散风、通窍止痛、燥湿止带、消肿排脓的作用。二药配伍，一辛一苦，辛以入气，苦以入血，是治疗妇女黄褐斑的常用组合。

37. 黄芩—夏枯草

黄芩与夏枯草配比 1 : 2，单份量 15g。功用清肝凉血。黄芩味苦，性寒，归肺、胃、胆、大肠经，有清热燥湿、泻火解毒、凉血止血、除热安胎的作用，现代药理研究表明有降压及镇静作用；夏枯草味苦、辛，性寒，归肝、胆经，有清热解毒、泻火明目、散结消肿的功效，常用于高血压病属肝热、阳亢者，有清肝降压之效。二药相配，是治疗肝火上攻或肝阳上亢之高血压的常用组合。

38. 天麻—钩藤

天麻与钩藤配比 1 : 2，单份量 15g，功用平肝息风止痉。天麻味甘，性平，归肝经，有补中益气、健脾补脑、息风止痉、平抑肝阳、祛风通络的作用，主治身体虚弱、头昏眼花、神经衰弱、肝风内动、惊痫抽搐、风湿痹痛、肢体麻木等症，为治疗眩晕、头痛之要药，现代药理研究具有镇静催眠、扩张血管、增加血管弹性的作用；钩藤味甘，性微寒，归肝、心包经，有息风止痉、清热平肝的作用。二药相配，均归肝经，平肝息风作用加强，是治疗肝阳上亢之头痛、眩晕等症的常用组合。

39. 月季花—益母草

月季花与益母草配比 1 : 2，单份量 15g，功用疏肝、活血、调经、消肿。月季花味甘、淡、微苦，性平，归肝经，有活血调经、疏肝解郁、消肿的功效；益母草味苦、辛，性微寒，归肝、心、膀胱经，有活血调经、利水消肿的功效。二药合用，均入肝经，共奏疏肝解郁、活血调经之效。陈老师常用二药配伍治疗肝郁气滞而致的月经不调。

40. 伸筋草—淫羊藿

伸筋草与淫羊藿配比 3：4，单份量 5g。功用祛风解表。伸筋草辛散、苦燥、温通，能祛风湿，入肝，尤善通经络，治风寒湿痹、关节酸痛、屈伸不利等病症；淫羊藿辛甘性温燥烈，补肾壮阳，祛风除湿，入肝肾强筋健骨，可用于阳痿、风湿痹痛、筋骨不利等病症。二药配伍，除用来治疗风寒湿痹外，还可以治疗小腿抽筋。

41. 益智仁—桑螵蛸

益智仁与桑螵蛸配比 3：2，单份量 20g。功用暖肾固精缩尿。益智仁味辛，性温，归肾、脾经，有暖肾固精缩尿、温脾止泻摄唾之效；桑螵蛸味甘、咸，性平，归肝、肾经，有固精缩尿、补肾助阳之效。二药相须为用，固精缩尿，补肾助阳之力倍增，是治疗小儿遗尿和肾虚尿频者的常用组合。

42. 杜仲—补骨脂

杜仲与补骨脂配比 1：1，单份量 15g。功用补肾暖脾，固精止遗。杜仲味甘，性温，归肝、肾经，有补肝肾、强筋骨、安胎的功效；补骨脂味辛、苦，性温，归肾、脾经，有补肾助阳、固精缩尿、暖脾止泻、纳气平喘的功效。二药合用，肝脾肾同补，顾护脾阳，功效尤著，是治疗月经不调、腰痛腿软、久咳虚喘、遗精尿频等肝肾亏虚证的常用组合。

43. 杜仲—牛膝

杜仲与牛膝配比 3：4，单份量 5g。功用补肝肾、强筋骨。杜仲味甘，性温，归肝、肾经，有补肝肾、强筋骨、安胎的功效；牛膝味苦甘酸，性平，归肝、肾经，有补肝肾、强筋骨、活血通经，引火（血）下行的作用。二药相配，一走一守，补肝肾，走全身，强筋骨，是治疗肾虚腰痛的常用组合。

44. 补骨脂—胡桃仁

补骨脂与胡桃仁配比 3：4，单份量 5g。功用温肾壮阳。补骨脂能补相火以通心火，暖丹田，壮元阳，纳气平喘。现代研究表明：补骨脂有支气管解痉作用，对豚鼠完整气管的解痉率为 63.8%，临床上止喘近期有效率为 81.8%。胡桃仁味甘，性温，入肾、肺经，补肾固精，温肺定喘，润肠。两药合用，温肾纳气，有"木火相生"之妙，使精气内充，血脉通调，是治疗脾肾阳虚诸证的常用组合。

45. 阳起石—海马

阳起石与海马配比 5∶2，单份量 3g。功用温肾壮阳。阳起石味咸，性温，归肾经，有温肾壮阳、强阳起痿的作用，治男子阳痿遗精、女子宫冷不孕、崩中漏下、腰膝冷痛等病症；海马味甘，性温，归肝、肾经，有温肾阳、壮阳道的作用，治肾阳亏虚之阳痿不举、肾关不固之遗精遗尿等病症。二药相配，马走阳道，石强阳痿，共奏温肾壮阳之功，是治疗肾虚阳痿的常用组合。

（李兰　李云安　陈蓉　王本康）

学术思想

川派中医药名家系列丛书

陈天然

一、主张"病—证—药"三结合的临床理念

陈老师毕生躬身基层，忧百姓疾苦，在基层，对医生而言，基本诊疗设备比较少，专科设备不足，药品数量少，医生知识更新慢，新的治疗方法严重落后，疑难疾病处理风险大。要充分发挥中医药在防病、治病和农村新型合作医疗中的作用，思想上一定要解放，要洋为中用、古为今用；学术上要坚持继承不泥古，发展不离宗。对患者而言，一旦来"看病"，不管你是中医，还是西医，关键是为谁看，看什么病，要看好病，一着不顺，就不是个人的事，是家中大事，极易失"主"。

1. "病"是患者之标，识病乃医家之本

中医向来重视病名诊断，《黄帝内经》开辨病之先河，汉代张仲景立辨病论治之楷模，我国现存的第一部外科专著《刘涓子鬼遗方》中就有了痈、疽的鉴别诊断。隋唐对疾病的认识进一步加深，疾病分类、命名更加合理，《诸病源候论》中记载了众多的疾病名称，如瘿瘤、疔疮、丹毒等沿用至今。清代徐灵胎的《兰台轨范·序》："欲治病者，必先识病之名，能识病名而后求其病之由生，知其所由生又当辨其生之因各不同，而病状所由异，然后考其治之之法，一病必有主方，一方必有主病。"

基层"看病"是患者的首要目标，犹人之目。陈老师临床要坚持中西医结合，首先在病名上要结合，传统中医病名不可避免会带有模糊宽泛特征，吸收、借鉴现代医学的相关成果明确诊断完全有必要，主张双重诊断。对西医诊断明确的疾病，更广泛被年轻人接受。譬如：某18岁男性患者通过婚前检查、网上查询了解自己是慢性乙型肝炎携带者，因担心而来就诊。基层医生一定要先用西医知识向他解释，目前的情况、风险和预后，采用无症从病开展治疗。而中医病名易被中老年理解，例如：凡是以咳嗽为主症的，中医都列在咳嗽中。陈老师对应西医的上呼吸道炎症（咽炎、喉炎、气管炎、支气管炎等）引起的咳嗽，与肺结核和其他疾病引起的咳嗽区别开来。陈老师结合自己的临床实践，总结出基层中

医内科 36 个常见病种包括感冒、咳嗽、哮喘、头痛、黄疸、胃脘痛、腰痛、呕吐、腹痛、泄泻、痢疾、尿血、吐血等基层简明诊断方法、主要中医证型及简明用药表撰写成册。同时总结出现代基层常见的 15 个西医病种，如高血压、胆囊炎、胃炎、胃十二指肠溃疡、带状疱疹、肝硬化等疾病，重点介绍基层常见病种的主要证型和特点，供参考。

2. "证"是患者之惑，辨证乃识病之机

中医"证"，即证候，是中医对疾病发展过程中无穷变化着的本质和现象在某一瞬间时态上的表现所做出的病理概括。辨证是在中医辨证理论指导下，运用正确的思维方法和四诊来收集与疾病有关的临床资料，然后依据八纲辨证、藏象学说、病邪学说、经络学说等进行综合分析和归纳，进而对其病变的病因病位、病变机理、功能状态及演变趋势等做出综合性的评定，从而得出一个证的概念。

陈老师认为：辨证论治是中医的优势和特色，准确的辨证是临床立法、处方、用药的依据。有病始有证，辨证方能识病，识病后方可施治，辨证与辨病二者不可分割。在临床中，首先是诊断患者患了什么病，再根据中医理论辨证治疗。现代科学的诊断设备和方法比比皆是，临床要有好的疗效，关键是辨证论治，一定要在科学、客观化认知疾病的前提下，运用中医理论，从病机分析入手，从总体上、动态中分析疾病内在的规律及不同阶段的病机演变，把握关键的"证"至关重要。

临床既要重视中医证的"共性"，体现在异病同治，在不同疾病的某一发病阶段均可出现；更要重视中医证的"动态性"，证不仅体现在疾病发生、发展的时间把握上，更要求在关键时间点对"证"的特性准确把握。在辨证论治规律的临床运用中，不仅要辨证候的阴阳、表里、虚实、寒热，还要辨病名（包括中医与西医病名），辨识疾病的主要矛盾所在。对一些临床现代诊断明确的疾病，在西医有手术或其他确有疗效的基础上，总结出无症状、症状期、急性期、术后、恢复期等阶段分期"辨证"治疗方法，如肾病 I ～ V 期分类法，并总结出相应的方药，临床疗效显著。

3. "药"是患者之忧，方药乃疗效之法

自古以来，中医中药不分家，"上山采药，下山行医"，孙思邈、李时珍等先贤即为典范。但在基层卫生院，少数情形下能将医生、药师配置全。如有医生不

一定有中药师，一般中医自己抓中药；有中药师会看病，但不是医生。随着社会发展和行业分工细化，中医和中药师执业分离，医不识药，药不懂医，两者各行其道。中药和西药不同，西药多"效在于药"；而中药"效在于法"，如黄连止泻，但泻有寒热虚实之分及兼证之不同，如果都用黄连，效果就不好。中药有性味归经、道地、炮制，还有七情、方剂配伍。

陈老师认为：方药乃疗效之法，非一招一式。临床一定要把理法与方药融合起来，既不能只重方药，不问理法；也不能只重理法，不问方药。只有临床病证并重，辨对证，选对方，用对药，临床疗效才显著。如临床常见的慢性胆囊炎、胆石症和部分胃及十二指肠溃疡患者，都可表现为右肋部胀满或痛，都可用疏肝理气法治疗，但由于二者各有其病理特点，治疗时还应同中有异。在治疗慢性胆囊炎、胆石症时，常于方中加郁金、茵陈、焦栀子等利胆之品；而治疗胃及十二指肠溃疡时，多加左金丸、海螵蛸等制酸，则临床疗效较好。

陈老师主张基层优秀中医人才"看病"必须坚持把握"病—证—药"三结合理念，充分利用农村现有设备、药品、急救等基本条件，积极发挥医生能动性，为患者着想，忧患者之忧，才能看好病。

二、提出无病从证、无症从病和病证结合的三分类诊断方法

现代中医学家李克光教授指出："在诊断方法上许多西医诊断仪器和化验方法，都采用现代科学技术的最新成果，西医可以用，中医也可以用，借助其声、光、化、电等理化检验手段，以作为中医望、闻、问、切的延伸，以补充全凭视、触、叩、听的不足，但用西医检查结果的分析、判断，有助于补充、拓宽辨证论治的思路。"陈老师认为：现代客观诊断指标要无条件接受，从中医治未病的理念出发，许多现代指标将疾病的诊断从临床症状期，可以提前到无症状、体征的亚临床期或亚健康状态。据此，提出无症从病、无病从证、病证结合的三分类诊断方法。这种分期分类对指导双重诊断以及治疗方案的选择等方面颇有价值，简单明了，非常便于诊断条件较差地区的基层医生掌握采用。

1. 无症从病

无症从病是对患者无临床症状，但确已有科学、客观疾病指标的情形，主张

采用因病施治之法。

据西医理化检查辨别：仅有检查结果异常，此时虽无证可辨，但需结合患者的个体因素、病史等分析邪正消长，正确辨证。如临床常见的乙型肝炎患者，无任何临床症状，只是在血液检查时发现肝功能异常，两对半示"大三阳""小三阳"。根据乙肝发病的原因，把无症状乙肝的病机概括为湿邪疫毒，蕴伏肝脏。根据多年临床经验，陈老师对无症状性乙肝的治疗拟定疏肝理气、健脾扶正解毒之法，可转为"小三阳"。

2. 无病从证

无病从证是指目前暂时未能诊断出来的病，但符合中医某个证型，主张采用舍病从证方法。

针对临床一些不能明确关键病理环节或复杂的综合征情形下，采用舍病从证的方法，选择能针对证候的方药。如一些不明原因的口干等，各种检查未发现任何异常，但中医辨证却已明确显示胃阴虚、肝肾阴虚证，主张采用"无病从证"方法。分析患者内在及不同阶段的病机演变，辨证施治，采用益胃汤或一贯煎、六味地黄丸之类的方剂加减治疗，常获得满意疗效。

3. 病证结合

病证结合是病和证都比较明确的前提下，临证时应强调双重诊断，主张能中不西、先中后西、中西结合的原则，灵活运用"病证结合"。

陈可冀院士认为：病、证关系是中西医结合研究的热点和关键，主张辨病与辨证相结合。根据病与证的不同侧重，可分为以证为主线和以病为主线两种结合模式。陈老师强调以证为主线，辅助现代医学辨病的异质性与重要性指标。临证注重证同则治同，证异则治异，治随证转。诊断上对现代医学诊断明确的疾病，不能只停留在西医诊断，临证时应强调双重诊断。在病机分析上，结合疾病发展不同阶段和不同时期，可以分别采取不同的辨证思路。一种是针对关键病理环节处方用药以辨病为主，辨证为辅；也可以在对证治疗基础上以辨证为主，辨病为辅。二是舍病从证，舍证从病：舍证从病就是选择能针对病理机制的方药，而舍病从证则是选择能针对证候的方药。治疗上不提倡中西药合用或并用的双重治疗模式，主张能中不西、先中后西、中西结合的原则，灵活运用"病证结合"，只有病证并重，把二者有机结合起来，临床疗效才显著。

三、首倡以脏腑为基、六经为向、突出主症的辨证思路

在基层，囿于卫生诊断条件不足，尤以内科常见病、多发病等杂病为主。中医辨证方法有八纲辨证、脏腑辨证、六经辨证等，多种多样，各有特点，如何辨证成为基层中医师的必备技能。陈老师提出以脏腑为基、六经为向、突出主症的基层中医辨证理念。

1. 证候的脏腑病变定位是临床辨证首务之一

五脏源于《素问·五脏别论》说："所谓五脏者，藏精气而不泻也，故满而不能实；六腑者，传化物而不藏，故实而不能满也。"巧妙地构架出了人体的肝、心、脾、肺、肾五脏模型。五脏阴阳辨证源于以东汉名医张仲景为代表的伤寒学派，《伤寒论》专门探讨外感伤寒病的诊断治疗规律，为后世医家所推崇。脏腑辨证就是根据脏腑的生理功能和病理特点，辨别脏腑病位及脏腑阴阳、气血、虚实、寒热等变化，为治疗提供依据的辨证方法。其主要内容包括脏病辨证、腑病辨证及脏腑兼病辨证等。心、肝、脾、肺、肾为五脏，其特点为实质性器官，其主要功能是化生和储藏气血精津液。小肠、胆、胃、大肠、膀胱、三焦为六腑，其特点为空腔性器官，其主要功能是受纳和腐熟水谷，传化和排泄糟粕。

陈老师认为：脏腑辨证是临床各科辨证的基础，证候的定位是临床辨证首要任务之一，尤其适用于内科杂病的辨证。中医学的辨证方法虽然多种多样，各有特点，但如果要进一步分析疾病的具体病理变化，就必须落实到脏腑上来，用脏腑辨证的方法予以解决。

2. 证候的六经传变规律是指导祛邪和扶正的依据

《伤寒论》将外感疾病演变过程中的各种证候群进行综合分析，归纳其病变部位、寒热趋向、邪正盛衰，而区分为太阳、阳明、少阳、太阴、厥阴、少阴六经。外邪从外侵入，逐渐向里传播，传变规律有传经、合病、并病、直中等。传经的一般规律有：①循经传。就是按六经次序相传，如太阳→阳明→少阳→太阴→少阴→厥阴，或太阳→少阳→阳明→太阴→少阴→厥阴。②越经传。不按上述

循经次序，而是隔一经或隔两经相传，如太阳病不愈，不传少阳而传阳明或太阴。③表里传。即互为表里的两经相传，如太阳传少阴。传经与否，通过经络脏腑的相互联系，反映经络脏腑病理变化趋势和方向，故某一经的病变，很可能影响到另一经。陈老师认为：基层急病多而外感多发，久病多与受邪的轻重、病体的强弱和治疗得当与否有关，重点运用六经辨证的病机分析外感风寒引起的一系列的病理变化趋势及其传变规律，从病变部位上讲，太阳病主表，阳明病主里，少阳病主半表半里，而三阴病统属于里。三阳病证以六腑的病变为基础，三阴病证以五脏的病变为基础。灵活运用六经辨证，能正确地掌握外感病发展变化的规律，其在脏腑疾病治疗上有重要的指导作用，关键是把握阳病在腑，重祛邪；阴病在脏，重扶正的指导原则。

3. 证候的突出主症是疗效评价的关键

主症就是疾病的主要脉症，是疾病基本的、本质的病理变化的外在表现。抓主症方法即依据疾病的主要脉症而确定诊断并处以方药的辨证施治方法，一般围绕着患者的主诉，通过四诊方法有目的地、选择性地收集有辨证意义的临床资料，并且与中医病证的主症进行对照比较、分析，判断二者是否吻合。因此主症不是患者的主要症状，而是病证自身特异性的主症，可以是一个症状，也可能由若干个症状组成。

如肝硬化腹水，即中医的鼓胀，本病的病因主要有酒食不节，情志所伤，血吸虫感染，及其他疾病转变等。其病机为肝脾肾三脏受病，气、血、水瘀积于腹内，导致腹部日渐肿大，而成为鼓胀。其中肝气郁结，气滞血瘀，遂致脉络壅塞，这是形成鼓胀的前提，"见肝之病，知肝传脾"，脾脏功能受损，运化失职，遂致水湿停聚，这是形成鼓胀的一个基本因素，再就是肾脏的气化功能受损，不能蒸化水液，而使水湿停滞，这是病情加重，日久难愈的重要因素。所以说鼓胀起源于肝，形成于脾，加重于肾，从肝经脾至肾转变，反映了病情由轻到重的过程。所以对肝硬化治疗，不能仅局限于肝，还应考虑脾肾或其他脏腑，要在动态中把握病机。

陈老师认为：主症是最可靠的临床依据，反映了疾病的基本病变，是辨证的诊断标准，也是投方指征。临床立法处方以脏腑定位、六经病机、主症指标为依据，标本兼治，不仅仅局限于外感病的诊治，对内伤杂病的论治，也同样具有指导意义。

四、坚持以验为先、方证合一、精准加减的用药原则

陈老师本着简、便、验、廉的主旨，针对农村常见病、多发病采用中医药施治，多年积累，形成独特临证理念，尤其是中医药适宜技术，中医单方、验方，可以就地取材，就地防治，群众容易掌握，为解决广大群众"看病难、看病贵"具有重要作用。陈老师提出以验为先，方证合一，精准加减的基层用药原则。

1. 讲究理、法、方、药，方证合一

中医临床讲究理、法、方、药，理是基本理论；法是治疗法则；方是方剂组成；药是药物应用，四者是不可分割的整体，使临床的原则性与灵活性高度结合，能够充分发挥医生的主观能动作用。理法的本身就是运用方药治疗疾病的临床实践的反映，然而它又倒过来指导方与药的实践。治病的目的在于搞清疾病的诊断、明确疾病必然出现的局部病变和由此产生的典型症状，从而揭示患者在疾病的具体发展阶段的个体特殊性，经同病异证、异病同证的辨别分析，把握疾病发展现阶段的主要矛盾，使诊断更加深入细致。辨病之后，在疾病今后病机演变的基础上进一步辨证，制定恰当的治疗法则，结合有特殊疗效的方药，实现个体化"方证合一"，并可对疾病的顺逆吉凶进行预见性的判断，从而做到对每一种疾病胸有成竹，达到解除患者痛苦，提高临床疗效的目的。

2. 以"验"为先，活用经方验方

如在小青龙汤、四逆散等经方疗效确切的基础上，结合现代临床有所创新，如小青龙汤证，辨咳喘时要注意咳重而喘轻，咳喘并重，甚则"咳逆倚息不得卧"等支饮为患，日轻夜重，强调肺、脾、肾等多脏兼传的新认识。如对慢性胆囊炎的治疗，胁痛、口苦，不耐受脂肪饮食是主症，基本病机为肝胆郁滞，气郁化火，以疏肝理气、清热利胆为基本治则，药以柴胡、枳壳、白芍、延胡索、炮川楝子、青皮、郁金、生山楂、鸡内金、黄芩为核心，再审其有无兼证，或滋阴、或通腑、或补气、或泻火，更切中病机，疗效显著。在家传的杏仁前胡饮方

面也有所发挥。

3. 辅以兼证立法，精准配伍加减

"效不更方"是陈老师临证时常表达的一句话，临床在抓住主症的同时，依据脏腑关系和六经传变趋势，针对可能出现或已出现的各种兼证，或选择简便方，或选择药对，或根据现代药理作用用药，可连用、可反用，标本兼治，效果显著。在辅以兼证立法方面，如对冠心病、心绞痛的治疗，胸痛为主症，基本病机是心脉痹阻，不通则痛，则以理气活血、化瘀、通脉为基本治则，药以香附、苏梗、陈皮、瓜蒌壳、薤白、丹参、赤芍、郁金、延胡索、三七为核心，再依据兼证，或温阳、或滋阴、或补气、或清火、或豁痰、或通补兼用，既可较快缓解心绞痛的症状，又是长期治本之举，疗效较为巩固。使用黛蛤散、白金丸等简便方，既可单方使用，也可作为药对辅助方药治疗特殊兼证。如青黛、蛤壳（黛蛤散）二药 1 : 2 相配，主要应用于痰火内郁，肝火犯肺，所致咳嗽胸痛，痰中带血。白矾 1～3g 配郁金 10～15g 即白金丸，治疗痰壅心窍癫痫发狂证。在使用现代药理知识方面，陈老师兼收并蓄，创新药对配伍，精准脏腑定位用药。如利用白蒺藜含有过氧化物分解酶，可祛脸上瘢痕作用，与桑白皮修复受损组织细胞，淡化瘢痕，利水消肿之功效，将二药配伍治疗肺风粉刺证。现代药理研究葶苈子有强心苷的作用，能使心肌收缩力增强，心率减慢，对衰弱的心脏可增加输出量，降低静脉压。陈老师谓葶苈子为泻肺强心之佳药，灵活运用三子养亲汤，紫苏子与葶苈子配对，凡遇咳喘气喘，痰涎壅盛者均可使用。在特殊药物使用方面，陈老师利用僵蚕、蝉蜕两味动物药相配，一升一降，发挥二者解痉的协同作用，用于频咳、痉咳，及咳嗽变异性哮喘及支气管哮喘。在辛温解表药方面，陈老师喜藿香，爱麻黄。藿香为芳香化湿浊要药，《本草正义》谓其为舌苔浊垢者最捷之药，常用藿香佩兰配伍，用于外感暑湿，湿滞中阻之证。且二药相须为用，功效更佳。有患者长期使用乳香、没药时，可利用藿香芳香而不嫌其猛烈，温煦而不偏于燥烈，能祛除阴霾湿邪，助脾胃正气。麻黄一药，因其辛温质轻，轻扬上达，能宣肺气，开腠理，散风寒，故多种外感每可随证而选用之，又有外感"第一要药"之誉。陈老师在外感风热之表实证，特别是空调中暑时临证使用，以 3～5g 麻黄为宜，量不宜大，疗效倍增，多取其宣肺气、开腠理、散

风寒之效。唯作此用时，仅需即可。又如风寒束表，内有郁热之表寒内热证或表邪化热入里，壅遏于肺之咳喘证或阳虚感受风寒或内有痰饮，外感风寒等，或麻黄、杏仁二药相配一宣一降，以恢复肺气之宣降，加强宣肺平喘之功，是为宣降肺气的常用药对。或麻黄、生石膏二药配伍，一辛温，一辛寒；一以宣肺为主，一以清肺为主，配用量 1 :（2 ～ 3），大量石膏，制约麻黄辛温，是为清热宣肺的常用药对。

（余葱葱　李云安　程文章）

养生、医德、管理理念

川派中医药名家系列丛书

陈天然

一、大医先养生，修身为患者

陈老师说："当大医先养生修好身体为患者。"申报"国医大师"的必要条件是年龄 70 岁以上，行医满 50 年。中国人的平均寿命已超过 76 岁，没有好身体怎么能为患者服务呢？再者，自己身体健康才谈得上为患者治疗！陈老师编著《老年养生保健》也详细论述过这个问题，养生的最高境界是主动养生。《黄帝内经》说："饮食有节，起居有常，不妄作劳，故能形与神俱，而尽终其天年，度百岁乃去。"主动养生可增强身体素质，提高养生素养，形成养生合力，保证健康，益寿延年。

1. 主动休息，不累也休息

会休息的人才会工作。当前人们工作压力大，生活压力也大，国家提倡五天工作制，这是一种积极的身心休养方式。主动休息，并不是指偷奸耍滑，特别是脑力劳动者，工作或学习一段时间后，机体和大脑虽未出现疲劳感，也要主动休息，这样能发挥和协调全身器官功能，提高人体免疫水平和抗病能力。若已感到疲劳，就是报警信号，它提醒你身体已经超负荷了，应停下来，调整工作节奏，安静地闭上眼睛养神，什么都不要想。

2. 主动喝水，不渴也喝水

每天饮水 1500mL，不渴也要喝。水是人体必需的七大营养素之一，在维持生命活动正常运转以及防病保健方面起着重要作用，不要感到口渴才饮水。如产生口渴感觉，表明人体水分已失去平衡，细胞开始脱水，此时饮水为时已晚。尤其是老年人，饮水不足会使肝、肾功能降低，血液黏稠度加大，甚至形成血栓，诱发多种疾病。老年保健专家洪昭光建议：起床后、到了办公室、上午 11 点、吃完午饭半小时、下午 3 点、下班前、晚饭后、临睡前 1 小时，选择这几个时间点喝一杯水，可以帮助你轻松完成一天的喝水量。补充一定量的水分，能降低血液浓度，促进血液循环，更有助健康。

3. 按时就餐，不饿也进餐

"饮食有节，饮食以时。"有些人不吃早餐或不按时就餐，对健康很不利。因为食物在胃内经过 4 ～ 5 小时会全部排空，当感到饥饿时，胃中的胃液（胃酸）已开始"消化"胃黏膜，长此下去，容易引起慢性胃炎或消化性溃疡。规律饮食，按时就餐，更利于养生保健。

4. 按时就寝，不困也要睡

睡眠是养神的最好方法，是新陈代谢活动中重要的生理过程，人的一生约有 1/3 的时间是在睡眠中度过的。只有养成良好的睡眠习惯，保证每天不少于 7 小时睡眠，中午也需午睡半小时，才能维持人体生物钟的正常运转。有些人毫无节制，不困不睡，甚至困了也强撑着，这不利于保护大脑细胞，维护大脑神经功能，长此以往，更易引起失眠，会损害生命。

5. 定时排便，无意也入厕

大小便是人体排泄废物、正常新陈代谢的重要方式。便秘有害健康，汉代养生家王充说："欲得长生，肠中常清。"因此，要养成定时排便的习惯，即使无便意，也要入厕，保持大便畅通。小便也应保持在每天 7 ～ 8 次，一次憋尿最长不要超过 4 小时，即使没有明显尿意，也要试着排尿。

6. 自得其乐，无喜也欢笑

人逢喜事精神爽，天天捡到金元宝，无喜事也欢笑。俗话说"笑一笑十年少"，笑容满面，精神焕发，能提高人体免疫功能和提高机体自然杀伤细胞的活性，每天尽情欢笑是"九十笑眯眯"的长寿秘诀之一。要主动寻求欢乐，多看喜剧、相声，多读笑话，多谈欢乐的喜事，使自己笑口常开，延年益寿。

7. 未病先防，无病也体检

无论有病无病，定期体检是未病先防的重要措施，"预防胜于治疗"，可以发现早期隐患，发现"病不自知"，将疾病消灭在萌芽阶段，无病求医比有病求医更胜一筹。目前，国民养生保健的意识不断增强，每年定期到医院体检人数的比例不断提高，这也符合中医学提倡的"不治已病治未病"的理论。

8. 主动养生，无病也保健

主动养生，健康多一点，生命就会长一点。健康打折，疾病多一点，生命就会短一点。平时要养生，有病找医生。仁者乐山有乾坤，智者乐水有绿荫。德智体美，全面发展，成就生命，健康天年。做到快乐的心情，适量的运动，充足的睡眠，均衡的营养，形成养生合力。

（王廷治）

二、医德观

（一）贫富用心皆一，贵贱使药无别

此医德名言出自《小儿卫生总微论方·医工论》。原文为："疾小不可言大，事易不可云难，贫富用心皆一，贵贱使药无别。"意思是说医生在为患者诊治疾病的过程中，要如实告诉患者病情，而不可任意夸大病情，或将容易医治的疾病说成疑难，如果有患者来求治，不论贵贱贫富，一律同样看待。

陈老师行医 50 载，坚持"贫富用心皆一，贵贱使药无别"的行医准则，注重医德医风的培养，不断提升自身道德水准。行医以来，以患者为本，以医院为家，尊重患者的人格和权利，待患者似亲人，深得患者的信任。遵纪守法，廉洁行医，急患者所急，想患者所想，常年废寝忘食，超负荷工作，从不收取患者红包、礼物，深受群众和患者尊重。一生从未发生医疗事故、医疗差错和医疗投诉事件。

师承陈老师 5 年来，听得最多的就是这句话，亲眼见到老师是如何践行这句话的，无论是高官显贵、企业老总，还是贩夫走卒、乡野村夫，一样细致入微，精益求精，态度和蔼，不必要使用的贵重药品，坚决不用。有一次，我诊治一个咳嗽患者，使用了川贝母，老师在审方时，改用为浙贝母，并告诉我一样可以达到治疗的效果，却可以为患者节省不少的钱。还有一次，患者抓药时钱没有带够，要求少抓一剂，老师说少一剂疗程不够，借了 50 元钱给患者。有一次我问患者带了多少钱，以便给他开药，结果被陈老师批评，无论贫富贵贱，以病情为准，同样施药。在坐诊时，无论多少患者，老师一定要看完才吃饭，经常下午两点多吃中午饭，过了八点才吃晚饭，还关心后面候诊的患者，让他们先去吃了饭再来，别饿着了。

所以，我一直把陈老师"贫富用心皆一，贵贱使药无别""无德不行医"的教诲牢记在心，奉为我行医的座右铭，终身践行。

（段定山）

（二）金杯银杯不如患者口碑，金奖银奖不如患者夸奖

陈老师常说："金奖银奖不如患者的夸奖，金杯银杯不如患者的口碑。"2014年被四川省人民政府评选的四川省第二届十大名医，平均年龄72.2岁，陈老师以62岁被誉为十大名医中最年轻的专家。记者采访时陈老师谦虚地说："无论你有多高学历，多高水平，多扎实的医技，为患者解除疾患、追求医疗优质服务永无止境。"

首先，思想上要把患者当亲人。陈老师常举例子，20世纪80年代初，县中医医院妇产科正处于创立期，刚来的科室主任和医生在当地名声小，院里、院外都不太了解，恰遇班子成员的家属要生小孩，家人就按往常做法到县医院住院去了。陈老师了解后，立即给班子成员打电话，作为医院的一员，对自己医生都不信任？外面的医生你知道多少，要往外送。我们的妇产专家是医院请来的，对他们的实力我们是掌握的，您家属的病情我也了解，我们医院完全有能力治疗，请立即说服家属来医院住院。作为医生，医院的职工病了，家属病了，都不找您看病，谈何把患者当亲人。

其次，行动上把患者需要放在第一位。从患者的角度来理解医生，医生总是完美的，医生的每一句话、每一个选择、每一个决定患者都记在心。从医生角度看待患者，患者因为有病才来看病。其实大多数情形下，患者只是某方面需要医生的帮助，就像车子轮胎坏了需要修理。正因为医患"完美与缺陷"对比差异，陈老师要求在临床工作中，认真对待每位患者，细心查体，耐心为患者分析病情，态度温和，关怀备至，把明白患者需求放在第一位。1986年，陈老师遇车祸，致全身20多处骨折住进医院，仍有许多患者求其诊病，虽未康复但他不忍心拒绝患者，将病房改为临时诊所，安排弟子先为患者问诊把脉，他再补充。这一举动感动了所有前来诊治的患者及家属，皆口口相传，陈老师的仁爱之心广为流传。

最后，医生的天职就是治病。弟子李云安，早年无论是人品、医术、管理思维均适合从事管理工作，其时医院确实也需要年轻、懂业务的干部。陈老师经过多年观察，坚持不让其从政，反而鼓励他坚持临床一线。在老师的鼓励下，李云安淡泊名利，兢兢业业，刻苦钻研，凭着扎实的医学功底，为广大伤病患者解除

疾病。如今，找他诊治的患者络绎不绝，年门诊量达 2.5 万余人。

陈老师自己也身体力行，无论是担任公职，还是退休后，均坚持在青白江、温江、剑阁等地出门诊，每周超过 5 个半天。陈老师常告诫我们："金杯银杯、金奖银奖是人前的荣誉，代表的是过去；患者口碑、患者夸奖是事后的表达，代表的是真心。要珍惜荣誉，更要为患者解除疾病，这才是医者的根本。"

（何福强）

（三）做好本职工作

陈老师时常说"做好本职工作"，医者仁心，治好病，让群众满意。

陈老师从基层一路走来，一直践行着医者的神圣使命，做好自己的本职工作。医者父母心，每次跟陈老师出门诊，不管是老患者还是新患者，他都细心地倾听，耐心地交流与开导，认真仔细地用药。

他时常告诫弟子们：做一名医生，"大医精诚，厚德怀仁"，对患者无高低贵贱之分，均如亲人一样对待，一丝不苟，兢兢业业，廉洁行医，清清白白；要尊师重道，要有孝道，感恩，要爱国爱家。没有国家，根从何来，没有父母，身从何来。对国家忠诚，对父母忠孝，对兄弟姐妹相亲相爱，夫妻相濡以沫。

很多患者都是慕名前来就诊，还有许多从省外过来，因时间仓促，到了医院有时无法挂号，陈老师都给予加号，让患者"不失望，心里踏实，满意而回"。有些挂了号的患者，临到下班时间还是未来，老师一般会电话问询，甚至牺牲自己的时间等着。不管多晚，不管多累，都认真热忱地对待每一位患者。

陈老师时刻践行着一位医者的本分，得到了患者的好评与信任。"中医的发展靠的不是钱，是老百姓的信任。若信任没了，中医就什么也没有了。"陈老师的谆谆教导让我们受益匪浅，让我们有了发展中医的动力，给了大家更足的信心。

（李宝伟）

（四）先做人，后学医，无德不行医

在我刚进入师门时，陈老师就教导我们："先做人，后学医，无德不行医。"陈老师是这样说的，也是一直这样为我们做表率的。

　　陈老师强调"先做人，后学医"，意思是只有打下了做人的根基，学医时才能够学有所思、学有所成、学以致用，成为一个有道德、有能力的医生。孔子曰："弟子入则孝，出则悌，谨而信，泛爱众，而亲仁，有余力，则学文。"陈老师要求我们首先要孝敬父母，尊师重道，诚实可信，博爱众人。一个不孝敬自己父母的人，何谈"老吾老以及人之老"；一个不尊重自己师长的人，就更不可能虚心求教；一个不诚实可信的人，患者如何能将自己的健康与生命托付于你；一个没有博爱精神的人，怎能拯救患者于危难。其次，他要求我们要具有吃苦精神。他常说："一旦选择了学中医这一治病救人的职业，便要做好吃苦的准备。"中医博大精深，需要学习和阅读的书籍可谓汗牛充栋，而且现代中医师还必须学习西医知识，才能更好地认识和治疗疾病。因此，学医真可谓"路漫漫其修远兮"，需要我们几十年如一日不断地学习、实践、思考、精进。

　　做人的核心是一个"德"字，做人要有德，行医更要德才兼备。"古今欲行医于天下者，先治其身；欲治其身者，先正其心；欲正其心者，先诚其意，精其术"，此可谓医者仁心。中医的魅力与光辉并不仅仅来源于它神奇的疗效和独特的理论体系，还有一个很重要的原因就是历代中医大家们身上闪烁着人性光辉色彩的医德，它随中医独特的诊疗艺术一起传承至今。陈老师就是这样一位德艺双馨之医家，他用自己的言行举止诠释着医乃仁术，用自己的心血汗水捍卫着医道尊严！陈老师时常告诫我们："作为一名医者，除了要有高超的医术，更重要的是必须具备高尚的医德。"陈老师在"仁心、仁德、仁术"方面都为我们树立了很好的榜样。他总是认真对待每一位患者，以解除他们的病痛为己任；在临床诊治过程中态度谦和，耐心为患者讲解、分析病情；总是为患者着想，从来不开价格昂贵的检查和药物；有时免费为患者诊治；有时还会为经济困难的患者垫付医药费用……老师的言传身教深深地感染着我们每一位学员，我将继承老师对患者的这份责任心和爱心，定将孙思邈的"大医精诚"作为自己一生圭臬，真正做到"若有疾厄来求救者，不得问其贵贱贫富，长幼妍媸，怨亲善友，华夷愚智，普同一等，皆如至亲之想"。

　　孙思邈曾说过："夫为医之法，不得……道说是非，议论人物，炫耀声名，诋毁诸医。"陈老师作为四川省第二届十大名老中医，在川内享有很高声誉，但是他在同行面前仍然是谦恭的典范。陈老师从来没有门派之争，他和川内很多中医名家都是好友，大家相互学习、交流，取长补短。他还把他的师承学员主动推荐给其他老师，让他们有机会学到不同的技能。经常有在其他医生处诊治失败的患者转到陈老师处就诊，陈老师从不道同行长短，只是一心为患者解除病痛，把"医医关系"处理得非常好。

"先做人，后学医，无德不行医"体现了陈老师对医生的基本要求，也成为我人生的座右铭。

（李永平）

（五）学"大医精诚"，当好医生

陈老师教导学生，要学医，先做人，首先应学习唐代著名医家孙思邈的"大医精诚"。孙思邈医术精湛、医德高尚，多次拒绝隋唐两代帝王邀其为御医的聘请，长期在民间行医，深受人民赞誉，人称"药王菩萨"。他认为"人命至重，贵于千金"，主张医术要"精"，医德要"诚"。著"大医精诚"一文置《备急千金要方》卷首，用心良苦，是学医之人必修课，被世人誉为"医德法典"。文中用"心"九处之多，指明了如何立志为医，为名医，为大医。

1．"用心精微"，立志为医

"人命至重，贵于千金。"医道是"至精至微之事"，不得有"至粗至浅之思"，必须"用心精微""博及医源，精勤不倦"。

2．"恻隐之心"，博爱为民

"先发大慈恻隐之心，誓愿普救含灵之苦。若有疾厄来求救者，不得问其贵贱富贵，长幼妍媸，怨亲善友，华夷愚智，普同一等，皆如至亲之想。"树立为患者服务的思想，博爱治病。

3．"深心凄怆"，体恤患者

"一人向隅，满堂不乐，患者苦楚，不离斯须。"不要"偶然治差一病"或小病见效则"自逞俊快，邀射名誉"。要深心凄怆，体恤患者。

4．"一心赴救"，勿避困难

对待危急重症，"见彼苦恼，若己有之"而"一心赴救"，"不得瞻前顾后，自虑吉凶，护惜身命"，要不畏艰险，勿避困难。

5. "形迹之心"，万不可有

大医之体，"望之俨然……不皎不昧"，询问病情，"不得多语调笑，谈谑喧哗"，或"道说是非，议论人物"。形迹之心，万不可有。

6. "蒂芥之心"，切勿存留

对"其有患疮痍、下痢，臭秽不可瞻视，人所恶见者"，要不怕脏臭，体恤怜悯患者，"不得起一念芥蒂之心"。

7. "至意深心"，精准治病

"省病诊疾，至意深心，详查形候，纤毫勿失，处判针药，无得参差。"要精益求精，否则会"望其生"，实"见其死"。

8. "专心经略财物"，人神共愤（耻）

对待同行要医术相长，"不得恃己所长，专心经略财物""炫耀声名，訾毁诸医，自矜己德"，自"谓天下无双"。以医谋私，贬低自己的形象。

9. "救苦之心"，成就大医

医技平庸者会草菅人命，庸医杀人。医者医技精湛、高深，但医德修养差，人格低下，品德恶劣，那就会像"狂人持刀"遗害患者。若能按照"大医精诚"用心修养，"救苦之心"常存，不是"大医"，也是"名医"。

（王廷治）

三、管理理念

（一）以院为家，院兴我荣

自 20 世纪 80 年代初全面振兴中医之春风吹起，剑阁县中医医院从原龙泉区医院基础上建院开始，陈老师就承担起医院院长、支部书记的管理责任，在几十年的医院建设发展中，他带领全院职工树立"以院为家，院兴我荣，院衰我耻"的精神，为剑阁县中医医院建设发展做出了卓越贡献，立下了汗马功劳。

1. 勇挑重担，发展创新

1984 年 5 月乘着全国振兴中医药工作的春风，剑阁县将原龙泉区医院升格为剑阁县中医医院，当时仅有 10 余名医务人员，三四百平方米的业务综合用房，医疗设备极其简陋，人员技术薄弱，生活工作条件艰苦。陈老师从区医院的院长升为中医医院支部书记、代理院长、副院长，直到剑阁县中医医院院长、支部书记。他挑起重担后全身心地投入到医院建设、发展上，首先是千方百计筹措资金，寻找项目搞基本建设，修建业务用房，先后于1986年建成2300平方米的门诊住院综合楼，2000年建成5000平方米的住院大楼。同时加快人才技术培养和引进，不拘一格地选派专业技术人员外出进修学习，聘请省级医院专家学者来院讲学、会诊、技术指导，引进专业院校毕业的本科生，与成都中医学院函授部联办中专、大专函授站，为全县培养中医药人才。添置各种现代医疗设备，坚持中西医结合的办院方向，提出先中后西，能中不西，中西医结合，中医院的医生要成为能中能西的双料人才。在学科建设、人员进修培养方面提出与综合医院看齐，提倡"人无我有，人有我优，人优我精"的新观点，率先引进彩色多普勒超声仪，力排众议，在广元地区的县级医院中率先引进电子计算机断层扫描仪（CT）、多功能监护仪等现代先进设备，为抢救危急重症，开展大型手术保驾护航，先后救治多例重型颅脑损伤患者和心胸外伤患者，现代诊治水平在县级医院处于领先地位，得到人民群众的充分信任和行业管理部门的高度评价。要求全院职工树立救死扶伤、全心全意为人民服务的无私奉献精神，爱院如家的主人翁精神，争创一流的拼搏精神，恪尽职守的敬业精神。

2. 狠抓管理，提升服务

在医院基本建设、学科建设、人才梯队、医疗设备等达到一定规模后，医院内涵建设就成为医院发展的关键。他首先提出"内强素质、外塑形象"。不断完善医院各项规章制度，明确各级各类人员岗位职责，突出质量第一，患者第一，服务第一。提出名医、名科、名院的建设思路，先后培养了10余名省、市、县名中医和5个重点专科，为名院建设打下了坚实基础。加强了对医院和科室管理人员的培养，规范各类管理制度，加强绩效分配和奖惩考核制度，调动全院职工特别是临床一线医务人员的积极性。他始终以患者为中心，以质量为核心，以服务为根本，视患者如亲人，想患者之所想，急患者之所急，把患者的利益放在第一位。虽然有繁重的管理工作，但他一直把临床诊疗工作放在首位，坚持每天查房、会诊，参加门诊诊疗工作。在医疗服务和环境卫生管理方面严格要求。要求医务人员必须主动、热情、细心、周到地提供各种医疗服务，为患者提供舒适、干净、优美的就医、住院和环境，要求医护人员人人动手，分包清洁卫生区域，坚持每周进行清洁卫生大扫除和检查。每月对医疗质量和服务态度进行检查、考核和满意度调查，并进行奖惩，从 20 世纪 80 年代至今，全县人民群众对剑阁县中医医院的共同评价是：服务态度好，清洁卫生好，收费价格低。全院医疗业务发展势头良好，管理规范，业绩突出，分别于 1994 年通过国家二级乙等中医院，2000 年通过二级甲等中医院的评审，先后荣获四川省文明医院、四川省文明单位、四川省放心药房、四川省卫生先进单位等殊荣。为剑阁县先后成为四川省及全国首个农村中医工作先进单位做出突出贡献，为 2013 年晋升为三级乙等中医院打下了坚实基础。

3. 以人为本，和谐健康

医患是一家，和谐靠大家。他几十年如一日，怀揣着对患者博大的爱，总是设身处地为患者考虑，每次诊治，他都根据患者的实际情况设计最佳治疗方案：能够通过口服治愈的，绝不让患者打吊针；能够在门诊治愈的，绝不要求住院治疗；确需住院治疗的，他要求医生们尽量用国产的、价格低的药和器材，想方设法让百姓少花钱，看好病，减轻他们的经济负担。同时，他尽最大努力满足所有就诊患者的要求，不管患者多少，都要诊治完当天就诊患者才下班，哪怕是在家里、路途中、吃饭席间、会议间隙，只要有患者需求，他都乐意为其号脉处方。

医院是个家，兴旺靠大家。他要求全体医务人员把医院当作自己的家一样爱护，努力为医院这个大家的建设和发展着想。他要求干部职工思想上同心、同德，目标上同心、同向，行动上同心、同行，为中医药事业发展献计献策，出招出力。各项工作他都以身作则，严格要求自己和工作人员，对患者和职工既严格又亲和。对工作没有做到位的同志，既给予严肃的批评指正，又给予耐心说服，被人们亲切地称赞为"刀子嘴，豆腐心"。

他把每位职工都当成家庭成员之一，除工作要求外，职工的家庭生活、子女上学就业、红白喜事、生疮患病等他都以家长的身份或委托工会提供力所能及的帮助和慰问。每年除夕之夜，他都带领医院管理人员一起送上慰问品，看望因重病不能回家团圆的住院患者和家属，祝愿他们过上甜甜蜜蜜的春节，陪同值班的医务人员一起吃年夜饭，感谢他们安心值班，坚守神圣岗位。

家是心灵的港湾，家是奋进的动力，家是永远的守候。在他心里始终装着医院这个"大家"，舍弃了自己的"小家"。他之所以能一直"以院为家"，是因为他身后有一个始终支持他的贤妻揽下了全部家事，为的是不让他分心操心"小家"，影响医院这个"大家"的发展。他用几十年的坚守向世人解读并证明了他"以院为家，院兴我荣"的理念。他呕心沥血，把毕生的精力全部献给中医药事业，为剑阁县乃至全省、全国的中医药事业做出了卓越贡献。

（王国道）

（二）心往一处想，劲往一处使

陈老师在剑阁县中医医院从事医院管理和临床诊治工作 40 余年，临床和管理经验丰富，为剑阁县中医医院的建设发展做出卓越贡献，在医院管理、发展建设上提出了很多至理名言，如"心往一处想，劲往一处使，汗往一处流"得到了广泛认可，为医院建设、发展起到了重要作用。

他带头并要求全院管理人员，特别是院级管理人员要牢固树立全院"一盘棋"的思想，围绕医院发展、医疗质量、医疗服务、环境卫生等工作，打破部门界限，发扬协作精神，克服本位主义思想，树立全局观念，齐心协力，团结一致，干群一条心，上下一股劲，心往一处想，劲往一处使，汗往一处流。要求管理人员要树立四个意识：

1. 树立大局意识

牢固树立大局意识，禁止出现无大局、无组织、无纪律、无原则的事件。他提倡大事讲原则，小事讲风格，有话当面讲、会上说，严禁会上不说，背后乱说，阳奉阴违，拉小圈子，搞小动作。

2. 树立服从意识

党员干部服从是天职，要不折不扣，不走样，不变形地执行班子集体决策、各项规章制度、政策措施。个人必须服从组织，少数必须服从多数。

3. 树立团队意识

"众人拾柴火焰高""人心齐、泰山移"。一个团队、一个班子，要坚持做到同心、同向、同步，做到"不越位、不缺位、不错位、不失位"，要"各就各位""相互补位"，才能保证整个团队有力、高效地工作。

4. 树立创新意识

在科技发展日新月异的今天，医院管理、诊疗技术采用传统的方法已不能满足医院的发展，要求团队要有创新意识，要有拿得出手的"绝活"让自己立于不败之地，以高标准、高效率、高质量的工作业绩说话、服众。要遵"继承不泥古，创新不离宗"，同时要有危机意识，不断推陈出新，不断发扬创新精神。创新精神是一个团队竞争力和生命力的体现。一个人、一个团队乃至一个民族总是在竞争的环境中生成和发展的，缺乏创新精神和竞争力就要落伍甚至倒退。流水不腐，户枢不蠹说的是生命现象；新陈代谢，推陈出新说的是生命规律。创新精神就是在真抓实干的基础上，不断探索新方法、新技巧，要不断超越别人、超越自己、走在前列、领跑同行业。如何真抓实干，能否抓好落实甚至不断创新超越，体现出来的是工作作风和意志，反映出来的是党性和觉悟，检验出来的是能力和水平。坚持以发展论英雄，凭实绩用干部，形成干部工作的清风正气，形成部门上下想发展、谋发展、促发展、你追我赶快速发展的良好氛围。要坚持少说多做，说到做到，说好做好，重在层层落实，干一件，成一件，项项算数，件件落实。领导干部要处处以身作则、率先垂范走在前面，一级干给一级看，一级带着一级干，一级比一级干得好，这样就能够广泛调动职工的积极性，就能够形成凝聚力、向心力，就能够树立起管理团队、领导班子的良好形象和榜样。引领作用，既体现出"火车跑得快，全靠车头带"的作用，同时体现出信息时代、高铁时代的"多轮、多机"共同驱动的高速时代。

他始终坚持"以热情服务，用心做事"的理念，"爱岗敬业，把工作当成事业干""堂堂正正做人，踏踏实实做事，清清白白做官""做人要有志气，做事要有底气、正气和骨气""生活要低调，工作要高调"。

"心往一处想，劲往一处使，汗往一处流。"就要像拔河比赛一样，要人人握紧拳头，咬紧牙关，心无杂念，齐心用力，集中精力才能取得胜利。

在他的精神影响和带动下，剑阁县中医医院这个团队发扬救死扶伤的奉献精神，求真务实的实干精神，爱院如家的主人翁精神，勇创一流的拼搏精神，恪尽职守的敬业精神，在中医院的发展建设过程中，攻克了一个又一个的难关，取得了许多优异的成绩。1998年百年难遇的大洪灾中，整个医院被突如其来的山洪瞬间淹没到2楼，所有医疗设备、药品被掩埋，部分财物被洪水冲走，有一名专业技术骨干被洪水冲走并牺牲，是建院以来遭遇的最重一次灾难，多少人痛哭流涕，悲痛欲绝，甚至有人担心中医医院有可能从此一蹶不振，毁于一旦。但在陈天然为书记的班子带领下，全院职工拧成一股绳，上下齐心，在洪水退后，加班加点，清理淤泥，清洗医疗设备，用最快的速度，最短的时间恢复全院的诊疗工作，医疗工作井然有序，所有工作走上正轨，踏上了快速发展新征程，他想方设法筹措资金，争取项目，用两年时间建起 5000 平方米的新住院大楼，医疗业务迅速发展，管理工作逐步规范，并于 2000 年年底达到国家二级甲等中医院水平，得到四川省中医药管理局的高度评价，并被树立为经济欠发达地区的一面红旗，要求"全省山区中医院学剑阁"。

陈老师在 2004 年从中医医院管理岗位退居二线，但他的治院、管院、发展医院的精神一直在剑阁县中医医院的发展建设上发挥引领作用，仍然激励这支团队战胜各种困难，取得优异成绩，如 2008 年 5 月 12 日汶川特大地震期间，中医院人继续发扬"心往一处想，劲往一处使，汗往一处流"的团结拼搏精神，战胜地震造成的损失，并加快灾后重建工作，医院再一次走上快速全面发展道路，于 2013 年 11 月晋升为国家三级乙等中医院，成为川北首家县区级国家三级医院。2016 年医院新建 1.5 万平方米全新高层住院大楼竣工投入使用，全院业务用房达到 4 万平方米，职工 500 余人，全年门诊量 41 万人，住院患者近 3 万人，业务总收入超 2 亿元，医疗技术水平、医疗设备、科研教学能力不断提高，已成为名副其实的大型三级医院。陈老师虽然年近古稀，但仍在为剑阁县中医医院的建设和发展出谋划策，规划发展蓝图，他的建院、治院精神将永远激励剑阁县中医医院团队奋力前行。

（王国道）

（三）院长的思路是医院的出路

"院长的思路是医院的出路。"这句话，是陈老师在各地教学和指导工作中的口头禅。陈老师是这样说的，也是这样做的。

记得 2010 年第一次接触陈老师，到 2016 年正式跟师至今，陈老师在大会小会上、临床工作中，不仅在学术上指导我们，教授临床经验，还会不失时机地传授医院管理理念，经常提及"院长的思路是医院的出路，院长的点子是医院的位置"这句话，给我留下了深刻印象。

俗话说"兵马未动，理念先行"，思路不清，道路不明，抛开观念谈发展是行不通的。陈老师对医院发展的方方面面，娓娓道来，那是语重心长，肺腑之言，首当其冲的是必须重视观念的转变和更新。

剑阁县中医医院从一个一穷二白的落后门诊部发展成如今的三级乙等中医医院，陈老师的发展思路起着至关重要的作用。

当年的剑阁县中医医院，深居山区，交通极为不便，一个小小的门诊部，房屋老旧，技术落后，人才留不住，不少人甚至对中医发展产生了怀疑，部分中医人员西化或改行，在这种极为尴尬的境地，面对技术力量相对较强的人民医院，在狭缝中求生存的中医院，在陈老师的带领下冲出一条血路，寻求错位发展，在一个名不见经传的小县城独树一帜。陈老师提出了"管理建院、人才立院、科技兴院"的发展理念。

加强管理，团结协作，上下齐心。陈老师在管理上采取"以制度管人，以行动服人，以感情留人"的办法。听医院老职工讲，陈老师以实际行动服人方面感触颇深，经常深夜12点，哪怕病房或科室亮着一盏灯，陈院长都会亲自去关。陈老师特别注重班子团结，提出"团结就是力量，凝聚产生希望"的口号，大会小会，还经常强调"团结协作，上下齐心"，心往一处想，劲往一处使。为了达"二甲"，陈老师号召全体职工有条件要上，没条件创造条件也要上，熬更守夜，苦干一个月，终于创建成功。

找准定位，借力发展。作为院长，陈老师认真分析了医院当时面临的形势，深刻认识到医院要想发展，不改变是不行的，然后就带着全院的科主任到当时发展比较好的中医医院去参观学习，初步形成了"中西并重""科技兴院"的发展思路。提出"人民医院有的我们要有，人民医院没有的我们也要有"的口号，在当时资金很紧张的情况下，为了购买一台二手CT机，多次召开专题研讨会，从可行论证、筹措资金、选择机型、洽谈价格、审批采购等多个环节进行论证，磨破了嘴，跑软了腿，最终成为率先拥有先进CT机的山区中医医院，为医院的发展注入了强心针。同时，还率先引进了腹腔镜手术，填补了剑阁县，乃至广元市此领域的空白，为中医院发展赢得了先机，为医院争取了新的经济增长点，同时受到人民群众的欢迎和认可。

科技兴院，人才立院。陈老师"科技兴院"的思路，还体现在人才培养上。一方面通过"送出去"，把医院的专业人员分批派往三级医院进修深造；另一方面通过"请进来"的方式，聘请全省知名专家坐诊，最重要的是通过"师承"的方式，鼓励全院各科学术带头人带徒培养中青年骨干，特别是亲自带教了李云安、程文章等一批中青年专业人员，无私地传授几十年总结的学术思想和临证经验，通过培养，如今一批以省名中医李云安为代表的业务精英脱颖而出。

节俭持家，以院为家。陈老师的中医院发展思路，还体现在"节俭持家"方面，一方面积极想办法创效益，另一方面开源节流，号召全体职工不浪费一滴水，不多用一度电，不丢弃一张纸，不乱花一分钱；号召全体职工"以院为家""爱院如家"，告诫大家要有主人翁责任感，"院荣我荣，院衰我耻"。

以身作则，以上率下。一个医院在发展过程中，总有支持者，也不乏犹豫者。俗话说"组看组，户看户，社员看干部"，陈院长总是以实际行动说话，以身作则，率先行动，同时动员班子成员和党员干部"一级带着一级干，一级做给一级看，心往一处想，劲往一处使，汗往一处流"。

以患者为中心，做群众满意医院，是剑阁县中医医院服务的宗旨。"以患者为中心"，加强医疗系统精神文明建设，树立以人为本的服务理念，陈老师把"以患者为中心"作为医院全体职工的行动指南，提出"管理建院、人才立院、科技兴院"的办院理念。在窗口服务中要增强服务意识，改善服务态度，以方便患者为目的，规范窗口服务，提高医疗质量，改善就医环境，简化窗口流程，一切以方便患者为出发点。随着社会的发展，人民生活水平的提高，对就医环境的要求也越来越高。陈老师在职期间，不断评优争先创一流，上等达标上档次，先后创建"二甲""三乙"，并荣获"省级农村中医工作先进县""全国农村中医药工作先进单位""四川省文明单位""文明医院""四川省放心药房""全国卫生系统先进集体"等殊荣，顺利成为全省中医住院医师规范化培训基地。着力改善就医环境，体现"以患者为中心"的服务宗旨，是切实为民分忧解难的实际行动，促进了人民群众对医院的信任。"金杯银杯不如患者的口碑，金奖银奖不如患者的夸奖"，中医院在陈老师的带领下以规范优质的服务，不断提高患者满意度，得到老百姓的广泛赞誉和好评。

思路决定出路，点子带来位置。剑阁县中医医院从最初年收入仅几十万元的小门诊，到离任前跨越式发展成为"三乙"中医医院。院长和院领导班子作为医院的核心和医院的主心骨，陈老师做了转变观念的表率。

可以这样说，剑阁县中医医院突破性发展到今天的三级乙等中医院，离不开陈老师思想先进、观念超前、沟通能力强、善于激励、不断进取的意识和思路。作为基层医院的领导，我们受益匪浅。

（王兆荣）

（四）管理建院，人才立院，特色兴院

陈老师在我院指导工作时，多次提到这样一句话："管理建院，人才立院，特色兴院。"按此理念一路走来，我们受益匪浅、获益良多。

所谓"管理建院"，陈老师悉心教诲："医院的经营管理是一门学问，尤其是基层医院的管理者，要善于在医院内部形成竞争、激励和约束机制，有效调动医务人员的主观能动性，满足广大社区居民的医疗保健需求，获取社会效益和经济效益的最大化，实现医院的可持续发展。"在陈老师的教导下，中医院将广大社区居民是否满意作为衡量医务人员工作的重要标准，出台了一系列与之挂钩的医务人员从医行为规范，以及增强医务人员工作积极性的绩效考核办法，定期检查职工的服务质量群众是否满意，群众的满意度与医务人员的绩效收入呈正相关。通过制度的规范和约束，进一步提升了医务人员主动服务的意识，增强了医务人员的责任心。我院不仅被评为全省示范社区卫生服务中心，医院业务也呈稳定增长态势。

所谓"人才立院"，同科技是第一生产力一样，人才资源也是第一生产资源，没有人才队伍支撑，医院也谈不上发展壮大。陈老师经常用一句俗话来强调人才的重要性：西医认"门"，中医认"人"。一定意义上，对于以中医为特色的我院而言，人才问题更为关键。围绕人才队伍的建设，我院重视人才的引进，落实待遇，筑巢引凤，积极培养人才，通过内部培训、外派学习，提高在职人员业务素质；合理地配置人才，根据人才特点，各有所归。对优秀人才的判定，不是限于高学历，而是不论其出身，只要有一技之长，就可以为我所用。目前，我院专业技术人才占职工总数的90%以上。

所谓"特色兴院"，陈老师常说"人无我有，人有我精"，以中医药为特色正是多年来我院探索出的兴院之本。陈老师每周会在固定时间来我院名医工作室传承带教，为我院乃至温江培养了一批中医人才。我院能够运用中药饮片、中成

药、针灸、刮痧、拔罐、敷贴、推拿、熏洗、耳压等20多种中医药技术方法治疗常见病、多发病。同时，我院还加强中医药文化建设，在院内多处地方悬挂中医名家、中医药、"治未病"等宣传图画，营造中医药特色服务氛围，定期开展"中医进社区、进家庭"等活动，让广大社区居民切实享受到中医药特色服务"简、便、廉、优"的实惠，赢得了广泛的赞誉。目前，我院中医药服务量已达50%以上，建立了成都市示范中医馆，被评为"全国农村中医先进单位"。

"管理建院，人才立院，特色兴院"是陈老师对我院发展的谆谆教诲，我们会按照这一发展思路坚持走下去。

（袁辉）

（五）团结就是力量，凝聚产生希望

陈老师在做医院管理培训时常说"团结就是力量，凝聚产生希望"，教导我们医院要发展好一定要班子团结，科室有凝聚力，全院职工有集体荣誉感。俗话说得好："人心齐，泰山移。"只有团结才能使人进步，只有团结才能移山倒海，只有团结才能兴院强院。

陈老师任职剑阁县中医医院院长期间，用自己的智慧团结班子，使全院职工上下齐心，以"以院为家，院兴我荣"的责任感、使命感发展建设一流县级中医医院，才使得医院在1994年通过国家二级乙等中医医院评审；2000年通过国家二级甲等中医医院评审，成为广元市第一家"二甲"县级中医院；2013年通过国家三级乙等中医医院评审，成为广元市县（区）级医疗机构中唯一的一所三级医院。并且先后荣获四川省文明单位、文明医院、四川省放心药房、全国卫生系统先进集体等殊荣，连续多次被评为广元市医德医风先进集体。这些荣誉是一个集体团结、先进的最好体现，这不是其中一个成员优秀就能取得的成绩。

领导班子是医院的"龙头"，是核心，领导班子团结是干好事业的关键。班子团结要分工不分家，人人都干事；要相互理解，以诚相待，优势互补；要同心同德，心往一处想、劲往一处使；副职更要当好参谋，协调好上下关系，做好上下级沟通的桥梁。

科室要有凝聚力，首先要搞好科室团队建设，众人划桨开大船，一个团结的科室，一个有凝聚力的科室，才是一个能打胜仗的集体。一个不和睦的科室，医

生之间、医护之间、护理之间相互不信任，合作不默契，相互拆台，不仅搞不好临床工作，还容易引发医疗纠纷。

科室一班人要凝聚向心力，需要充分发挥科室主任和护士长的作用，做好科室内部团结协作的带头人，团结一班人共同完成医疗护理任务，医护之间则要加强沟通，相互尊重，相互理解，在工作中力求取得共识。

科主任要着眼于科室的发展，能够充分调动全科人员的积极性，主动为科室的发展出谋献策，采取一切有利于科室凝聚力的方法，发扬团队精神，互相学习，钻研业务，努力向上，使全科各项工作运行良好。

集体凝聚力源于集体荣誉感，集体荣誉感是一种热爱集体、关心集体兴衰成败的道德情感，它是一种积极的心理品质，是推动个人履行道德义务的巨大精神力量。集体的荣誉需要全院职工自觉去维护。每一个人都为集体出力，都不做损害集体的事情，那么，我们的医院就是一个优秀的医院。

我院近一年来，以"院兴我荣，院落我耻，以院为家，荣辱与共"来增强全院职工的向心力、凝聚力，真正做到心往一处想，劲往一处使，打造团结的队伍，有凝聚力的集体，医院业务发展明显上升，群众满意度日益提高，医院振兴发展的希望不再遥不可及。

（李兰）

学术传承

川派中医药名家系列丛书

陈天然

一、基层人才培养探索

（一）早期县级试点

新中国成立后，中医摆脱了鸦片战争以来被质疑、被限制的处境，其作为一个独立的、与西医并行的医学体系的地位，重新获得官方与民间的承认，并纳入正轨，从提倡"中医科学化""中医进修"到"西医学习中医""中西医结合"，在医学政策的制定与修正频现过程中，在中西医结合临床研究如急腹症治疗、针灸麻醉、骨伤复位、特效药研究等方面取得突破的鼓舞下，陈老敏锐捕捉到中西医知识学习的重要性，根据其自身在基层卫生院的经历，从1979年率先主持开办剑阁县中医提高班，自编《剑阁县农村中医药人才培训教材》，亲自教学，培养全县中医人才，得到地方卫生部门的大力支持。1984年率先与成都中医药大学成人教育学院联办中医大专班。由于在县级人才培训取得的突出成绩，1995年剑阁县被国家中医药管理局列为"全国农村中医药人员培训试点县"。

（二）中期参与先进县带教

经过全国农村中医药人员培训试点县的建设，1999年陈老被遴选任全国和四川省中医药工作先进县（市、区）单位评审专家，先后对四川、云南、贵州、甘肃、重庆等省（市）112个县（市、区）中医药工作先进单位建设和中医院及乡（镇）、村工作进行指导、督导和评审验收。

1. 重视基层调研

无论严冬还是酷暑，带领学生一起，深入各县（市、区）、政府、卫生局、中医院和乡镇卫生院、社区卫生服务中心及村卫生站、社区卫生服务站实地察看，摸清、摸透当地卫生情况。

2. 指导专业技术

在专业上，强调门诊处方书写、门诊登记、病例书写等中医医疗文书书写规范、专科专病建设，中药药品质量管理及规范化建设，提出工作建议和意见，并开展创建中医先进单位和中医管理及业务知识专题培训讲座。

3. 敢于为医直言

一是必携记录本，记录所闻、所见、所思；二是必向当地卫生部门提供一份书面建议。其脚踏实地、勤政务实的工作态度得到各指导、督导和受检单位的一致好评，为四川省及兄弟省市的中医药工作持续发展、中医药人才培养、学术交流、卫生工作做出了积极贡献。在其精心指导和督导下，2009 年广元市建成首个四川省中医药工作先进市，资阳市、成都市、绵阳市、达州市、广元市先后建成全国农村中医工作先进（市）单位。

（三）近期推动各级学术传承

1. 国家级学术传承

作为人事部、卫生部、国家中医药管理局确定的第三批全国老中医药专家学术经验继承指导老师，继承人李云安主任中医师已被授予四川省拔尖名中医，年门诊量超过 2.5 万人。

2. 省级学术传承

先后聘为四川省中医药管理局确定的第一、二、四、五批老中医药专家学术经验继承指导老师，2002 年至今已带教四批，27 名继承人，目前出师 10 人，其中，4 人被评为市、县级名中医。程文章主任中医师年门诊量超过 3.6 万人。

3. 市、县级学术传承

作为广元市、剑阁县名老中医，40 多年坚持当地师带徒，目前剑阁县 57 个乡（镇）卫生院中医业务骨干和 28 个在岗卫生院长均曾跟从学艺。陈老退休后，受成都市邀请担任特聘专家，在青白江、温江、金牛等区县临床、带教，2011 年至今，成都地区共培养 33 名学术继承人。

二、陈天然培养人才地区分布

陈老师一生为民，一辈传承，不忘初心，孜孜不倦，责无旁贷，砥砺前行，坚持基层卫生事业"种得千棵树，不如留下一个人"，凡所到之处，各地均选派 3 人以上跟随学习，足迹遍布四川 96 个县，重庆、西藏、甘肃、贵州、云南和陕西等省市区 16 个县（市），亲自指导、当地服务和长期带教（3 个月以上）的基层中医药各类骨干人才总计 507 人，97.8% 为县级以下基层中医药医疗机构人员，其倡导"师承＋培训班＋学历教育"的基层中医药人才培养模式，为西南 112 个县基层医疗机构培养了一批留得住的中医药人才，学员地区分布如下：

广元市（112 人）

剑阁县 56 人	苍溪县 10 人	旺苍县 12 人
青川县 15 人	利州区 8 人	朝天区 5 人
昭化区 6 人		

绵阳市（22 人）

涪城区 4 人	游仙区 3 人	三台县 3 人
梓潼县 6 人	盐亭县 3 人	安州区 3 人

成都市（83 人）

金牛区 5 人	青羊区 3 人	锦江区 3 人
武侯区 3 人	成华区 3 人	高新区 3 人
龙泉驿区 5 人	青白江区 5 人	新都区 5 人
温江区 6 人	都江堰市 3 人	彭州市 3 人
邛崃市 3 人	崇州市 3 人	金堂县 3 人
双流区 5 人	郫都区 3 人	大邑县 5 人
蒲江县 3 人	新津区 5 人	简阳市 6 人

资阳市（16 人）

雁江区 6 人	乐至县 5 人	安岳县 5 人

内江市（12 人）

隆昌市 4 人　　　　威远县 3 人　　　　资中县 5 人

宜宾市（30 人）

翠屏区 3 人　　　　叙州区 5 人　　　　长宁县 5 人

南溪区 3 人　　　　江安县 5 人　　　　高县 3 人

珙县 3 人　　　　　兴文县 3 人

德阳市（17 人）

旌阳区 3 人　　　　罗江区 3 人　　　　广汉市 3 人

什邡市 3 人　　　　绵竹市 5 人

遂宁市（5 人）

射洪市 5 人

乐山市（16 人）

市中区 5 人　　　　井研县 3 人　　　　夹江县 3 人

峨眉山市 5 人

眉山市（21 人）

东坡区 4 人　　　　彭山区 3 人　　　　仁寿县 5 人

洪雅县 3 人　　　　丹棱县 3 人　　　　青神县 3 人

广安市（3 人）

武胜县 3 人

雅安市（13 人）

名山区 3 人　　　　汉源县 3 人　　　　天全县 4 人

宝兴县 3 人

南充市（25 人）

顺庆区 6 人	高坪区 4 人	南部县 3 人
仪陇县 6 人	西充县 3 人	阆中市 3 人

达州市（25 人）

通川区 3 人	达川区 3 人	宣汉县 5 人
开江县 5 人	大竹县 3 人	渠县 3 人
万源市 3 人		

攀枝花市（5 人）

米易县 5 人

巴中市（8 人）

南江县 5 人	巴州区 3 人

自贡市（6 人）

荣县 6 人

泸州市（21 人）

纳溪区 3 人	龙马潭区 5 人	合江县 5 人
叙永县 3 人	古蔺县 5 人	

阿坝州（6 人）

汶川县 3 人	茂县 3 人

重庆市（16 人）

大足区 3 人	江津区 3 人	铜梁区 3 人

忠县 4 人　　　　开州区 3 人

西藏（3 人）
达孜县 3 人

甘肃省（9 人）
岷县 3 人　　　　灵台县 3 人　　　　天祝藏族自治县 3 人

贵州省（9 人）
仁怀市 3 人　　　　赤水市 3 人　　　　思南县 3 人

云南省（6 人）
宣威市 3 人　　　　官渡区 3 人

陕西省（6 人）
勉县 3 人　　　　宁强县 3 人

三、陈天然继承树

本继承树约束在 1965 年 1 月至 2017 年 12 月间，按照年份顺序，从陈老拜师、带教学生、徒孙中，明确三代继承关系（师带徒、学生、继承人），个别体现亲属关系。本表中所指继承人，是指经国家、省、市、县各级卫生主管部门认定的继承人或学生。所指师带徒是指通过传统中医拜师，双方结成对子，长期带教和得到周围社会关系认可的一种继承关系。所指学生是指带教 1 年以上，双方确认，学术上有传承关系。

I代 叔父 陈绍敲 1965　　老师 王柄如 1974

II代 陈天然

III代 师带徒　　学生　　继承人

III代 师带徒		学生		继承人		
1969 李文生	2003 杨 林	1982 王文宁		1998 李云安	2015	2016
陈建文	2006 罗锦生	1984 李建成	IV代 师带徒	2002 程文章	徐兴培	刘 玲
陈建金	陶俊峰	1986 王廷治	1993 嘉明基	2013 段定山	何 怡	李 婷
1971 陈礼生	徐泽鹏	梁国庆	1994 罗小平	李 芳	陈 蓉	李 兰
1979 李玉碧	2007 梁庭栋	崔定桥	2004 郭 红	张 霞	李永平	魏世胤
赵秀琼	罗志强（古蔺）	王步礼	赖小微	席大贤	谢文宇	蔡晓璇
1980 王本康	2008 杜天福	1987 伏子强	2014 钟 瑪	肖连科	王 丽	王兆荣
2015 何 礼	付作举	王 平	IV代 继承人	周 菊	倪 亮	杨 钢
2016 廖壮凌	夏 凯	刘晓蓉	2015 万里龙	庞 荷	马亦苑	林富强
付新源	2009 袁 辉	魏雪梅	张 峰	周莉萍	何福强	曹 栀
	张德祥	吕三科	2016 田 珍		杜亚兵	苟 萍
	杜培勇	1989 王国道	王清华		张 利	林宗坤
	邓飞轮	严 涛	2017 华 强		龚仕良	
	2010 喻照明	1990 王虎生	郭培基		庄景专	
	2012 刘 娜	杨建生	2017 李 伟		杨贵生	
	刘 江	朱必建	程庞琦		李宝伟	
	郭 毅	1992 罗志强（剑阁）			姚 燕	
	2014 包 健					
	康 辉					

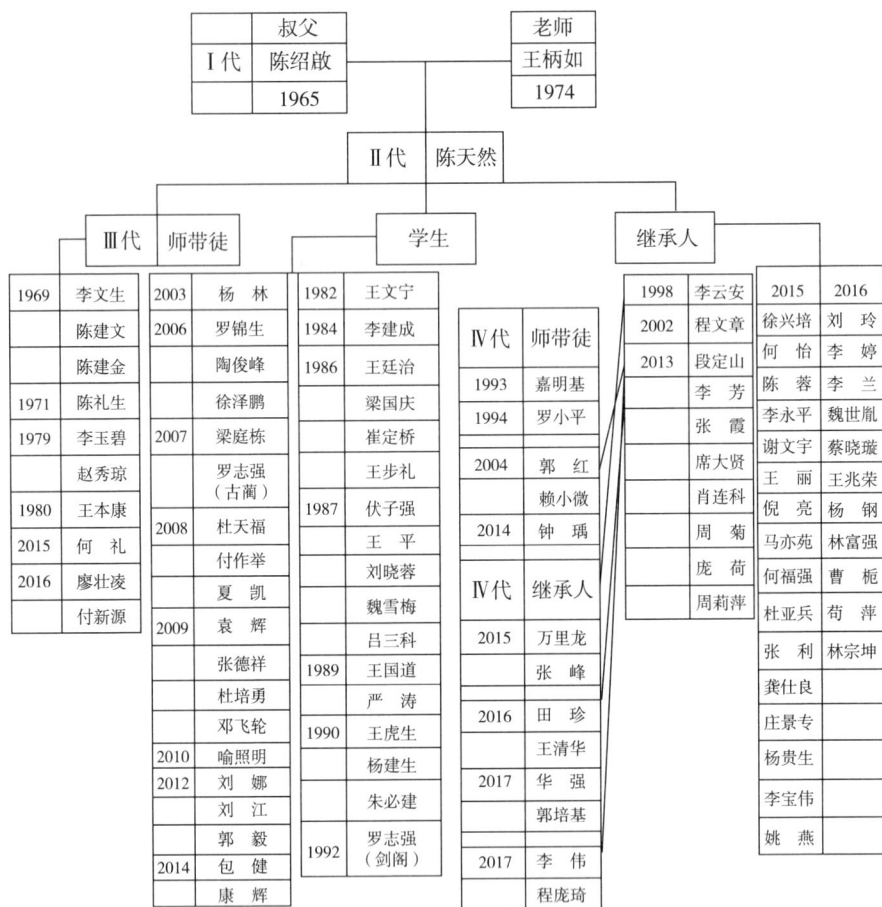

陈天然四代传承树（制作：余葱葱）

四、骨干学术继承人简介

按照上述天然传承继承树的人选，达到中级职称以上（个别除外），根据个人自愿、职称排序的方式，将个人基本情况、师承关系和学术传承予以介绍，充分展现各继承人的学术价值。

（一）名中医继承人

李云安

李云安（1967—　），医学学士，主任中医师，四川省第四届名中医师，市县名中医，广元市首届卫生系统有突出贡献的中青年专家，四川省第一批（1998年）、第三批（2002年）全国名老中医药专家陈天然学术经验继承人。现任四川省剑阁县中医医院门诊部主任，陈天然名医工作室负责人，兼任广元市中医学会中西医结合内科专业委员会委员，剑阁县中医学会副会长，剑阁县医学会内科专业委员会副主任委员。作为四川省第五批中医药名老专家学术经验继承工作指导老师，培养省级师承学员 2 人。年门诊量 3 万人。

中医内科执业 26 年，主要从事中医内科，擅长中西结合诊治呼吸、脾胃病、肾病和肿瘤及疑难杂症，跟随陈老师期间，在脾胃病、肺心病、肾炎、乙肝、肝硬化、糖尿病、月经病、更年期综合征、神经内科等方面学有所成。对麻杏前胡饮治疗咳喘、当归六黄汤治疗汗症、石斛清胃饮治疗小儿厌食有所发挥，临床上善于应用陈老师"病证结合，无病从证，无症从病，辨证抓主症"的学术思想，尤其应用到疑难病中，疗效显著。承担四川省中医药管理局川派名医学术思想整理科研项目 1 项，省级刊物发表学术论文 20 余篇，荣获市人民政府科学技术进步奖三等奖 1 项。

王国道

王国道（1963—　），中西医结合研究生结业，主任中医师，四川省第四届名中医师，广元市、剑阁县名中医。1989 年 3 月至 1992 年 3 月跟师侍医 3 年，1990 年至 2004 年跟师参与科室和医院管理工作。现任剑阁县中医医院业务副院长，兼任广元市中医学会副会长，剑阁县中医学会会长。

主要从事中医内科临床及医院管理工作。主管医院医疗业务管理工作 20 余年，对医疗质量、医疗安全、学科建设、医疗业务发展、科研、教学、师承管理等方面有丰富的管理经验。跟随陈老师期间，掌握了他的临床辨证施治经验和用药特点。能熟练地应用中西两法诊治内科、儿科常见病、多发病，对部分疑难杂症、危急重症的抢救治疗有独到的见解，对胸痹、消渴、中风、眩晕、心力衰竭、病毒性肝炎及肝硬化、高脂血症、消化性溃疡等疾病的中西医治疗及预防有丰富的临床经验。参加并完成省、市、县科研项目三项，其中"化瘀清散汤治疗原发性高血压病"获省级科技成果证书和县科技进步二等奖。撰写了"质量管理和控制是医院工作永恒的主题""浅谈三焦辨证""吴鞠通三焦辨治用药探讨""乙型肝炎的治疗现状"等学术论文20余篇，分别刊载在各级学术期刊和参加国际国内学术交流。主编《大黄的临床应用与研究》于2013年在四川科技出版社出版发行。参加的《中医时间医学研究》和《老年养生保健》两书的编辑工作。先后被评为四川省卫生系统先进个人、广元市委优秀基层党组织书记、剑阁县委第四届科技拔尖人才。

吕三科

吕三科（1956—　　），中专，主任中医师，剑阁县名医。1990年拜陈老师为师。现任剑阁医学会妇儿专业委员会副主任委员，有突出贡献农村卫生技术人才，广元市医学会儿科专业委员会委员，四川省第五批老中医药专家学术经验继承工作指导老师，剑阁县名医带教老师，培养儿科医生十余名。

主要从事中医儿科临床与病区管理工作，擅长用中西结合处理各种疑难杂症与危急重症的抢救。擅长对新生儿黄疸、肺炎咳嗽、厌食、泄泻、小儿温病及现代医学小儿难治性肾病的诊治。继承陈老师在儿科临床时重视"脾胃"的指导思想，以陈氏石斛清胃饮治疗小儿厌食。用古方参苓白术散加味治疗小儿难治性肾病，消除蛋白尿均取得了满意的疗效。在工作之余有经验总结与学术论文十余篇发表于国内医学期刊。

李芳

李芳（1966—　　），大学本科，学士学位，主任中医师。四川省第五届名中医、剑阁县名中医。成都市温江区名中医。四川省第四批老中医药专家陈天然学术经验继承人（2012—2015）、成都市第三批老中医药专家陈天然学术经验继承人（2012—2015）。现任成都市温江区中医医院内科病区副主任。兼任温江区名中医指导老师，带教继承人4名。

主要从事中医内科临床工作，擅长治疗内科常见病、多发病，如咳嗽、肺胀、哮喘、胃癌、胃脘痛、泄泻、眩晕、淋证、痹证、便秘、耳鸣耳聋、颈腰椎病、痤疮、黄褐斑、月经不调、乳腺增生、更年期综合征、小儿鼻炎、咳嗽、厌食等，对疑难病如肺心病伴心脏衰竭或（和）呼吸衰竭、肝硬化腹水、脑梗死、顽固性失眠、顽固性头痛、恶性肿瘤、糖尿病慢性并发症、肾功能不全、紫癜性肾炎、癫痫等的治疗亦有较好效果。

程文章

程文章（1971—　），副主任中医师，四川省第五届名中医、剑阁县名中医，四川省第二批老中医药专家陈天然学术经验继承人（2002 年）。广元市中西医结合学会委员。兼任剑阁县名中医指导老师，带教继承人 2 名。近 3 年年门诊量均达 3.6 万人以上。

长期坚持临床一线，从事门诊内科临床工作 22 载。擅长中西医结合诊治内科常见病及多发病和危急重症。跟师期间，总结了陈老师在肺系病、脾胃病、肾系病、小儿厌食症、眩晕、痹证等临床经验。在临床上善于运用陈老"治病抓主症"理念，临床疗效显著。特别对陈老治疗肝硬化"疏肝解郁，活血软坚"有所发挥。曾在成都中医药大学附属医院、广元市人民医院进修。曾与陈老共同研制"胆舒冲剂"获广元市科技进步奖三等奖。参研《四川省中医药管理局川派名医陈天然学术思想理念》和《红外线引导下 CHB 再活动患者肝气郁滞证皮肤异常温区物质基础》两项课题。曾以第一作者身份，于 2004 年 10 月在《中医杂志》发表"陈天然治疗小儿厌食症的经验"；2005 年 1 月在《中华临床医学杂志》发表"陈天然治疗萎缩性胃炎经验"；2005 年 2 月在《中华卫生医药杂志》发表"胆舒冲剂治疗急慢性胆囊炎 100 例临床观察"；2005 年 3 月在《中国乡村医药》发表"陈天然治疗顽固性咳嗽的经验"；2007 年 10 月在《中华临床医学》发表"陈天然治疗痤疮的经验"等十多篇医学论文。先后被县委评为"具有突出贡献农村卫生技术人才""剑阁县首届十佳最美劳动者"和"优质服务明星"等。

段定山

段定山（1963—　），医学学士，副主任中医师，区名中医。四川省第四批老中医药专家陈天然学术经验继承人（2012—2015）、成都市第三批老中医药专家陈天然学术经验继承人（2012—2015）。现任成都市青白江区中医医院业务副院长，兼任成都市中医药学会会员，青白江区医学会中医专业委员会主任委员。作为青白江区名中医带教继承人2名。

主要从事中医内科工作，擅长中西医结合处理内科危重症及风湿免疫疾病和慢性肾功能不全等疑难病。跟随陈老期间，认真学习、领会、继承陈老的中西医结合、辨病与辨证相结合、医药结合的学术思想，融会贯通，取长补短，辨证抓主症，治疗突出重点；学习陈老运用娴熟的中医理论，分析疾病内在及不同阶段的病机演变过程，从病机分析入手，以脏腑辨证为基础，重视疾病的传变规律；学习陈老在遣方用药上把传统药性理论与现代中药药理相结合，随证加减，精准运用经方、时方、验方的临床经验。在脾胃病、老年病、肝硬化、月经病、不孕不育、小儿鼻炎、慢性阻塞性肺病临证方面学有所成；在治疗恶性肿瘤上，对陈老主张中医中药全程参与，早期以祛邪为主，同时扶正，以应对接下来的手术和放化疗对机体的打击，晚期以扶正为主，以减轻放化疗的副作用的临床经验多有心得。对陈老治疗成都盆地常见皮肤病湿疹皮炎等主张从血热、湿热论治，内服凉血祛湿方，外洗清热止痒汤的经验有所继承。同时学习老师在医院管理上处理"六个关系"的论述，亲身体会陈老对待患者"贫富用心则一，贵贱使药皆同"的服务理念，铭记终生。师承学习以来，年服务量达6000余人次。承担国家级陈天然名中医工作室（青白江）、四川省中医药管理局川派名医学术思想整理等县级以上科研项目3项；发表学术论文4篇；培养学员6名。

何福强

何福强（1965—　），副主任中医师，区名中医。第二届四川省名中医学术思想、临床经验与技术专长继承人（2015年），师承陈天然老师。现任成都市青白江区中医医院门诊部主任。兼任中国中医药促进会中医全科与养生分会委员。

中医内科执业30年，曾于四川大学华西医院进修，主要从事中医内科临床工作。擅长治疗内科慢性病症，如慢性胃炎、肠炎、肝炎、支气管炎、肾炎及心脑血管疾病。跟师期间，总结了陈老师在脾胃病、慢性阻塞性肺病、妇科病、老年慢性病、小儿鼻炎的临床经验。对脂肪肝、咳嗽变异性哮喘、多囊卵巢综合征等的治疗方法多有发挥。承担国家级陈天然名中医工作室（青白江）、四川省中医药管理局川派名医学术思想整理等县级以上科研项目 2 项，发表学术论文 4 篇。

李永平

李永平（1974— ），医学学士，主任中医师，四川省第五届名中医、金牛区名中医、第二届四川省名中医学术思想、临床经验与技术专长继承人（2015年）。现任成都市金牛区中医医院院长助理兼内科主任；四川省中医药学会治未病专业委员会委员；四川省老年医学呼吸病专业委员会委员；四川省老年医学学会共病管理专业委员会委员；成都市金牛区卫生和计划生育行政审批事项专家。

从事中医内科临床工作 21 载，具有扎实的中西医基础理论和丰富的临床经验。跟师期间，总结和发挥陈老的辨证论治经验，在中西医结合治疗呼吸系统及消化系统疾病，如慢性支气管炎、哮喘、慢性阻塞性肺气肿、慢性胃炎、消化性溃疡、功能性胃肠疾病、肝硬化等方面有很好疗效，特别是把陈老加减运用柴胡疏肝散治疗慢性胃炎、运用仙方活命饮治疗阳证痈疡及包块等经验运用到临床，并发表相关学术论文 7 篇。同时学习陈老在医院管理上的经验，把他的"250 定律"用到医院的宣传上去，使医院的影响力迅速扩大，为医院树立了良好形象，赢得了老百姓的好口碑。

（二）高级职称继承人

李建成

李建成（1960— ），毕业于成都中医药大学，中医内科主任中医师。四川省第二届十大名中医陈天然工作团队成员（2014 年）。现任剑阁县中医医院副院长，广元市中医学会内科专业委员会委员，剑阁县中医学会副会长，曾任剑阁县政协第八、第九届委员会委员。

主要从事中医内科医疗工作，跟随陈老从事医院管理及临床医疗工作 30 余年，擅长于中西医结合处治疑难危重症，尤其以风湿免疫性疾病和消化系统疾病见长，跟师期间总结了陈老对尪痹和脾胃疾病等方面的临床经验，对消渴病临床治疗多有发挥。多次在四川大学华西医院、成都中医药大学、重庆中医药研究所进修学习，县级以上科研 2 项，发表学术论文 4 篇。

王廷治

王廷治（1957—　），四川剑阁人，大学本科毕业，中医主任中医师。曾任四川省中医药学会男科专业委员会常务委员，广元市中医药学会男科专家，成都中医药大学剑阁函授大班兼职教授，剑阁老年大学健康讲座客座教授。历任防疫员、食品监督员、门诊医生、住院医生、医务干事、医务主任、病历质控科主任等职。

从医 38 年，长期以来从事中医内科、儿科、男科及临床科研、医疗业务管理工作，对亚健康管理、中医养生颇有研究和心得。1986 年，有幸跟师侍医十余载。有随师抄方，有研读古籍，有研讨经方，有探求时方；或医疗管理，或临床技能，或科学研究等。在陈老师指导下，先后主编《健康享寿》《健康不打折 上寿 120》《阳痿证治与性事保健》，协助李润民编辑《中医时间医学研究》，协助陈老师编辑《老年养生保健》等 5 部著作，并有"陈天然名医名方——麻杏前胡饮""时间医学与小儿变蒸""辨病与辨证结合中的优势互补""夏用麻黄治疗寒包火"等医学文章见诸《中国中医药报》《健康报》《四川中医》《中国乡村医药》等，发表医药学术和科普文章 100 余篇。其中，"补阳还五汤之上下求索"获全国中医药论文长城杯三等奖，"胃痛之八宜八忌"获全国消化病思密达杯三等奖及县科学技术进步奖三等奖。自创"扩溶碎排治泌尿系结石""辨体养生私人定制"等方法，深受同行好评，养生朋友们赞誉，其业绩收入《中国医学专家库大典》。

王兆荣

王兆荣（1968—　），医学学士，主任中医师，四川省老中医药专家陈天然学术经验继承人（温江区第一批中医药师承，2016）。现任成都市温江区公平街道社区卫生服务中心主任（温江区中医医院下派挂职），四川省中医药学会中医内科专业委员会委员。兼温江区名中医指导老师，带教继承人 1 名。2016 年年门诊量 1.5 万人。

中医内科执业近 30 年，主要从事中医内科诊疗，将陈老学术思想运用于治疗：肝病、头痛头昏、失眠、咳嗽、哮喘、胃溃疡、腰腿痛、乳腺增生等病症并有所发挥。跟师期间，总结提炼了陈老在肝硬化、肺系疾病、月经病、头痛眩晕、小儿杂病、乳腺增生等方面的经验并应用于临床。发表"通大便所以实小便假说探讨""自拟方治疗慢性萎缩性胃炎经验""自拟五虫通络汤治疗脑血管痉挛性头痛 78 例临床观察"等论文 20 余篇；著《常见病中医诊治集锦》专著 10 万字，编著了内、外、妇、儿、皮肤、五官科等大部分常见病。参加了四川省中医药管理局川派名医陈天然学术思想整理工作；2000 年主持"中医临证精华课题研究"科研项目并获得市级科技进步奖三等奖。

罗志强

罗志强（1964—　），1988 年毕业于成都中医药大学中医专业，中医内科主任医师，四川省第二届十大名中医陈天然工作团队成员（2014 年），现为剑阁县中医医院下寺院区主任。

主要从事中医内科临床工作，擅长中西医结合诊治门诊及住院部呼吸系统、消化系统疾病，和内科其他常见病、多发病及疑难杂症，具有较强的急诊急救能力。

徐兴培

徐兴培（1974—　），副主任中医师，全国名老中医药专家陈天然工作室成员（2014 年）、第二届四川省名中医学术思想、临床经验与技术专长继承人（2015 年）。现任剑阁县中医医院副院长，广元市第七届人大常委会教科文卫工作委员会委员。

从医 20 余年，擅长中西医结合治疗内科急危重症及心血管疾病和肺系疾病，对胸痹、眩晕、中风、头痛、肺胀、哮喘、胃脘痛、痞满、痹证等积累了丰富的临床经验。跟随陈老期间，总结了陈老师在脾胃病、肺系疾病、不寐、月经不调、鼻渊、眩晕、痹证、皮肤病的内治外洗等临床经验，临床上推崇陈老师"病症结合"理念治疗疾病。承担四川省中医药管理局川派名医学术思想整理等科研项目 1 项；发表《陈天然应用四逆散经验举隅》等学术论文 6 篇。获四川省中医药工作先进个人荣誉称号（2017 年）。

刘玲

刘玲（1974—　），本科学历，主任医师，成都市第四批老中医药专家陈天然学术经验继承人（2016）。成都市骨伤医院以特殊人才的方式引进，现任成都市骨伤医院急诊科和 ICU 筹委会主任。曾任威远县中医协会副秘书长等职。

中医内科执业 20 余年，先后在浙江省杭州市中医院、四川省华西医院、四川省骨科医院进修。主要从事中医内科工作，擅长中西医结合处理心内、肾内、风湿、老年慢性等疾病的诊治，以及肿瘤放化疗间歇期的中药治疗等，长期的临床工作积累了丰富的经验。先后在《内蒙古中医药》《中国民族民间医药》等杂志发表 3 篇论文。自跟从恩师以来，秉承恩师学术思想致力于肿瘤术后及保守治疗临床研究及理论整理。

王平

王平（1965—　），副主任医师，四川省第二届十大名中医陈天然院内学术经验继承人。

从事妇产科工作 30 多年，曾在成都中医药大学附属医院、四川省人民医院、华西医科大学附二院妇产科进修学习，擅长治疗妇产科常见病、多发病。并多次参加全国妇产科学术会议，在本科成功开展了第一例宫颈癌根治术、阴式子宫全切术、会阴 III 度裂伤修补术、输卵管再通术。曾跟随省名中医陈天然学习 1 年，跟随陈老期间，总结了陈老师在月经不调、不孕症和带下病等的临床经验，对妇科中的月经病、不孕症有独到的见解，对产科的危急重症能正确诊治。承担四川省中医药管理局川派名医学术思想整理等科研项目 1 项；发表学术论文 5 篇。

魏雪梅

魏雪梅（1967—　），主任医师，四川省第二届十大名中医陈天然院内学术经验继承人，现任四川省疼痛专业委员会委员。

从事中医针灸临床工作 30 年，擅长运用针灸及中药治疗中风、头疼、面神经炎、三叉神经痛、面肌痉挛、肩周炎、肱骨外上髁炎、颈椎病、腰椎间盘突出、骨性关节炎、风湿、类风湿、泌尿系结石等。曾跟随省名中医陈天然学习 1

年，跟随陈老期间，总结了陈老师在痹证、石淋和腰痛等的临床经验，对颈椎病、痹证、中风有独到的见解。承担四川省中医药管理局川派名医学术思想整理等科研项目1项，发表学术论文4篇。

苟萍

苟萍（1971—　），医学学士，副主任中医师。温江区第一批老中医药专家陈天然学术经验继承人（2016）。兼任世界中医药学会联合会肿瘤外治专业委员会理事，四川省中西医结合心血管委员会青年委员，中华传统医学会埋线医学专业委员会会员，中国针灸学会会员，全科规培基地带教老师。

从事中西医结合内科临床工作20余年，曾于华西医科大学附属医院进修呼吸内科、老年科、泌尿内科。专注于中医经典与实践相结合，擅长运用中医药医治呼吸系统、消化系统、肿瘤、心血管、腰腿痛等疾病。被评为优秀医师。发表文章5篇。跟师陈老后，对妇科、儿科疾病的中医诊治有了深刻理解，并取得较好临床疗效。

倪亮

倪亮（1975—　），医学学士，副主任中医师，毕业于泸州医学院中西医结合专业，四川省第四批名老中医药专家学术经验继承人，现任成都中医药协会骨伤专业委员会委员。

从事中西医结合科工作19年，擅长普外、肛肠、骨科常见病、多发病的中西医治疗，参与成都市名老中医工作室建立，跟师陈老期间针对淋浊、痔、腰椎病、腰痛临证方面学有所成。发表学术论文2篇，基层带教2名。

席大贤

席大贤（1981—　），本科，副主任中医师，四川省第四批老中医药专家陈天然学术经验继承人（2012）、成都市第三批中医药名老专家陈天然学术经验继承人（2013）。现为温江区柳城社区卫生服务中心门诊中医师。

主要从事中医内科工作，擅长中医理论诊治内科、儿科常见病、多发病。跟随陈老期间，对小儿鼻炎、咳嗽、胃痛、眩晕、失眠、痤疮等病症多有体会，而对陈老常用方如辛夷散、麻杏前胡饮、四逆散、天王补心丹等在临床中运用也多建奇效。参与陈天然名中医工作室（温江区）、四川省中医药管理局川派名医学术思想整理等科研项目。

肖连科

肖连科（1974—　），本科学历，中西医结合内科副主任中医师，四川省第四批老中医药专家陈天然学术经验继承人、成都市第三批老中医药专家陈天然学术经验继承人，现任成都市青白江区大弯社区卫生服务中心门诊部医师。

主要从事中西医结合内科工作，先后多次在泸州医学院、四川大学等进修学习，擅长中西医结合治疗内科常见病、多发病。跟随陈老期间，在咳嗽病、脾胃病、热淋病、不寐、痹证、月经病、带下病、小儿鼻炎、小儿咳嗽、小儿厌食、湿疮等方面学有所成。曾先后在国家级、省级杂志上发表论文数篇。

刘晓蓉

刘晓蓉（1967—　），大专学历，毕业于成都中医药大学。四川省第四批老中医药专家陈天然学术经验继承人，现就职于剑阁县中医医院妇产科。

主要从事妇产科工作30余年。先后在绵阳市中心医院、省人民医院、华西附二院进修学习，深受陈老师中西医结合、中医整体观念、辨证论治、病症结合等学术观点的影响。跟师期间，总结了陈老师在妇产科常见病及多发病的临床经验，尤其是在治疗带下病、不孕症、更年期综合征，以及月经不调等方面得到了极大提升。承担国家陈天然名中医工作室项目，发表学术论文3篇，基层带教10余人。

（三）其他继承人

谢文宇

谢文宇（1980—　），主治中医师，成都中医药大学毕业，第二届四川省名中医学术思想、临床经验与技术专长继承人（2015）。

跟师期间，深受陈老病症结合观点的影响并总结了陈老在眩晕、痹证、胃痞、胁痛、胃脘痛、黄疸、泄泻、咳嗽、不寐、月经不调、痛经、更年期综合征等病症的临床诊治经验，并将所学内容运用于临床，不断在临床中观察、探索、总结，同时在诊治中有所发挥。

周莉萍

周莉萍（1985—　），医学硕士，中医内科学在读博士，主治中医师，成都市第三批老中医药专家陈天然学术经验继承人（2011）。现任成都市锦江区狮子山社区卫生服务中心中医科医生。

主要从事中医内科，擅长中医治疗咳嗽、小儿鼻炎、慢性支气管炎、月经不调、盆腔炎性疾病、痛经、不孕症等病。跟随陈老期间，在脾胃病、痤疮、急慢性荨麻疹、肝硬化、月经病、不孕不育、小儿鼻炎、慢性阻塞性肺病临证方面学有所成。

陈蓉

陈蓉（1973—　），主治医师，第二届四川省名中医学术思想、临床经验与技术专长继承人（2015年），陈氏中医世家。

从事口腔临床工作20余载。在西医临床工作过程中发现，用专业口腔知识和临床操作无法解决部分口腔疾病，尝试用中药口服治疗，口腔疾病症状减轻甚至痊愈，遂深感中医学博大精深，决定重学中医岐黄之术，拜家父陈天然先生门下，秉承其医德、医风、医术，踏实做人，勤恳做事，力志于成为中西汇通的全科医生。跟师期间，深刻领悟家父陈天然先生在胃脘痛、咳嗽、月经病、小儿鼻炎等病症的辨证论治学术思想，充分加减运用牙痛方（经验方）治疗牙痛、三叉神经痛、口腔溃疡等病症并有所发挥。结合自身体会，在《云南医药》发表《陈天然HP感染性胃炎的中医治疗经验》及《内蒙古中医药杂志》发表学术论文2篇，参与四川省中医药管理局《川派名医陈天然学术思想及临床经验》的编写工作。

曹栀

曹栀（1984—　），医学博士，主治中医师。成都市第四批老中医药专家学术经验继承人（2015）。现任中国中医药研究促进会中医全科与养生分会委员，四川省中医药学会肺系病专业委员会委员，四川省老年医学会呼吸专业委员会委员，四川省女医师协会传染病专业委员会委员、四川省全科医学专业委员会常务委员。现于成都市第五人民医院中医科工作。

主要从事中西医结合内科疾患的诊治，尤其擅长呼吸系统，老年病，儿科及妇科常见病、多发病的诊治。应用中医及中西医结合的方法治疗各种内科疑难杂症，对各类慢性疾病的调理及中医保健、养生也有独到的见解。参与国家级课题2项，省市课题10余项，发表学术论文10余篇。

杜亚兵

杜亚兵（1981— ），医学学士，主治中医师，第二届四川省名中医学术思想、临床经验与技术专长继承人（2015）。

现任成都市青白江区中医医院康复科（成都市重点专科）主任，成都体育学院运动医学系毕业，先后在骨科、外科、急诊科和康复科工作10余年，曾于成都中医药大学附属医院和四川省骨科医院进修，承担陈天然名中医工作室（青白江）、四川省中医药管理局川派名医学术思想整理等项目；发表学术论文3篇。

主要从事中医内科、骨伤科、中医急诊的医疗工作；擅长治疗颈椎病、腰椎间盘突出症、颈腰椎骨质增生症、老年性骨质疏松症、肩周炎、腰背部肌筋膜炎、网球肘、膝关节退行性关节炎、腱鞘炎、腱鞘囊肿、面瘫、偏瘫、急性腰扭伤；尤其在骨折、创伤等方面结合了杜氏、郑氏和陈氏的丰富经验，在临床上有比较好的发挥。

龚仕良

龚仕良（1982— ），主治中医师，四川省第五批老中医药专家陈天然学术经验继承人（2016年）。兼任中国中医药促进会中医全科与养生分会委员。负责跳伞塔社区医院针灸康复科业务工作，从事针药结合临床工作10余年，累计门诊人次10余万人，主持开展简易浮针、放血、火针、刃针等基层适宜技术。在武侯区服务模式转型中率先主持开展有偿中医药类服务包设计与教学工作。针灸全科专业，总结陈老师治疗神经痛、顽固咳嗽、鼻炎、哮喘、胃肠病、失眠、痤疮、慢性皮肤疾病、月经病、肺肝部肿瘤的经验。对陈老师经验方"四物除湿饮"治疗颈肩腰腿关节痛有所发挥，总结干燥综合征的病机为"痰虚瘀"，尤其是瘀血在疑难病病机当中的作用；治疗强直性脊柱炎等风湿麻木痛的"三阶段用药特点"，总结气机升降、血分受邪等部分学术思想。参与四川省中医药管理局川派名医学术思想整理项目 1 项；发表学术论文 3 篇；参编适宜技术教材 1 部。

张霞

张霞（1974—　），医学学士，主治中医师。四川省第四批老中医药专家陈天然学术经验继承人、成都市第三批老中医药专家陈天然学术经验继承人，曾先后多次在四川省人民医院普内、成都中医药大学附属医院进修学习，现任成都市温江区人民医院中医科主任。

主要从事中西医结合内科工作，擅长中西医结合治疗内科常见病、多发病。跟师期间，深受陈老师学术思想影响，认真学习总结，在治疗咳嗽病、脾胃病、淋证、不寐、痹证、月经病、小儿鼻炎、小儿咳嗽、小儿厌食等疾病方面卓有成效，曾先后在国家级、省级杂志上发表论文多篇。

庞荷

庞荷（1988—　），医学学士，主治中医师。四川省第四批老中医药专家学术经验继承人、成都市第三批老中医药专家学术经验继承人，师承陈天然老师。现工作于成都市温江区柳城街道社区卫生服务中心，负责温江区柳城光华社区卫生服务站工作开展。

现主要从事中医内科工作，擅长消化系统疾病、儿科常见疾病以及妇科疾病的中西医结合治疗。在跟随陈老师学习期间，不仅掌握了基层的常见病、多发病的中医诊治方法，涉猎了多种怪病、杂病的中西医诊治要点，更学习了陈老师"无德不行医"的良好医德医风，受益匪浅。

何怡

何怡（1981—　），主治中医师，第二届四川省名中医学术思想、临床经验与技术专长继承人（2015）。现就职于四川省广元市剑阁县中医医院门诊部。

主要从事中医内科工作，擅长处理内科、消化及呼吸系统疾病。跟随陈老期间，总结了陈老师在肺胀、脾胃病、肝硬化、痹证、小儿鼻炎、不寐、癌痛等方面的临床经验，对妇女月经病、带下病多有发挥。对陈老师运用"温胆汤"治疗失眠、梅尼埃综合征及慢性胆囊炎等疾病有较深理解，对过敏性咳嗽及喉痹等疾病治疗多有发挥。曾参加四川省首届县级中医骨干培训班并在成都中医药大学、绵阳市中医医院进修，全国名老中医药专家陈天然工作室（剑阁）成员、四川省中医药管理局川派名医学术思想整理成员，发表学术论文 2 篇。

李宝伟

李宝伟（1982— ），医学学士，主治中医师，四川省第五批老中医药专家学术经验继承人（2016）。现就职于成都市龙泉驿区中医医院急诊科，为成都市龙泉驿区急诊急救质量控制中心专家。

主要从事中西医结合内科，院前及院内门急诊、急救工作，擅长中西医结合治疗内科急危重症、常见病及多发病。从医 10 多年，一直工作在临床一线，中医与西医并重。跟师期间，总结了陈老在喉痹、脾胃病、鼻渊、月经病、小儿厌食、不寐、湿疮等方面的临床经验，对陈老运用"加味银翘马勃散"治疗咽喉及肺系等疾病有较深理解，对喉痹、喉源性咳嗽等疾病治疗多有发挥。善用陈老"病症结合，中西结合"的思想于临床，尤其运用到急诊及疑难病中，疗效显著。多次获医院"先进个人"及"优秀共产党员"称号；曾获成都市第五届急救技能竞赛团体三等奖；2017 年成都市卫生应急技能竞赛突发中毒事件处置个人一等奖。参加四川省中医药管理局川派名医学术思想整理科研项目。

李兰

李兰（1982— ），医学学士，主治中医师。成都市第四批中医药专家学术经验继承人（2017）。现任成都市天府新区兴隆中医医院副院长，兼任天府新区成都直管区中医质量控制中心副主任。

擅长中西医结合治疗基层内妇儿科常见病及多发病。跟师期间，总结了陈老在月经不调、痛经、带下病、绝经期前后诸证、不孕症、孕前调理、妊娠相关疾病及产后疾病等妇科疾病方面的临床经验，特别对陈老运用"四物汤加减"治疗月经病方面多有发挥。对陈老在脾胃病、肝病、肺胀病、小儿发热、咳嗽、鼻病、厌食、腹泻、便秘的中医诊治经验有较深理解。

承担四川省中医药管理局川派名医学术思想整理项目,发表学术论文 1 篇。

林富强

林富强（1973—　），主治中医师,毕业于山西太原中医学院。四川省十大名医陈天然学术经验继承人（2016）。现就职于成都市温江区金马镇中心卫生院,任温江区金马镇中心卫生院中医科科长。

从事中医工作 18 年,一直工作在临床一线,擅长中西医结合治疗内科常见病、多发病。跟师期间,总结了陈老师在脾胃病、肺系疾病、月经病、不孕不育、小儿鼻炎、眩晕、高血压、痹证、皮肤病的内治外洗等临床经验,在临床上善于运用陈老“病症结合”理念,临床疗效显著。多次获卫生局“先进个人”荣誉称号。

马亦苑

马亦苑（1988—　），中医学硕士,主治中医师,第二届四川省名中医学术思想、临床经验与技术专长继承人。现就职于成都市金牛区人民医院。

主要从事中医肛肠科工作,擅长中西医结合治疗肛裂、便秘、混合痔、肛周脓肿等肛肠疾病。跟师期间,总结了陈老在脾胃病、肝胆病、月经病、皮肤病、妇儿疾病等方面的临床经验,对胃痞、泄泻、便秘等胃肠疾病多有体会。曾于成都中医药大学附属医院进修,发表学术论文 2 篇。

王丽

王丽（1979—　），医学学士,主治中医师,第二届四川省名中医学术思想、临床经验与技术专长继承人,儿童心理咨询师。

现就职于成都市金牛区中医医院,系成都市重点科室（儿科）学术骨干,主攻中西医结合诊治儿科呼吸系统、消化系统、泌尿系统、心血管系统等常见病、多发病及疑难杂症。跟随陈老师学习后,把老师的诊疗经验应用于临床,并加以发挥,临床诊疗工作得到了很大程度的提高,擅长治疗咳喘、胃痞、小儿厌食、小儿鼻渊、泄泻、腹痛、癫痫等病症。跟师学习期间,研究总结了关于陈老师临床诊治"肝痞""小儿厌食""小儿鼻渊"等的临床经验。参与编辑四川省中医药管理局川派名医学术思想整理科研项目。在国家核心期刊以第一作者发表《浅谈陈天然名中医肝痞的诊治特色》《浅谈陈天然治疗小儿厌食的经验方药》《双歧杆菌乳杆菌三联活菌片联合蒙脱石散对腹泻患儿的临床作用》《宣肺补肾法治疗小儿咳嗽变异性哮喘的疗效分析》学术论文 4 篇。

姚燕

姚燕（1986—   ），医学硕士，主治中医师，四川省第五批老中医药专家学术经验继承人。主要研究肝病方向。现就职于成都市双流区中医医院消化内科。

目前主要从事中西医结合内科工作，擅长中西医结合治疗脾胃病、肝病等方面疾病。

张利

张利（1980—   ），医学硕士，副主任中医师，四川省第五批老中医药专家陈天然学术经验继承人（2015）。现任成都市双流区中医医院内一科副主任，兼任四川省康复医学会神经病学专业委员会青年委员，四川省康复医学会神经病学专业委员会第四届委员，康复学组、认知学组委员，四川省卒中学会青年理事，四川省老年医学会精神卫生专业委员会委员，四川省中医药学会心脑血管病专业委员会委员，四川省中医药学会脑病专业委员会常委，区域公共卫生中医专家组专家，四川省中医药海外交流储备人才。

擅长中西医结合治疗内科危急重症及神经内科疾病。跟师期间，总结了陈老师在脾胃病、肺系疾病、月经病、不孕不育、小儿鼻炎、眩晕、高血压、痹证、皮肤病的内治外洗等临床经验。在临床上善于运用陈老"病症结合"理念，临床疗效显著，特别对陈老经验方"白郁追风散"治疗癫痫病有所发挥。曾在重庆医科大学附一院神经内科进修 1 年。参研颅内血肿微创清除术的临床运用、四川省中医药管理局川派名医学术思想整理等课题 3 项，其中颅内血肿微创清除术的临床运用获四川省医学会科技进步奖三等奖和安岳县政府科技进步奖二等奖。在国家级刊物以第一作者发表学术论文 4 篇。

周菊

周菊（1985—　），医学学士，主治中医师，四川省第四批老中医药专家学术经验继承人，毕业于川北医学院中西医结合临床医学系。现就职于温江区柳城社区卫生服务中心，从事中医门诊工作近 10 年，并承担本中心中医药健康管理工作。

擅长中西医结合治疗咳嗽、鼻炎、急慢性咽喉炎、急慢性胃肠炎、胃溃疡、慢性疼痛，以及儿科常见病、多发病。跟师学习期间，总结了老师在内科治疗胃肠病、失眠、眩晕、痹证，以及儿科鼻渊、厌食、急性热病方面的中医诊治经验。

庄景专

庄景专（1985—　），医学学士，主治中医师，四川省第五批老中医药专家学术经验继承人。现就职于郫都区中医医院。

主要从事中医内科及儿科工作，擅长儿科鼻炎、咳嗽、厌食、便秘，成人胃炎、肝硬化、乳腺炎、慢性咳嗽、绝经前后诸症、痤疮、黄褐斑、月经病等病症。对陈老师生地四物汤治疗痤疮、黄褐斑，辛夷散治疗儿科鼻炎，柴胡疏肝散治疗胃炎，仙方活命饮治疗乳腺炎有比较深刻的体会，并学有所成。

杨钢

杨钢（1987—　），医学学士，中医师，四川省第五批老中医药专家学术经验继承人。现就职于成都市温江区第二人民医院。

主要从事中医内科、妇科及儿科常见病、多发病的诊疗工作。如内科眩晕、痹病、水肿、胃痛、消渴、咳嗽、失眠等病症；妇科乳腺疾病、月经类疾病、带下病及产后调护、绝经前后诸症；儿科厌食、咳嗽、便秘、小儿遗尿等。尤其对陈老师治疗痹病的四物除湿饮、月经病类的芩术四物汤、眩晕病的菊花茶调散及遗尿的缩泉丸有比较深刻的认识及拓展。在陈老师"病证结合"的学术观点指导下，形成了一套证与症相结合的有效治疗方法。

五、陈天然名中医传承工作室简介

1. 剑阁县陈天然名中医传承工作室

剑阁县中医医院于 2009 年建立了四川省名中医工作室，培养学术继承人 2 人。2014 年又成立了全国名老中医暨四川省十大名中医陈天然工作室，工作室采用中医传统装饰风格，体现中国传统文化，设有候诊区、诊疗室和研究室等，配备有计算机、打印机、数码相机、录音笔等信息化设备。工作室现有团队人员共有 10 人，中医药高级职称 1 人，高年资中医主治医师 8 人，其中 3 名医师系单位医师，并签订继承人协议书。工作室成员医德医风好，秉承陈老师"贫富用心则一，贵贱使药皆同""无德不行医"的行医格言，以"急患者所急，忧患民之苦"为座右铭。2014 年以前已经出师 10 人，目前均为医院医疗管理、内科、儿科、妇科专业业务骨干。其中省级学术继承人程文章为县级名中医，李云安为四川省拔尖中医师、市级名中医、四川省中医药管理局第五批老中医药专家指导老师。两人每年门诊量均在 3 万人以上，全县多家乡镇卫生院院长及业务骨干也曾多次跟随陈老师学习，受益匪浅。

2. 青白江区陈天然名中医传承工作室

工作室成立于 2012 年，原址位于青白江大弯镇菁华路 116 号，2014 年搬迁至化工路 41 号，现青白江区中医医院川化病区。

工作室在陈老师的亲自指导下成立。陈老师每周在该工作室坐诊两个半工作日。每半个工作日服务患者均在 50 人以上。开展了四川省第四批、成都市第三批名老中医药专家学术经验继承带教和第二届四川省名中医学术思想临床经验与技术专长继承带教。共带教继承人 4 人，其中 2 人已出师。同时开展临床疑难病研究，学术讲座，养生指导等。

3. 温江区陈天然名中医传承工作室

温江区柳城街道社区卫生服务中心陈天然传承工作室成立于 2012 年。工作室装修古朴，环境静怡。陈老每周在此坐诊 2 个半工作日，每周门诊量均在 100 人以上。

　　目前，传承工作室共带教 16 人，其中带教四川省第四批老中医药专家学术经验继承人 5 名，均已出师；带教四川省第五批老中医药专家学术经验继承人 1 名；带教成都市温江区第一批老中医药专家学术经验继承人 6 名；带教成都市温江区医院管理经验继承人 4 名。同时，传承工作室还开展学术讲座、养生指导、各级医院管理指导、各级中医药评审工作指导等工作。

（余葱葱　陈蓉　吴珊珊）

川派中医药名家系列丛书

论著提要

陈天然

一、主要著作

（一）《农村中医药适宜技术手册》（四川科技出版社，2009 年）

1. 内容提要

该书是陈天然先生独著，他身为全国中西医结合学会农村专业委员会委员，四川省中西医结合学会农村专业委员会副主任委员，体察广大乡村医生，针对农村常见病、多发病，尤其是基层群众"看病难、看病贵"的问题，经过多年的资料收集，并经过临床验证，对确有疗效的中医适宜技术、中医单方验方等中医药治疗方法汇集而成。全书共二章九个小节。第一章为中医适宜技术，包括刺灸方法、灸法、拔罐法、三棱针法、推拿法和刮痧术六节。该书在四川、云南、贵州三省市部分地区作为乡村医生适宜技术培训教材使用，5 次再版，发行 20 万册。

2. 农村特色

该书中除简要介绍中医适宜方法的基本知识、分类、用法外，特别在灸法和拔罐法中添加了适用范围，文虽短小，却与众不同，都是农村常见的，尤其是值得一看的疾病，都是陈老师临证验证过的，可手到拈来，即可见效。其他章节中对适宜用法在农村常见病、多发病的治疗，进行了详细地分类和逐条地论述。尤其是幼科第一捷法的灯草灸、穴位刮痧以及众多的简便中药验方。如竹竿烟袋油治疗毒蛇咬伤；人指甲磨水治疗蝎蜇伤；鲜萝卜汁灌服治疗一氧化碳中毒等。

（二）《老年养生保健》（中国物资出版社，2000 年）

1. 内容提要

陈老师有长期的基层工作经历，伴随改革进程加快，人民生活的日益提高，使他意识到为祖国贡献过的共和国老人，特别是他们的健康问题，已经不是单纯的医学问题，而是关系到千家万户幸福安康的大事，关系到社会的稳定。为指导老年人科学养老，养成健康生活的习惯，达到健康长寿的目的，组织编写了《老年养生保健》一书。全书共 7 章 31 节，包括老年人生理病理、养生保健、衣食住行保健、烟茶酒的保健、常见的保健疗法、养生保健应用和欢度晚年颐养天年。该书已再版两次，在如今老年社会，也不失为一本可读性非常强的科普著作。

2. 生活特色

特别是衣食住行保健和烟茶酒的保健两章，讲到穿衣的卫生、饮食的科学、营养的摄取、烹调的讲究、睡眠的学问、健身的要诀、出门的安全，以及烟的习惯、酒的礼节、茶的品位，不仅是老年人的问题，在每个人的日常生活中都不可避免地会遇到。因此，更应该认识到老年人的保健与我们的健康息息相关。

3. 保健疗法

保健方法多是治疗之法的升华，其无痛苦，无副作用，可融于日常的工作之中。

（三）《常见病多发病中医药防治手册》（成都市中医药特色技术培训教材，2014 年）

1. 内容提要

该书是成都市中医药学会为提高全市基层中医药服务能力，方便基层骨干医生应用中医汤药及外治技术服务基层民众，特邀陈老师主编的一本成都市中医药特色技术培训教材，主要供成都市师承和基层骨干医生培训时学习使用。全书分上下二册：上册分为常见病、多发病的内科单验方、防治疗法和常见病、多发病儿科单验方、防治疗法，共 31 章。下册分为妇科、外科及其他常见病、多发病内科单验方、防治疗法和常见传染病的预防，共 39 章。

2. 突出基层

全书考虑到基层疾病、诊疗和用药特点，突出了对基层疾病主要证型和特点的介绍，强化了疾病病名的中、西医双重认识和理解。在主治证型和分类上，非一概而论，而是针对基层疾病发病特点，体现主治的选择性。既包括中医常见证型，如感冒的风寒证、风热证、气虚证、暑湿证和阴虚证等；也包括流行性感冒等西医常见疾病。详见表 1 基层常见病诊断鉴别一览表。

3. 地方用药

在用药上体现方证合一，主要药物均属于基层常见中药，较少偏药、贵药、细药，同时有白萝卜、生蜂糖、大梨等药食原料，还有玉米须、青果、荞面、鲜小蓟、鲜白茅根等地方特色品种。

表1　基层常见病诊断鉴别一览表

病名	诊断	鉴别
咳嗽	1. 凡是以咳嗽为主症的，中医都列在咳嗽中 2. 分内伤、外感。内伤为虚、外感为实	1. 主要指上呼吸道炎症（咽炎、喉炎、气管炎、支气管炎等）引起的咳嗽 2. 肺结核和其他疾病引起的咳嗽，不在其列
感冒	1. 四季可发生，尤以冬春季为多 2. 起病较急，病程短 3. 病程初期多见鼻塞、流涕、喷嚏、声重、恶风；继则发热、咳嗽、咽痒或痛、头痛、身楚不适等	1. 既是独立疾病，又是许多慢性病（慢性支气管炎、支气管哮喘、肺心病、缺血性心脏病、慢性肾炎、肾功能衰竭、风湿病）常见的复发及加重因素 2. 一般通称伤风或冒风、冒寒；重者多为感受非时之邪，称为重伤风。在一个时期内，证候相类者，为时行感冒
哮喘	1. 俗称：吼病、喘病 2. 主要指支气管哮喘 3. 中医新针疗法、割治疗法和综合经络疗法有一定的治疗效果	1. 由心脏疾病引起的心慌气短、呼吸喘促，不属于这个范围。不可混为一谈 2. 尚无可靠的有效治疗方法
头痛	1. 是最常见的临床症状之一 2. 头部本身的疾病，如脑、眼、耳、鼻等均可引起头痛	1. 神经衰弱、偏头痛也是头痛头昏的主要症状之一 2. 其他如高血压、贫血、心脏病等均可引起，应以治疗本病为主

病名	诊断	鉴别
黄疸	1. 以目黄、身黄、小便黄为主要症状，尤以目睛黄染为特征的一类病证 2. 常见有阳黄、阴黄两类	1. 有"黄"相称者：阳黄、阴黄、胆黄、疸黄、急黄、胎黄等 2. 有"疸"相称者：五疸、谷疸、黑疸、女老疸、酒疸、湿疸等
胃脘痛	1. 又称胃痛，俗称心口痛、肝胃气痛 2. 多因暴饮暴食、气怒劳累、感受外邪所致气机阻滞，胃失和降而成	1. 以胃脘近心窝处疼痛为主要症状的疾病 2. 常伴有食欲不振、恶心呕吐、嘈杂反酸、嗳气呃逆、大便异常等胃肠道症状
腰痛	1. 以腰部疼痛为主要症状的一类病证 2. 常见寒湿腰痛、湿热腰痛、虚损腰痛和劳伤腰痛四个病证	多种疾病均可引起腰痛
呕吐	1. 以胃失和降、气逆于上，使胃中食物、痰涎等从口中吐出的病证 2. 本证原因很多，仅指胃肠一般疾病引起的，其他不包括在内	胆囊炎、阑尾炎、妇女妊娠、食道肿瘤、胃肠肿瘤、肠梗阻都能引起
腹痛	1. 腹痛的原因很多，包括腹腔内各种脏器的疾患 2. 主要的病证：受寒腹痛、气郁腹痛、胆郁腹痛、小腹腹痛	1. 疼痛部位在大腹与小腹的，均称腹痛 2. 阑尾炎、胆道蛔虫等腹痛，可参考各项
泄泻	1. 又称腹泻，俗称"拉肚子" 2. 多因感受外邪，或饮食所伤所致 3. 以大便次数增多，粪质稀薄，甚至泻出如水样为主要临床表现的病证	1. 小儿消化不良也称"泄泻"和"腹泻"，是儿科常见疾病之一 2. 小儿主要因素是湿，脾虚湿盛是导致泄泻发病的关键

续表

病名	诊断	鉴别
痢疾	1. 俗称"下利" 2. 以大便次数增多、腹痛、里急后重、下痢赤白脓血为主要临床表现	为夏秋季流行的常见病之一
吐血	1. 是指由胃而来，经口而出，甚则倾盆盈碗的出血病证 2. 中医分为胃热出血和肝火犯胃出血。由于热伤胃络，迫血妄行，所以用降逆、清火、止血方法治疗。若出血过多或病久，又要根据脉证，有瘀要散瘀，气虚要补气，血虚要补血，不能死守一方来治疗	1. 其血色鲜红或紫红，并伴有大便色黑，主要指胃出血 2. 若咳嗽出血或痰中带血，血随痰出，为咯血，是肺出血
鼻出血	1. 又称"鼻衄"，是指鼻子出血。多数是由肺胃有热，损伤脉络而成 2. 有些鼻出血经服药长期不好，须到医院进一步检查，对症治疗 3. 另有一种妇女没有月经，每月鼻子流血，叫作"倒经"，需用调经方法治疗，不属于这个范围	1. 若表现为鼻燥流血，口干咳嗽痰少，发热，舌红脉数，是肺热征象，须用泻肺清热法治疗 2. 若鼻子流血，口渴饮水，烦躁，大便秘结，舌苔黄，脉大而数，是胃热征象，须用泻火清热法治疗 3. 若鼻子流血，口干，心烦易怒，头痛眩晕，属肝火旺的证候，须用泻肝清火的方法治疗
便血	1. 是指血从肛门排出体外，无论在大便前或大便后，或单纯下血，或粪便混杂而下的出血病证，均称为便血 2. 由于吐血与便血在临床上往往共存，故而在临证时可以参照互补	便血，既可缘于胃的疾患，又可缘于肠道疾患，见于西医多种疾病

续表

病名	诊断	鉴别
尿血	1. 尿血是以主诉症状命名的中医病证 2. 是指小便中混有血液，或伴有血块夹杂而下，多无疼痛之感的一种病证	1. 常见于泌尿生殖系统疾病，还见于药物或化学物品损害，全身性疾病中的血液疾病和感染性疾病等 2. 尚有部分患者会出现运动后血尿、"特发性"血尿，可见涉及系统之广，病变范围之大
遗尿	遗尿是指小便不能控制，而自行排出的一种病症	1. 夹不住尿，常想尿，尿起来又不多，嘀嘀嗒嗒，弄不好常把尿遗到裤子里，这叫"小便不禁"；多见于老年人或病后身体虚弱的人，是由于气虚或前列腺病变而成 2. 入睡后无意识地尿在床上，叫作"遗尿"或"尿床"，多见于小孩。可以方药参考使用，也可配合针灸及其他疗法，效果更好
小儿肺炎（肺炎喘嗽）	1. 即肺炎喘嗽，是小儿时期的常见病之一 2. 各年龄阶段均可发病，但以婴幼儿时期为多见 3. 一年四季均可发生，以冬、春之季气温较低或温差变化较剧烈时的发病率高 4. 主要症状是发热，咳嗽，喘促气急，喉间痰鸣，口唇和指甲发紫。严重者有抽风，昏迷现象	是许多急性传染病，特别是麻疹最常见的并发病

病名	诊断	鉴别
痄腮 （腮腺炎）	1. 是由风热时毒引起的急性传染病 2. 以发热，耳腮部漫肿疼痛为其临床主要特征 3. 一般预后良好，但病情严重者，偶见昏迷、惊厥变证 4. 本病一年四季都有发生，冬春易于流行，学龄儿童发病率高	1. 与现代医学所称的流行性腮腺炎相同 2. 年长儿童可并发睾丸肿痛等症
小儿惊风	1. 又称"惊厥"，俗名"抽风" 2. 临床以颈项强直，四肢抽搐，甚则角弓反张，或意识不清为特征 3. 凡临床上出现抽搐，都属于惊风的范畴	1. 系由多种原因及疾病引起的病证，而不是一个独立的病 2. 急惊风由发烧受惊而得。轻者烦躁不安，惊哭抽风，其时昏迷，颈强肢搐 3. 慢惊风发病缓慢，多因小儿久病体虚。如长期吐泻不愈等造成患儿气虚津亏，筋脉失养，而发生抽搐，时停时发；甚者面色淡白，气喘神昏，眼开口张，大便稀，小便清
小儿口疮	1. 是小儿时期常见的口腔疾病 2. 以口腔黏膜出现疱疹、红肿、糜烂、疼痛为主要表现	包括疱疹病毒及葡萄球菌、链球菌、肺炎球菌等感染所致的急性口炎
鹅口疮	1. 是小儿时期常见的口腔疾病 2. 以口腔、舌上满布白屑，状如鹅口为主要表现 3. 其色白类似雪片，又称"雪口"	1. 重者可延及鼻腔、咽喉而影响呼吸 2. 相当于霉菌性口炎

续表

病名	诊断	鉴别
百日咳	1. 因其病程较长，所以叫百日咳 2. 四季均可发生，以冬、春季较多，2～4岁小儿多患 3. 特征为阵发性痉咳，不咳则止，一咳则连声不断，甚至最后吐出大量的黏液痰为止，日轻夜重。甚至可咯血，眼珠充血及眼胞、面部浮肿，咳毕有鸡鸣样的吼声	系百日咳杆菌通过呼吸道而引起的急性传染病
小儿蛔虫病	1. 因小儿吃了不清洁的蔬菜、水果或手不干净而将虫卵吞入腹内，有蛔虫的小孩多食欲不好，腹痛、鼻痒、夜间磨牙，腹痛时作时止，有时腹部有凸起包块 2. 若蛔虫钻入胆道内，腹痛厉害 3. 小儿经常有便蛔虫史	1. 面部有白色虫斑 2. 白眼珠有蓝点，下唇内有淡红小疙瘩
妇女月经不调	1. 若体内气血阴阳盛衰失衡，月经失于常度，则为月经不调 2. 可表现为月经周期缩短、迟延、先后不定，或经血过多、过少、经期延长及经间期出血等	1. 有身体无病而月经两月一行的，称为"并月" 2. 三月一行的称为"居经" 3. 一年一行的，叫作"暗经" 4. 怀孕以后，仍按月行经而无损于胎儿的，名叫"激经"或叫"垢胎"
妇女痛经	1. 是指妇女每值经期或经行前后出现小腹及腰骶疼痛，甚则剧痛难忍的病证 2. 又称"经前腹痛""经行腰痛""月水来腹痛""经后腹痛" 3. 治疗原则，以通调气血为主	多由气滞、血瘀、寒湿凝滞、气血虚弱、肝肾亏虚、气血运行不畅所致

续表

病名	诊断	鉴别
崩漏	1. 是指月经周期、经期、经量出现严重紊乱，经血非时暴下或淋漓不尽 2. 是妇科的多发病和疑难病 3. 多因气血虚弱，或血热妄行，急应止血，或调补气血	1. 引起崩漏病因多 2. 若经中医辨证治疗无效者，应到医院检查，明确诊断，或采用其他方法治疗
带下病（白带过多）	若由于脾虚肝郁，湿热下注，或肾气亏损，使阴道排出分泌物过多，颜色或白或黄，或赤白相杂，同时出现全身症状的，总称为"带下病"	1. 带下病有广义和狭义之分。广义者，泛指所有妇产科疾病。狭义者，是指带下量明显增多，色、质、气味均发生异常 2. 古人分为白、黄、赤、黑、青五带色，其实以白带和黄带为多见
带状疱疹	1. 中医名为"缠腰火丹""白蛇缠腰" 2. 本病初起时，在病变部位先有刺痛，继则痛处皮肤发红并发出密集成群，如绿豆或黄豆大小水疱，水疱集聚一处或数处，排成带状，每多缠腰而发	其他部位亦有偶发者，西医为带状疱疹病毒所致
疔疮	1. 疔疮亦是外科常见病，发病迅速，病情较重 2. 如果治疗不当，可发生走黄（毒入血分），危及生命	1. 生在面部的疔疮叫"面疔"，生在唇上的疔疮叫"唇疔" 2. 生在口角上的叫"锁口疔" 3. 生在手指（足趾）上的叫"指疔（趾疔）" 4. 疔有红丝的叫"红丝疔"

续表

病名	诊断	鉴别
荨麻疹	1. 俗称"风疹块"或"鬼风疙瘩" 2. 发病时皮肤瘙痒，出大小不等的风疹疙瘩，且越抓皮疹越多	一般皮疹很快就自行消退，但也有反复发作、经年累月的慢性荨麻疹
癣	1. 癣可发生在头、手、足及身体各部，患处有灰白色的鳞屑，倍感瘙痒 2. 手足部的癣可有水疱和脱皮	与现代医学中癣的含义不完全相同

二、论文提要

（一）关于中医继承工作的思考与建议（第二届中国中医药发展大会，2005 年）

1. "师带徒"是中医传承的关键

"师带徒"是中医传承的关键，是由中医药这门学科的特殊性决定的。老中医是临床高手，是中医理论与实践相结合的典范。继承人一要学习老中医辨证论治思想；二要学习临床中医思维去审因论治，组方遣药；三要学习临床学术经验，包括一招、一式、一方、一法的运用。

2. 培养过硬的中医队伍是中医发展的关键

面对基层临床"西强中弱"，民间中医后继无人的境地，提出中医在校生应强化中医课程教育；毕业后中医应加强师承教育，手把手地接受老中医的培养；可以成立专门的考核机构考核民间中医，并从各行各业中选拔对中医真正有研究、临床有特长的有用人才打造一支临床真正过硬的优秀中医队伍。

3. 适应医疗需求变化是创新的关键

"继承"是谓承接遗业，在当前就是要适应医疗需求的变化和诊疗手段。一是加强传染病和疑难疾病等病种的治疗。二是创新中医理论、技能和特殊治法。三是在疗效上既要自觉症状有所缓解，更要在某些治愈率方面达到金标准。

4. 农村中医带徒规定适当放宽

陈老师认为扎根农村人才十分难得，建议放宽带徒老师的职称资格，同时提高农村中医人才的学历教育，特别是当地行医、附近患者公认的名医，应鼓励带徒。

5. 师承教育应纳入国家正规教育

2005 年提出上述这些建议，目前许多已得到中医药主管部门的认可，如名师带徒制度化、农村高评委资格放宽、国家师承教育纳入学位认可等。

（二）关于四时感冒与因时制宜（广元医学，1996 年）

感冒是农村常见之病，中医病因为感受触冒风邪病毒所致，与除风邪病毒之外的六淫无关。其辨证分型有风寒感冒、风热感冒和时行感冒。其风寒感冒与历代医家提出的伤寒感冒、伤风感冒同属一理；时行感冒实际是感冒中的风热感冒。陈老认为这与临床实践有较大差别，结合多年在基层工作经验，提出以下观点：

1. 感冒病因是由六淫之邪乘人体御邪能力不足时伤及肺卫、皮毛所引起的外感疾病。一是感冒非常之气，如春应病温而反寒、夏应热反冷、秋应凉反热、冬应寒而反温，即"非其时而有其气"。二是感受时常之气。如素体阳虚易感风寒，"耐夏而不耐冬"；素体阴虚易感风热，"耐冬而不耐夏"；痰湿偏盛者，则易感长夏之湿等。若素体较强者，外邪一般仅侵袭肺卫，多以表实证为主。

2. 感冒分型应以四季邪气为基点，以实证分型为主线。其病理表现分为风寒感冒、风温感冒、暑热感冒、暑湿感冒、秋燥感冒。

3. 感冒治疗上，风寒感冒方用荆防败毒散、风温感冒方用银翘散或柴胡饮（自拟方）、暑热感冒方用王氏清暑益气汤或菊花钩藤饮（经验方）、暑湿感冒方用三仁汤、秋燥感冒方用杏苏散。

（三）关于哮喘治疗经验（四川中医，2010 年）

哮喘是一种发作性的痰鸣气喘疾病，是基层内科常见的疑难杂病、多发病。陈老师理解其病因主要有：外邪侵袭、饮食不当、七情内伤、脏器虚弱等，导致痰浊、水饮、瘀血、湿热、火郁等邪实的形成；或产生气虚、阳虚、阴虚、气阴两虚、阴阳两虚等本虚体质。本虚与邪实是病理结果，又可成为继发病因而致哮喘发生。其中，"痰、瘀、虚"最为重要。临床分为发作期和缓解期：发作期可分为冷哮证、热哮证、湿热哮喘证，缓解期分为肺脾气虚证、脾肾阳虚证。各种方药应用及用药特点在本文中多有阐述。

（余葱葱　吴珊珊）

学术年谱

川派中医药名家系列丛书

陈天然

1951 年 3 月　剑阁县龙源镇中岭村出生

1965 年 12 月　剑阁县龙源公社卫生院学徒

1969 年 9 月　剑阁县龙源公社卫生院执业

1970 年 1 月　剑阁县龙源公社红旗大队合作医疗站执业

1973 年 9 月　华西附一院中医科进修学习

1975 年 10 月　剑阁县龙泉区卫生院副院长 / 院长

1984 年 5 月　剑阁县中医医院副院长

1985 年 5 月　浙江中医学院函授学院学习儿科

1987 年 7 月　剑阁县中医医院党支部书记

1989 年 9 月　成都中医药大学儿科专业证书班学习

1992 年 3 月　剑阁县中医医院书记 / 院长

1992 年 10 月　剑阁县中医学会会长

1994 年 10 月　剑阁县卫生局（中医院）副局长兼书记 / 院长

1998 年 12 月　第二批四川省名老中医药专家学术经验继承指导老师

1999 年 1 月　组建剑阁县中医医院名中医工作室

1999 年 8 月　广元市中医学会副会长

2001 年 11 月　四川中西医结合学会农村专业委员会副主任委员

2002 年 12 月　第三批全国名老中医药专家学术经验继承指导老师

2003 年 10 月　中国中西医结合学会农村基层工作委员会委员

2004 年 6 月　剑阁县人大常委会副调研员

2011 年 10 月　成都市中医药管理局特聘专家

2011 年 10 月　组建成都市中医医院陈天然名中医传承工作室

2012 年 2 月　组建温江区中医医院陈天然名中医传承工作室

2012 年 10 月　组建青白江区中医医院陈天然名中医传承工作室

2013 年 11 月　成都中医药学会副会长

2013 年 12 月　为四川省政府表彰的"第二届十大名中医"之一

2017 年 6 月　成都中医药大学附属医院省名中医馆临床带教

（余葱葱　陈蓉）

附 录

川派中医药名家系列丛书

陈天然

一、陈天然传承编年表

年份	姓名	关系	年份	姓名	关系
1969	李文生	师带徒			
	陈建文	师带徒			
	陈建金	师带徒			
1971	陈礼生	师带徒			
1979	李玉碧	师带徒			
	赵秀琼	师带徒			
1980	王本康	师带徒			
1982	王文宁	学生			
1984	李建成	学生			
1986	王廷治	学生	1993	嘉明基	师带徒（孙）
			1994	罗小平	师带徒（孙）
	梁国庆	学生			
	崔定桥	学生			
	王步礼	学生			
1987	伏子强	学生			
	王 平	学生			
	刘晓蓉	学生			
	魏雪梅	学生			
	吕三科	学生			
1989	王国道	学生			
	严 涛	学生			

续表

年份	姓名	关系	年份	姓名	关系
1990	王虎生	学生			
	杨建生	学生			
	朱必建	学生			
1992	罗志强（剑阁）	学生			
1998	李云安	继承人	2015	万里龙	继承人（孙）
				张　峰	继承人（孙）
2002	程文章	继承人	2017	李　伟	继承人（孙）
				程庞琦	继承人（孙）
2003	杨　林	学生			
2004	赖　伟	学生			
2006	罗锦生	学生			
	陶俊峰	学生			
	徐泽鹏	学生			
2007	梁庭栋	学生			
	罗志强（古蔺）	学生			
2008	杜天福	学生			
	付作举	学生			
	夏　凯	学生			
2009	袁　辉	学生			
	张德祥	学生			
	杜培勇	学生			
	邓飞轮	学生			

续表

年份	姓名	关系	年份	姓名	关系
2010	喻照明	学生			
2012	刘　娜	学生			
	刘　江	学生			
	郭　毅	学生			
	余葱葱	学生			
2013	段定山	继承人	2004	郭　红	师带徒（孙）
				赖小微	师带徒（孙）
			2014	钟　瑀	师带徒（孙）
			2017	蔡育彬	师带徒（孙）
	李　芳	继承人	2016	田　珍	继承人（孙）
				王清华	继承人（孙）
			2017	华　强	继承人（孙）
				郭培基	继承人（孙）
	张　霞	继承人			
	席大贤	继承人			
	肖连科	继承人			
	周　菊	继承人			
	庞　荷	继承人			
	周莉萍	继承人			
2015	徐兴培	继承人			
	何　怡	继承人			
	陈　蓉	继承人（女儿）			
	李永平	继承人			

续表

年份	姓名	关系	年份	姓名	关系
	谢文宇	继承人			
	王　丽	继承人			
	倪　亮	继承人			
	马亦苑	继承人			
	何福强	继承人			
	杜亚兵	继承人			
	张　利	继承人			
	龚仕良	继承人			
	庄景专	继承人			
	杨贵生	继承人			
	李宝伟	继承人			
	姚　燕	继承人			
	何　礼	师带徒			
2016	刘　玲	继承人			
	李　婷	继承人			
	李　兰	继承人			
	魏世胤	继承人			
	蔡晓璇	继承人			
	王兆荣	继承人			
	杨　钢	继承人			
	林富强	继承人			
	曹　栀	继承人			
	苟　萍	继承人			

续表

年份	姓名	关系	年份	姓名	关系
	林宗坤	继承人			
	廖壮凌	师带徒			
	付新源	师带徒			

注：

（1）第一列中空格，代表其年份同前一位继承人。

（2）第四列中为横向同行的该年度继承人，如第四列1993嘉明基及罗小平均为王廷治继承人。

（3）第6列中师带徒（孙）是指该继承人为陈天然的徒孙。

（4）本表所列时间为1969年1月～2020年6月

（余葱葱）

二、参考文献

［1］杨殿兴.四川名家经方实验录（基层中医临床医生学习与提高丛书）［M］.北京：化学工业出版社，2006.

［2］陈天然.农村中医药适宜技术手册［M］.成都：四川科学技术出版社，2008.

［3］陈天然，李云安.胆舒冲剂治疗慢性胆囊炎60例疗效观察［J］.河北中医，2001（2）：106.

［4］陈天然.加强专科建设是振兴中医事业发展县级中医医院的必由之路［J］.中医药管理杂志，2004（3）：49-50.

［5］李云安.陈天然治疗哮喘的经验［J］.四川中医，2010，28（9）：7-8.

［6］李云安.陈天然治疗乙型肝炎经验［J］.河北中医，2003（12）：902-903.

［7］李云安.陈天然治疗臌胀的经验［J］.江苏中医，2001（5）：11.

［8］陈蓉.陈天然治疗眩晕的经验［J］.内蒙古中医药，2017，36（1）：

37–38.

[9] 何怡.陈天然主任医师治疗过敏性咳嗽的方法及体会［J］.亚太传统医药, 2017（21）: 75–77.

[10] 马亦苑.陈天然治疗慢性鼻炎经验［J］.湖南中医杂志, 2017, 33（10）: 43–80.

[11] 何怡.陈天然教授治疗腰痛的经验总结［J］.当代医药论丛, 2017, 15（18）: 186–188.

[12] 李永平.陈天然辨治痞证经验探析［J］.湖南中医杂志, 2017, 33（8）: 34–36.

[13] 张利, 陈天然.陈老师用白郁追风汤加减治疗癫痫经验总结［J］.内蒙古中医药, 2017, 36（14）: 51.

[14] 李云安.陈天然治疗肾炎的经验［J］.四川中医, 1999（11）: 1–2.

[15] 李云安.陈天然治疗慢性肺源性心脏病经验［J］.河北中医, 2004（6）: 409–410.

[16] 李云安.桂枝汤治汗证举隅［J］.内蒙古中医药, 2017, 36（13）: 50–51.

[17] 李云安.三拗止嗽汤治疗咳嗽变异性哮喘62例［J］.中医药临床杂志, 2015, 27（11）: 1649–1650.

[18] 李云安.半夏泻心汤的临床应用［J］.内蒙古中医药, 2015, 34（10）: 50.

[19] 李云安.消痞汤治疗功能性消化不良60例疗效观察［J］.内蒙古中医药, 2011, 30（5）: 9–10.

[20] 李建成, 李云安.六味汤加味治疗喉源性咳嗽92例［J］.河北中医, 2010, 32（3）: 358.

[21] 李云安.石斛清胃饮治疗小儿厌食症200例［J］.河北中医, 2000（7）: 509.

[22] 何福强, 陈天然.血府逐瘀汤联合达因–35治疗多囊卵巢综合征临床疗效观察［J］.亚太传统医药, 2017（21）: 152–153.

[23] 罗志强.用中医疗法治疗脾虚气滞型功能性消化不良的效果研究［J］.

当代医药论丛，2016，14（19）：107–108.

［24］王廷治.化瘀导浊法治慢性前列腺炎［N］.中国中医药报，2016–05–09（004）.

［25］王廷治.人过中年应清扫生命垃圾［N］.中国中医药报，2015–10–16（006）.

［26］王廷治.治慢性前列腺炎经验方［N］.中国中医药报，2015–08–12（005）.

［27］徐兴培.中医药治疗急性脑梗死的临床研究进展［J］.转化医学电子杂志，2015，2（4）：134–135.

［28］吕三科.参苓白术散加减治疗儿童难治性肾病综合征临床研究［J］.河南中医，2014，34（9）：1765–1766.

［29］吕三科.川崎病采用清热化瘀、益气养阴法治疗的临床效果分析［J］.中医临床研究，2014，6（20）：96–97.

［30］罗志强.参苓白术散加减治疗脾胃虚弱型慢性腹泻临床研究［J］.内蒙古中医药，2014，33（18）：2–3.

［31］王廷治.阳和汤加减治冻疮［N］.中国中医药报，2014–02–17（004）.

［32］王廷治.夏用麻黄解"寒包火"之悟［N］.中国中医药报，2013–07–05（004）.

［33］王廷治.膏淋治验［N］.中国中医药报，2013–06–21（004）.

［34］王廷治.烟灸治头痛［N］.中国中医药报，2013–01–09（004）.

［35］王廷治.因时用药最相宜［N］.中国中医药报，2012–11–29（005）.

［36］王廷治.天花粉为治糖尿病要药［N］.中国中医药报，2012–10–24（005）.

［37］王廷治.阳痿秋病夏治验案［N］.中国中医药报，2012–08–16（004）.

［38］王廷治.早泄的中医辨治［N］.中国中医药报，2012–05–31（004）.

［39］王廷治，胥燕.浅谈桂枝汤证的辨证施护［J］.河南中医，2012，32（2）：148–149.

［40］王康林，王国道.枳实消痞汤治疗功能性消化不良80例疗效观察［J］.内蒙古中医药，2012，31（1）：7–8.

［41］王廷治.皮痹误治一得［N］.中国中医药报，2011–08–22（005）.

［42］程文章.疏肝活血汤治疗胆囊术后综合征62例［J］.中医药临床杂志，

2010，22（5）：424.

［43］李建成.浅谈类风湿关节炎的中西医治疗［J］.内蒙古中医药，2010，29（7）：57-58.

［44］罗志强.五脏辨证治便秘［J］.河南中医，2008（2）：34-35.

［45］程文章.治疗顽固性咳嗽的经验［J］.中国乡村医药，2005（3）：44.

［46］王国道，王廷治，蒲红艳.青霉素类抗生素临床应用中应注意的几个问题［J］.实用护理杂志，1995（1）：41-42.

［47］王廷治.怀锌扶元散应用举隅［J］.四川中医，1994（8）：32-33.

［48］李建成.外治法在儿科急症中的运用举隅［J］.新中医，1991（3）：34-35.

［49］王廷治.麻黄附子细辛汤加味治石蛾［J］.四川中医，1991（3）：54.

［50］王廷治.山居即事诗［J］.中医药文化，1990（4）：47.

［51］王廷治.四环素致光敏性皮炎1例［J］.中国乡村医药，2004（5）：40.

［52］吕三科.安宫牛黄丸佐治病毒性脑炎的临床观察［J］.中国乡村医药，2004（5）：46.

［53］王廷治，王明富.阳痿的医学分类［J］.中国性科学，2004（12）：11-15.

［54］蒲蓉，段定山，夏禹汀.涤痰开窍中药直肠滴注治疗肺性脑病疗效观察［J］.四川中医，2012，30（1）：65-66.

［55］何福强，陈天然.一贯煎加减治疗2型糖尿病合并脂肪肝临床研究［J/OL］.亚太传统医药，2017（22）：128-129.

［56］何福强，陈天然.血府逐瘀汤联合达因-35治疗多囊卵巢综合征临床疗效观察［J/OL］.亚太传统医药，2017（21）：152-153.

［57］何福强.中药治疗咳嗽变异性哮喘疗效观察［J］.亚太传统医药，2016，12（3）：99-100.

［58］何福强.从肝郁气滞论治慢性胃炎的临床分析［J］.中国现代药物应用，2015，9（9）：243-244.